高等院校“智能+财经”系列“十四五”规划教材
浙江核新同花顺网络信息股份有限公司校企合作系列教材

智能金融

ZHINENG JINRONG

李拴保◎主　编
张红星◎副主编

中国铁道出版社有限公司
CHINA RAILWAY PUBLISHING HOUSE CO., LTD.

内 容 简 介

智能金融涉及云计算、大数据、人工智能、机器学习、信息安全等领域。本书详细阐述了智能金融的基本框架。全书结构合理、层次清晰、概念清楚、语言精练，且易于教学。本书按照从理论到案例的方式组织编写，系统介绍金融科技概述、智能金融服务、人脸支付、智能客服、量化投研、智能风控、智能投顾、金融大脑，最后引入金融数据处理综合实验。

本书配有习题和实训，适合作为智能科学与技术、人工智能、数据科学与大数据技术、金融学、投资学等专业的选修课教材，也可作为高职高专学生、工程技术人员或金融从业人员的参考用书或培训教材。

图书在版编目（CIP）数据

智能金融 / 李拴保主编 . —北京：中国铁道出版社有限公司，2021.10

高等院校“智能 + 财经”系列“十四五”规划教材

ISBN 978-7-113-28309-4

Ⅰ. ①智… Ⅱ. ①李… Ⅲ. ①智能技术 – 应用 – 金融 – 高等学校 – 教材 Ⅳ. ① F830.49

中国版本图书馆 CIP 数据核字（2021）第 166254 号

书　　名：智能金融
作　　者：李拴保

策　　划：韩从付　　　　编辑部电话：（010）51873202
责任编辑：刘丽丽　包　宁
封面设计：刘　颖
责任校对：孙　玫
责任印制：樊启鹏

出版发行：中国铁道出版社有限公司（100054，北京市西城区右安门西街 8 号）
网　　址：http://www.tdpress.com/51eds/
印　　刷：三河市兴博印务有限公司
版　　次：2021 年 10 月第 1 版　2021 年 10 月第 1 次印刷
开　　本：787 mm×1 092 mm 1/16　印张：13.25　字数：312 千
书　　号：ISBN 978-7-113-28309-4
定　　价：39.80 元

高等院校“智能+财经”系列“十四五”规划教材

编　委　会

宋海玉　　大连民族大学
张　伟　　河南财经政法大学
张　浩　　华中师范大学
张红斌　　华东交通大学
陈　城　　同花顺网络科技有限公司
周新宇　　江西师范大学
屈喜龙　　湖南财政经济学院
赵洪江　　电子科技大学
胡庆辉　　桂林航天工业学院
秦　丽　　浪潮铸远教育科技有限公司
黄贻望　　铜仁学院
黄海广　　温州大学
渠慎明　　河南大学
彭瑞卿　　湖北经济学院
韩从付　　中国铁道出版社有限公司
程　平　　重庆理工大学
程斌林　　湖北师范大学
鄢小虎　　深圳职业技术学院
路卫军　　北京邮电大学
魏　巍　　西安理工大学

序

什么是人工智能？就是能以与人类思维相似的方式做出反应的智能机器，以人的思维方式思考、解决问题。人工智能出现的意义绝不仅仅是机器人的批量生产与应用，而是作为核心驱动力驱动产业结构、城市形态、生活方式和科技格局的颠覆式变革。人工智能作为一种标志性前沿技术，在金融、财税、会计、物流等领域取得了突破性进展。

本套书面向人工智能类、财经类专业，基本定位是“智能+金融、会计、税收”三个方向；授课体系是除“机器学习与××××”适合作为专业选修课外，其余均可开设为通识课；基本特征是财经数据、案例贯穿于教材中，构建特色课程体系，重塑人才培养模式。

智能金融是人工智能技术与金融服务、产品的深度融合，基于全方位大规模的金融数据，通过机器学习和数据挖掘能力，建立自我完善、增强的算法模型，更好地分析并满足客户的金融需求，重塑以客户为中心的金融价值链和生态。机器学习与量化投资、机器学习与风险控制、智能投顾、智能客服和舆情分析在银行、保险、证券、期货、基金等行业实现了落地。

财务始于数据、止于数据，财务并非只是数据的搬运工，也是数据的整合加工者。智能会计解决会计核算和会计监督的自动化，更多的是运用人工智能、大数据，对企业的盈利能力、偿债能力、经营能力、风险能力做出专业理性的预测与评估。智能财务是覆盖财务流程的智能化服务，一是基于业务与财务相融合的智能财务共享平台；二是基于商业智能的智能管理会计平台；三是基于人工智能的智能财务平台。

税收涉及生产、销售、流通、分配各个环节。税收征管、纳税服务、风险管理、发票管理、税费种管理等各类型数据，需要实现数据间各类逻辑关系的自动归集、分析、运算、呈现。基于大数据分析，人工智能技术在纳税评估预警、税务稽查选案、税收征管风险控制等多个场景实现了统计分析；建立了行业模型、实证分析。

“智能+财经”系列丛书可以作为高等院校人工智能专业、金融科技专业、智能会计专业、数字税收专业等新工科专业、新商科专业的课程教材和参考资料，也适合作为工程技术人员、财经管理人员的参考用书。

本套书得到了多所高校知名专家的支持和指导，特别是浙江财经大学张文宇教授的悉心帮助，本套书的完成是编委会全体专家的共同努力，在此一并致谢。

“智能＋财经”系列丛书编委会

2021年8月

前言

近年来，随着云计算、大数据、人工智能、机器学习、信息安全等新兴技术的快速发展，以互联网金融、量化投研、智能投顾、智能风控、智能客服等为代表的智能金融服务正处于逐步部署和实现过程中，产业形态呈现出了虚拟化、个性化、自动化、智能化的特点。在智能金融 2.0 的发展过程中，机器学习、深度学习、机器视觉、语音识别、自然语言处理、知识图谱是智能金融系统正常工作的关键技术，也是提供多样化应用服务的基础，其发展面临着人员素质、技术突破等多方面的瓶颈和挑战。

本书主要面向应用需求，内容通俗、易学，所有案例均在 Python 平台和 R 语言平台真实验证。本书以人类认识事物的基本规律为出发点，即简单到复杂、具体到抽象、特殊到一般，以实践为基础认识智能金融的基本框架，即智能金融服务，包括人脸支付、智能客服、量化投研、智能风控、智能投顾、金融大脑等。

本书共 9 章，第 1 章介绍金融科技的关键支撑技术；第 2 章介绍智能金融服务的应用场景、行业标准、基础设施；第 3 章介绍人脸支付的技术原理与算法原理；第 4 章简要介绍智能客服机器人的基本功能；第 5 章详细介绍量化投研的数据处理、量化策略和投资策略；第 6 章详细介绍智能风控的决策引擎、评分卡模型；第 7 章简要介绍智能投顾的服务模式和银行案例；第 8 章简要介绍金融大脑的基本构成和工作机制；第 9 章引入综合实验。本书内容编排符合认知规律、逻辑性强，侧重于智能金融的基本知识和基本技能，内容讲解清晰透彻，重要的知识技能均引入了真实案例。

财经专业学生如果具有计算机导论、Python、MySQL、统计学等方面的基本知识，将易于理解本书案例。

本书由李拴保任主编，由张红星任副主编，其中，第 1、2、5、6 章由李拴保编写，第 3、4、7、8、9 章由张红星编写。建议工科专业总学时数为 24~32 学时，财经专业总学时数为 32~48 学时。本书配有习题、素材和源代码，相关内容可从 http://www.tdpress.com/5leds/ 下载。对本书的建议可发送至 shbli@126.com。

本书是浙江核新同花顺网络信息股份有限公司校企合作系列教材之一。本书的出版得到了中国铁道出版社有限公司的鼎力支持，在此致以衷心的感谢！

限于编者学识，书中难免有不足之处，恳请同行专家批评、指正。

编　者

2021 年 6 月

目　录

第 1 章 金融科技概述

金融科技（financial technology，fintech）。简单理解为 finance+technology，是指通过利用各类科技手段创新传统金融行业所提供的产品和服务，提升效率并有效降低运营成本。根据金融稳定理事会（financial stability board，FSB）的定义，金融科技是指由大数据、云计算、区块链、人工智能等新兴前沿技术带动，对金融市场及金融服务业务供给产生重大影响的新兴业务模式、新技术应用、新产品服务。

1.1 金融科技支撑技术

随着技术进步，人类社会进入以人工智能技术为代表的智能化时代。人工智能与机器学习正在渗透所有事物，是未来 5 年科技厂商的主战场。在此基础上，数位和实体世界得以整合，创造出一个沉浸式的数字强化环境，促使越来越多的个人与企业，设备、内容与服务之间形成连接，从业者从中获益取得数字商业结果。人工智能通过“数据 + 算力 + 算法 + 场景”深入到金融领域的决策，并推动智能金融发展。智能金融以 ABCD 为代表，包括人工智能（A）、区块链（B）、云计算（C）和大数据（D）四项技术，如图 1–1 所示。

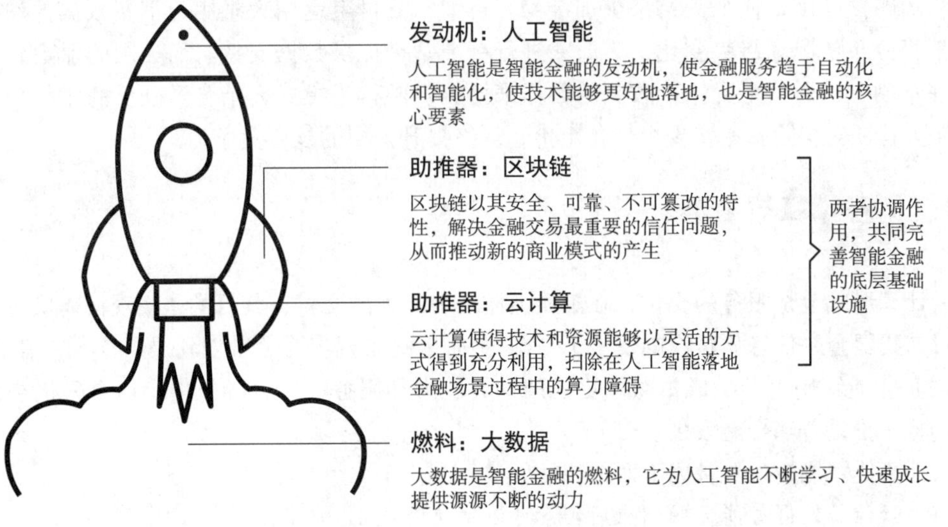

图 1–1　智能金融四大关键技术

1.1.1 大数据与金融

IDC 提出的“4V”模型（包括 volume、velocity、variety 和 value）概括了大数据的特征：volume 指巨大的数据量及其完整规模；velocity 指处理速度，表现为对数据流和大数据的实时性需求；variety 指有多种途径来源的关系型和非关系型数据；value 指大数据的价值往往呈现出稀疏性的特点。

金融产生大量的数据，需要数据的加工和处理，大数据为智能金融提供基础。相比传统概念的数据，大数据的特征被概括为：大容量和多样性、快速化、价值化。

（1）大数据的大容量和多样性

提升数据的深度和广度，不仅丰富了数据类型，增加了数据厚度，如联合金融数据和非金融数据，还扩大了数据来源，打通了金融机构和外部数据，以便更好地支持智能获客及智能风控等服务。

（2）大数据的快速化

提升处理速度，增强了数据的鲜活度，支持提供实时化体验，如实现秒级审批、实时的风控服务等。

（3）大数据的价值化

通过找出数据中被忽视的关联性，挖掘隐藏的数据价值，为智能金融的产品和服务创新创造了空间。利用 LBS（location based services）数据能够间接发掘并丰富包括工作情况和方式等在内的用户画像和特征。

目前大数据在金融业的应用场景正在逐步拓展，在风险控制、运营管理、销售支持和商业模式创新等细分领域都得到了较为广泛的应用。例如，美国 ZestFinance 公司主营业务便是将机器学习与大数据分析融合起来提供更加精准的信用评分，相较传统的以 FICO 为代表的信用评分模型中仅用到 15 ~ 30 个变量，ZestFinance 用到的变量多达 7 000 ~ 10 000 个，这提升了用户的账户厚度，使征信结果更加准确。再如，支付宝运用大量用户消费数据，勾勒中国城市消费分布情况和趋势变化，为商家进行精准营销提供数据支持。而美国的保险公司通过安装在车辆上的通信工具箱接收到的数据来挖掘驾驶行为模式，结合驾驶员的年龄和健康状况等个人特征对保险费率实现个性化定价，最终提升公司的核心竞争力。

1.1.2 云计算与金融

云计算形式上是服务的交付，在本质上体现为能力的交付，其目的是实现按需供应计算资源。目前我国金融信息化建设的发展不平衡，金融云的出现将为金融创新提供技术和信息支持，使金融企业能够用更低的成本获取更强的计算能力和服务能力，降低中小微金融机构的金融服务门槛，推动普惠金融发展。

云计算使智能金融具备以下两个特征。

（1）云计算使得智能金融的应用场景可以快速普及化

典型表现是微服务架构，一个大型复杂软件应用将由一个或多个微服务组成，系统中的各个微服务可被独立部署且相互之间是松耦合的,每个微服务仅关注于努力完成一件任务。因此，在微服务架构中，在某种服务中根据需要增加某种功能不会影响整体进程，充分实现弹性可扩展，这使得大量金融企业，特别是中小金融企业快速搭上智能金融的列车。

（2）云计算为智能金融提供了价格极低的超级计算能力

利用弹性计算方式，实现即用即付，解决大型企业服务器资源闲置造成浪费的问题，降低了智能金融的服务门槛，使得智能金融成为普惠金融的重要实现路径。在国外，云计算在金融领域已经有了相对成熟的应用。Inovance 是一家基于云计算的金融数据管理平台，通过大数据分析和人工智能技术的应用，普通人也可以在平台进行投资分析和金融市场研究。他们开发的 SaaS（Software as a Service，软件即服务）软件“TRAIDE”已经推出市场，能够同时容纳 1 800 万用户和上千家金融机构同时在线。当今全球云计算市场欣欣向荣，根据前瞻产业研究院预测，全球云计算市场规模将从 2015 年的 515 亿元增长到 2020 年的 2 253 亿元，年均复合增长率为 18%。

金融领域是当前中国云计算应用需求最迫切的领域之一，大量金融机构开始自建私有云或采用与第三方公有云合作的方式来承载应用和处理高并发业务。目前已有 40% 的金融机构尝试将 IT 业务搭建在云上，且未来这一数字还将持续增长。

1.1.3　区块链与金融

区块链是一种去中心化的分布式共享记账技术，去中心化意味着一切交易都将绕过信用中介或集中式清算机构而能够在点对点之间直接进行。分布式共享记账是指在交易发生时，链上所有参与方都会得到完全公开且经过加密、不可篡改的交易记录，且所有记录都可通过链式结构被准确追踪。

区块链上信息具有不可篡改、公开性、去中心化、可匿名和自治性的特征，使其成为数据和信息记录的最佳载体。

（1）信息不可篡改

当经过验证的信息被存储于区块链中，将被永久性传送到所有节点，在单个节点上修改数据是无效的，区块链上信息的可靠性得到充分保证。

（2）公开性

区块链上的一切数据，包括交易各方被加密过的私有信息数据，对于任何节点都是可查询的，整个系统信息做到完全公开透明。

（3）去中心化

分布式存储的方式意味着不存在中心化的硬件和管理机构，任何节点都具有完全一致的权利和义务，一切核算都直接发生于点对点之间。

（4）可匿名

由于节点之间的数据交换遵循固定算法，交换过程中交易双方无须通过公开自己身份的方式让对方产生信任，有助于信用的累积。

（5）自治性

区块链上的智能合约一旦被部署，程序和代码将透明可信且自动执行、强制履约，这使得对人的信任转为对机器的信任，任何人为干预都无法产生效力。当其被应用到不同金融场景时，主要会在公开透明性、安全性和效率上产生变革性影响。区块链对金融市场的影响如图 1–2 所示。区块链将在应用层和技术层为金融赋能。应用层在清算结算、供应链金融、征信和资产证券化等多领域有所应用，如图 1–3 所示。

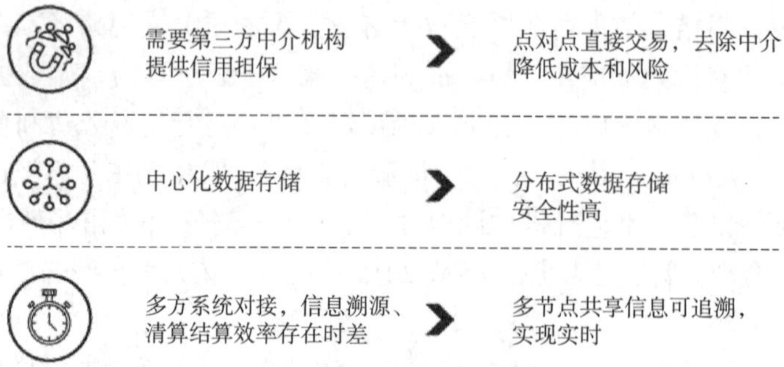

图 1–2　区块链对金融市场的影响

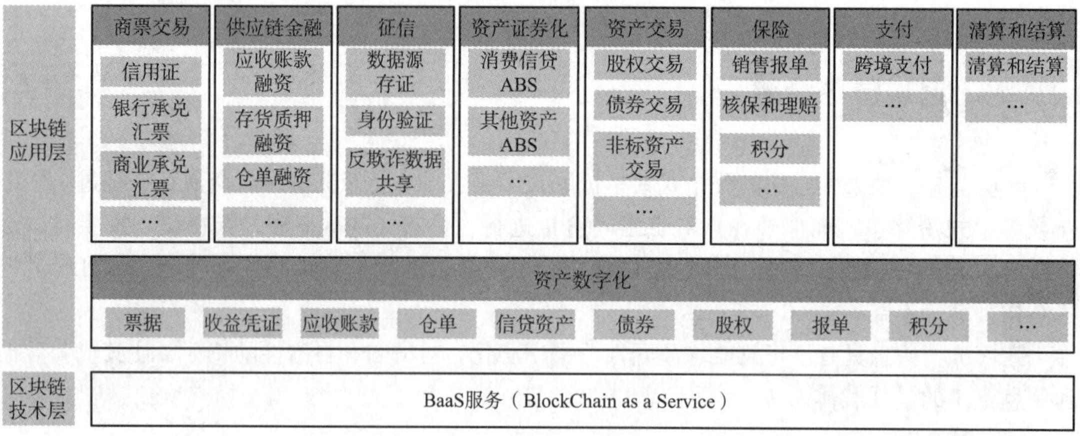

图 1–3　区块链在金融领域的应用

Gartner 预测到 2022 年，整个区块链产业将达到百亿美元的估值。基于比特币区块链向 C 端客户提供跨境汇兑服务的 Circle 在 2016 年 7 月获得 6 000 万美元投资；基于自有区块链架构向 B 端银行客户提供资金流转服务的 Ripple 同年 9 月得到来自埃森哲风投、谷歌风投和渣打银行总计 5 500 万美元的投资；传统中心化交易所纳斯达克 2015 年便推出了面向私募股权交易的区块链交易平台 Linq。

目前区块链创业正处于热潮之中，区块链技术的发展正在等待着一个风口。中国市场亟需一些典型成功案例来证明区块链技术在商业领域应用的可行性，及其是否能带来明显的经济效益。埃森哲正在联合其他研究者共同开发可编辑区块链。在传统的“仅允许追加”的区块链系统中，对于人为失误和简单的计算错误以追加的方法解决将导致低效，“可编辑区块链”相当于二维的区块链，在主链正常运行增长的同时，标记出错误的区块并修改其内容，同时使其携带附加信息以能够追踪到它们是否被修改过。这既能完成错误交易的纠正和非法交易的撤销，同时保证整体账本的可靠性，将契合中国金融市场强监管的要求。

1.1.4 人工智能与金融

人工智能的定义是“使计算机系统模拟人类的智能活动，完成人用智能才能完成的任务”。人工智能的最终目的是达到替代人脑活动乃至超越人脑的边界，因此将人工智能称为智能金融的发动机并不为过。人工智能能够被大规模应用于金融，算力提升、数据丰富和算法突破至关重要。算力的释放让图像、语音等复杂数据的处理能力得以提升，进而改变传统的人人或人机交互方式，使得新的交互方式迅速得到应用。数据质量的改进、数据量及维度的丰富则推动了机器学习的发展，包括复杂任务处理的效率和准确性，在此基础上，当前人工智能算法变得更易获取和应用。

1. **人工智能新兴技术**

在 Gartner 2020 年新兴技术成熟曲线中（见图 1–4），近两年人工智能类新兴技术正在经历快速移动，成熟曲线上共涉及 30 项新兴技术，处于期望膨胀期的有 9 项，其中一半以上为人工智能类新兴技术。金融作为高度数据化的行业，是人工智能最好的应用场景。人工智能可以替代人力所能及的重复性劳动，并根据数据和模型进行计算预测，解决一部分人力所不能及的问题，在金融领域应用可分成服务智能、认知智能和决策智能三个阶段（见图 1–5）。

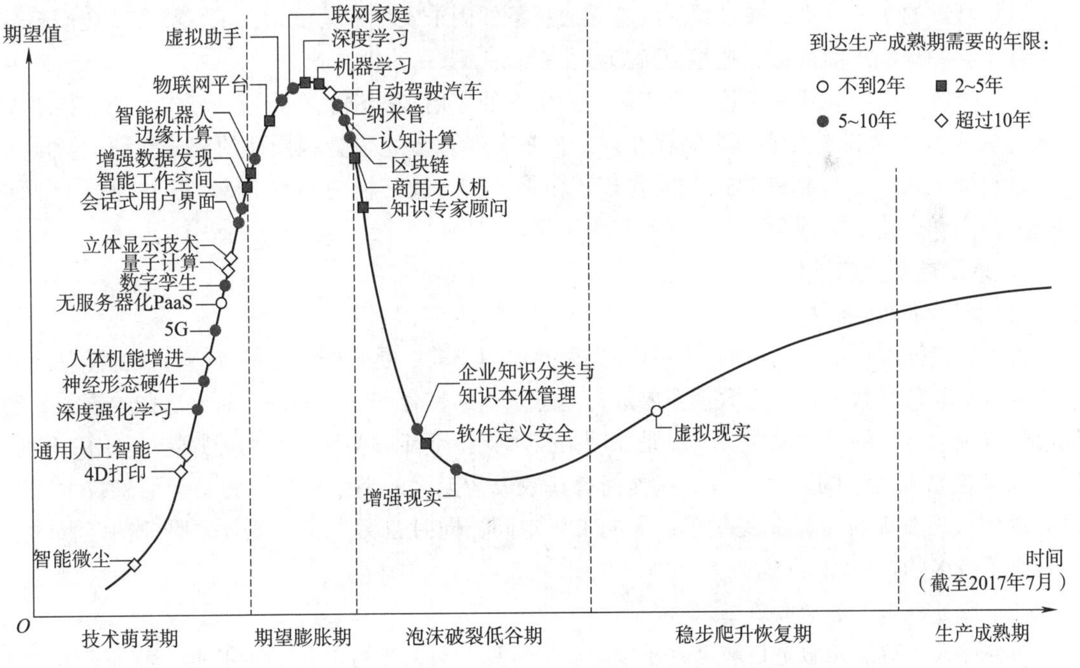

图 1–4 新兴技术成熟曲线

（1）服务智能

得益于算力的提升，进行有监督学习，如人脸识别、语音识别和智能客服，达到提升交互服务和效率的目的。例如，百度的人脸识别验证准确率达到 99.77%。在此层面创业公司激烈竞争，任何企业只要在相应算力上取得突破，马上就能够进入市场参与竞争。

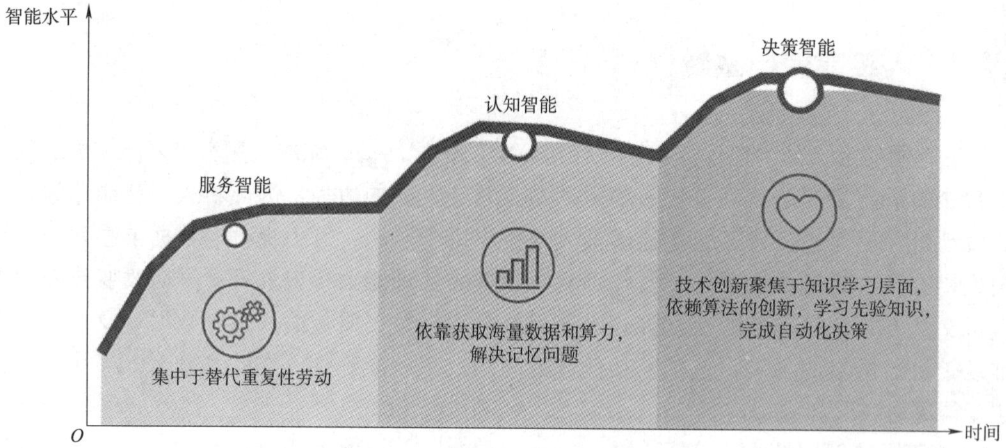

图 1-5 智能金融的三个阶段

（2）认知智能

随着向垂直领域和场景深入延展并不断获得充足有用的数据，人工智能达到与人类比肩或在容错范围内稍有突破。如智能获客、大数据风控和智能投顾，以有监督学习为主，辅以无监督方式挖掘特征变量，让风险识别和定价更精细。

（3）决策智能

以无监督的学习为主，通过预测人脑无法想象的尚未发生的情境，人工智能实现全面超越人类，指导和影响当前决策，典型应用如量化投资。

智能金融的进步必须依靠技术在实际金融场景的应用来推动。在金融领域中一切新技术的引入，从样本实验到现实落地之间存在周期，只有经过在完整金融周期的充分验证，智能金融才能健康发展。百度依赖自己的完整金融场景去进行验证，中小型企业则往往通过上下游链条的打通和合作，实现全金融场景的技术验证。

2. 人工智能算法工程

（1）人工智能算法应用

人工智能技术在金融领域的应用具有极大的作用。其一是金融领域的各个行业都涉及海量的交易数据和信息数据，这些数据需要进行信息系统的整合和征信利用，对于这些数据的处理能够促进金融行业的科学发展。其二是在网络技术支持下能够实现对数据的筛选、应用、识别、安全风险控制等技术的开发。目前我国拥有基数极为庞大的网络用户，为基于信息技术和网络技术的人工智能技术发展提供了广大的市场空间，同时也为人工智能技术服务功能上的应用带来了更多的挑战和机遇。

（2）服务性人工智能客服应用

服务性人工智能客服是目前金融领域中极为常见的对人工智能技术应用的代表性功能，它是基于人工智能技术越来越成熟的拟人性功能体现。人工智能客服在金融领域的应用较早，它能够实现对客户提供批量式的个性化服务。并且人工智能技术能针对金融领域当中的服务方式、服务渠道、服务质量、安全风险管理、信贷融资、投资管理等多个方面提供优质的服务。同时人工智能客服还可以按照金融行业企业的实际服务项目以及服务内容进行语言处理、语音识别、声纹识别等，为客户提供投资、信贷融资等方面精细化、人性化、专业化的金融服务，极大地缓解了金融企业、机构工作人员的工作压力，真正实现了工作效率的提升。

（3）人工智能投资顾问应用

随着人们经济收入的增长和经济水平的提升，越来越多的人喜欢进行一些金融投资以增加收入，而人工智能投资顾问是基于对投资人的个人喜好，投资收益的要求和投资方向等信息数据进行智能算法和投资项目组合以及提供投资建议、参考数据信息服务的智能服务系统。其不但可以按照投资人情况进行投资配置和交易执行上的智能化服务，还能够帮助投资人进行投资分析、资产规模管理、投资交易管理等。目前金融市场上有很多种智能投资顾问软件以及 App，利用手机等移动客户端进行智能化服务，并且随着信息技术的进步，其功能也在不断创新和拓展。

（4）智能化信托贷款与在线监控智能系统的应用

按照金融领域现行的信贷融资授信决策对人工智能技术的应用情况来看，已经能够实现利用现代化的技术方法进行用户实际经济情况、消费水平、收入水平以及个人征信状况信息的提取和分析，并对目标用户进行标签库的建立，利用用户标签进行潜在目标客户的筛选和征信确认，以便为融资信贷提供必要的参考数据。此外，人工智能技术还能够通过对企业以及个人的税务、工商、社会保险、日常生活情况的经济收支等进行分析处理，并做出科学化的评级与判断，对已经进行了信托贷款的用户或企业，也能够对其经营情况、经济水平、还贷能力等数据信息的变化进行分析，以进行在线的风险监控和风险评估跟踪，从而做到对其进行实际受贷和还贷情况的及时掌握。

1.1.5　科技与金融业务融合

以大数据、云计算、区块链、人工智能和移动互联为引领的新兴科技革命，导致金融学科的边界、研究范式不断被打破和重构。本轮科学技术的爆发导致金融行业传统发展模式受到颠覆性冲击的主要原因：一方面是全球数据积累存量已达到引爆新一轮行业变革的规模和水平，全球数据正以每年 40% 左右的速度快速增长，2017 年全球的数据总量为 21.6 ZB（1 个 ZB 等于十万亿亿字节），金融数据在其中占比很高，此外金融市场天然拥有海量标准化大数据，适合前沿科技落地生根；另一方面是人工智能等前沿科技在算法、算力方面的应用，以及 GPU、TPU、NPU 等硬件技术的革命性突破，逐渐使已稳定 50 年之久的“摩尔定律”迎来终结。科技深刻地改变了金融业态，并开始成为未来金融发展的制高点。金融科技正在传统金融行业的各个领域积极布局，已然成为新的风口。

金融科技的支撑技术具有更新迭代快、跨界、混业等特点，是大数据、人工智能、区块链技术等前沿颠覆性科技与传统金融业务场景的叠加融合，主要包括大数据金融、人工智能金融、区块链金融和量化金融四个核心部分。

大数据金融重点关注金融大数据的获取、存储、处理分析与可视化。一般而言，金融大数据的核心技术包括基础底层、数据存储与管理层、计算处理层、数据分析与可视化层。数据分析与可视化层主要负责简单数据分析、高级数据分析以及对相应的分析结果的可视化展示。大数据金融往往还致力于利用互联网技术和信息通信技术，探索资金融通、支付、投资和信息中介的新型金融业务模式的研发。

人工智能金融主要借用人工智能技术处理金融领域的问题，包括股票价格预测、评估消费者行为和支付意愿、信用评分、智能投顾与聊天机器人、保险业的承保与理赔、风险管理与压力测试、金融监管与识别监测等。人工智能技术主要包括机器学习理论等前沿计算机科学知识，主要基于算法。机器学习理论主要覆盖三大理论：监督学习、无监督学习和强化学习。

区块链技术是一种去中心化的大数据系统，是数字世界里一切有价物的公共总账本，是分布式云计算网络的一种具体应用。一旦区块链技术成为未来互联网的底层组织结构，将直接改变互联网的治理机制，彻底颠覆现有底层协议，导致互联网金融的智能化、去中心化，并产生基于算法驱动的金融新业态。一旦成熟的区块链技术落地金融业，形成生态业务闭环，则金融交易可能会出现接近零成本的金融交易环境。但是，由于共识机制、私钥管理和智能合约等存在技术局限性和面临安全问题，区块链技术整合和应用落地将是一个长期的过程。

量化金融以金融工程、金融数学、金融计量和金融统计为抓手开展金融业务，和传统金融最大的区别在于其始终强调利用数理手段和计量统计知识，定量而非定性地开展工作。其主要金融场景有高频交易、算法交易、金融衍生品定价以及基于数理视角下的金融风险管理等。量化金融是金融业高端资本与智力密集型领域，科技含量极高。近几年，高频与算法交易、金融风险管理、保险精算越来越依靠工业级大数据（如实时、海量、高维和非结构化数据）、人工智能前沿技术以及区块链技术来解决问题或重构原有金融业务逻辑、产品设计流程、监管监测控制环节。

1.2 金融科技促进创新

金融的科技化是基本趋势，金融科技将会在以下四个维度促进我国金融行业发展进入一个全新的时代。

1. 维护国家金融安全

习近平总书记在 2017 年 7 月的全国金融工作会议上反复强调维护国家金融安全的重要性，并指出金融安全是国家安全的重要组成部分。随着金融科技的快速发展，在金融市场中收集和分析数据将更加容易，并更多地减少信息不对称，基于人工智能与大数据的交易和投资策略可以重新定义金融市场的价格发现机制，提升交易速度，促进金融市场的流动性，提升金融市场的效率和稳定性，监管机构可以更高效地分析、预警和防范金融市场的系统性风险。

2. 助力我国金融业“弯道超车”

金融科技中的智能金融技术，利用大数据及人工智能技术来帮助传统金融行业节省人力成本，减少员工重复劳动。我国人工智能技术研究中的一些领域，比如算法研究，已处于国际前列，借助这一力量发展金融科技，更有利于与实际问题相结合，最终提升金融机构生产效率。

3. 实现民生普惠

随着大数据金融、互联网金融以及区块链技术的普及，金融科技的应用和发展可以让更多的人尤其是贫困人口以更低成本、更为便捷的方式获得金融服务，分享更多实实在在的改革成果。

4. 助推“一带一路”建设

可以借助金融基础设施和科学信息技术管理，让“一带一路”沿线国家分享我国金融科技成果。例如，我国的移动支付已开始助力“一带一路”沿线国家经济与金融发展。不同国家文化及政治经济的差异使得大数据的互联互通、金融与经济数据信息共享备受挑战，而解决这些难题的抓手将是金融科技。

1.3　金融科技发展规划

1. 中国人民银行成立金融科技委员会

2017 年，中国人民银行成立金融科技委员会，旨在加强金融科技工作的研究规划和统筹协调。金融科技是技术驱动的金融创新，为金融发展注入新的活力，也给金融安全带来了新挑战。中国人民银行将强化监管科技（regulatory technology，regtech）应用实践，积极利用大数据、人工智能、云计算等技术丰富金融监管手段，提升跨行业、跨市场交叉性金融风险的甄别、防范和化解能力。

2. 中国人民银行印发《金融科技发展规划（2019—2021 年）》

2019 年，中国人民银行印发《金融科技发展规划（2019—2021 年）》，明确了这三年金融科技工作的指导思想、基本原则、发展目标、重点任务和保障措施。规划提出，到 2021 年末，推动我国金融科技发展居于国际领先水平，实现金融科技应用先进可控、金融服务能力稳步增强、金融风控水平明显提高、金融监管效能持续提升、金融科技支撑不断完善、金融科技产业繁荣发展。

3. 中国人民银行上海总部发布指导意见，促进金融科技发展支持上海建设金融科技中心

2019 年，为贯彻落实国家战略，推动上海国际金融中心和科技创新中心联动发展，中国人民银行上海总部深入学习习近平总书记关于推动金融业高质量发展系列重要指示和视察上海重要讲话精神，牢牢把握新一轮科技革命的历史契机，向辖内金融机构印发了《关于促进金融科技发展支持上海建设金融科技中心的指导意见》（以下简称《指导意见》），从打造具有全球影响力的金融科技生态圈、深化金融科技成果应用、加大新兴技术研发、持续优化金融服务、加强长三角金融科技合作共享、提升金融科技风险管理水平、提升金融科技监管效能、加强人才培养和合作交流八个方面提出 40 项指导意见。

《指导意见》是中国人民银行上海总部贯彻落实《金融科技发展规划（2019—2021 年）》以及人民银行行长易纲在第十一届陆家嘴论坛上有关金融科技中心建设讲话精神，支持上海市政府做好上海金融科技中心建设的重要举措之一，旨在助力上海国际金融中心建设和科技创新中心建设联动发展，着力挖掘上海金融科技发展潜能，深度激发金融科技发展活力，提升金融科技赋能实体经济的质量和效率，为把上海建设成为与国际金融中心地位相适应的金融科技中心提供有力支撑。

4. 中国人民银行启动金融科技创新监管试点工作

为贯彻党的十九届四中全会精神，落实《金融科技发展规划（2019—2021 年）》，中国人民银行积极构建金融科技监管基本规则体系，探索运用信息公开、产品公示、社会监督等柔性管理方式，努力打造包容审慎的金融科技创新监管工具，着力提升金融监管的专业性、统一性和穿透性。

5. 特许全球金融科技师 CGFT 设立

上海高金金融研究院与上海管会教育培训有限公司签署合作协议，在上海交通大学上海高级金融学院学术指导下，联合推出“特许全球金融科技师（chartered global fintech，CGFT）”三级证书认证体系及其培训课程，证书全称为“特许全球金融科技师”。特许全球金融科技师提供全方位的人才培养和评估体系，为金融科技行业培养所需的既掌握金融知识体系，又具备科技创新理论功底的复合型金融科技人才。

1.4 金融科技的新阶段

智能金融是以人工智能为代表的新技术与金融服务深度融合的产物，依托于无处不在的数据信息和不断增强的计算模型，提前洞察并实时满足客户各类金融需求，真正做到以客户为中心，重塑金融价值链和金融生态。智能金融拓展金融服务的广度和深度，践行普惠金融梦想。智能金融是金融科技的新阶段，这一新阶段有四大特征，使得智能金融与线上金融有着本质区别。

1. 自我学习的智能技术

以人工智能为代表的智能技术在新阶段呈现自我学习的特征。人工智能将实现“感知认知——自主决策——自我学习”的实时正循环;数据传输速度实现质的飞跃，云端将无缝融合;介入式芯片等新的硬件形式将出现，甚至实现人机共融。人工智能可以更灵活地自主学习和管理知识，支持知识的“产生——存储——应用——优化”的体系化管理，更准确地提前感知外界环境动态变化，理解用户需求，做出判断并决策。

2. 数据闭环的生态合作

数据是人工智能时代最宝贵的“资产”。智能金融企业的战略重点从互联网时代的业务闭环转向实现数据闭环，不再局限于满足当前用户需求，而是更加注重企业间数据结果回传对于合作各方未来能够可持续满足用户需求的能力的提升。

3. 技术驱动的商业创新

智能技术将不仅仅在“效率”上发挥价值，而是通过与产业链的深度结合，在“效能”上有所作为。在金融领域，移动互联网时代更多体现的是“渠道”迁移；人工智能时代则使得技术在金融的核心,即风险定价上发挥更大的想象力。智能金融时代技术将真正成为核心驱动力，技术驱动商业创新的影响力及范围会进一步扩大。“技术 +”成为终极演进规律，会在一定程度上颠覆原有商业创新逻辑，从移动互联网时代的模式创新到技术时代的应用创新，使技术在应用层面进一步拓展。技术和产业链全面深入结合，带来应用层终极变革。

4. 单客专享的产品服务

“个性化”不再仅限于客群层面。基于海量的客户信息数据、精细的产品模型和实时反馈的决策引擎，每一个客户的个性数据将被全面捕获并一一反映到产品配制和定价中。所有的产品不再是为了“某些”客户提前设计，而是针对“某个”客户实时设计，实现产品服务的终极个性化。

习 题 1

1. 大数据技术的特点是什么?
2. 云计算技术的特点是什么?
3. 区块链技术的特点是什么?
4. 人工智能技术的特点是什么?
5. 智能金融的三个阶段是什么?
6. 金融科技的新阶段是什么?
7. 人工智能算法在金融领域的作用是什么?
8. 人工智能客服在金融领域的作用是什么?
9. 大数据金融的核心内容是什么?

第 2 章 智能金融服务

2.1 智能金融的服务转型

科技与金融的融合经历了三个阶段，发展出了新的服务类型，如图 2-1 所示。

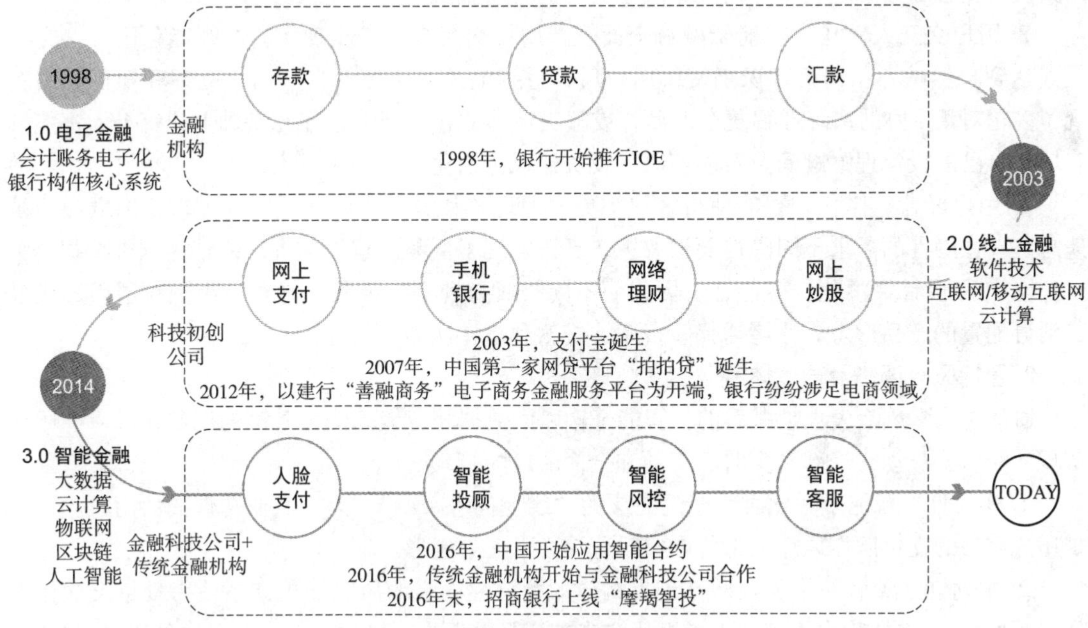

图 2-1　金融科技发展与服务类型

第一阶段是电子金融，金融业务如票据等以电子形式实现，提升了中后台的处理效率，金融服务的提供从孤立的“点”转向经由计算机存储的有结构、有组织的“线”。1998 年始，存款、贷款、汇款等会计账务电子化，银行构建核心系统，开始推行 IOE（IOE 指 IBM 小型机、Oracle 数据库和 EMC 存储设备）。

第二阶段是线上金融，通过互联网技术与场景的结合改变了用户行为，创新了服务渠道，使金融在覆盖面上得以扩展，是由“线”及“面”的过程。线上金融的核心技术是软件技术、移动互联网、云计算、物联网等，这些技术的快速发展孕育了一批初创公司，2003 年支付宝诞生；2007 年中国第一家网贷平台“拍拍贷”诞生；2012 年，中国建设银行推出“善融商务”电子商务金融服务平台，各银行陆续涉足电商领域。这个阶段，网上支付、手机银行、网络理财、网上炒股等业务开始出现。

第三阶段是智能金融，这一阶段注重回归金融本质，人工智能等技术的引入深入行业逻辑，服务深度下钻，金融服务由“面”纵向延展，转为“立体”。智能金融阶段核心技术为大数据、云计算、物联网、区块链和人工智能等。2016 年中国开始应用智能合约，传统金融公司开始与金融科技公司合作，开发人脸支付、智能投顾、智能风控、智能客服等智能金融业务。

2.2 金融服务的价值链条

在金融既有的价值链条上，智能金融正促成四方面的重构：重构用户连接和服务的价值链、重构风险评估及管理体系、重构服务的边界、重构基础设施的建设标准和运行逻辑。

1. 重构用户连接和服务的价值链

① 用户触达无缝化。智能金融时代每个智能设备都是用户获取金融服务的新入口，实现智能手机、电视、汽车等多渠道全面触达，此外对银行网点进行重塑和改造，如银行网点云端化，助力实现金融服务无缝化，为消费者带来真正的直接金融。

② 用户交互人性化。智能金融将全面改善用户交互水平，实现实时的智能化服务。交互模式达到自然贴心，如语音识别使得用户反馈过程的效率更高，自然语言处理和知识图谱实现了多轮对话，协助系统理解复杂产品，或解决标准的客服问题，在此基础上让每个人都能够有属于自己的投资理财顾问及智能客服，投资建议定制化，服务更贴心。

③ 用户经营立体化。智能使得客户被更好地理解和满足。以往低频的需求不因低频而被遗忘，以往隐性的需求不因隐性而被忽视，真正实现了低频需求被捕捉，隐性需求被挖掘。

④ 产品设计灵活化。智能让“因你而不同”成为现实，金融要素在最小颗粒层面形成最灵活可配置的产品形态，让诸如保险费率、贷款利率皆能因人而异。

2. 重构风险评估及管理体系

通常情况下风险表现是滞后的，智能金融以大数据和智能算法为基础的反欺诈和风控体系实现从滞后、被动、局部到实时、主动和全面的风险管理。

① 实时性：智能金融化身为永远在岗的“线上福尔摩斯”，无论商业合作的信用风险，还是用户交易的支付欺诈风险，都将在实时监控之下无处遁形。

② 主动性：关联网络和在此基础上构建的稳健性更强的风险评价体系使得批量反欺诈得到应用推广，并在风险水平基线上挖掘用户未被满足的诉求。风险不仅仅是基于“防御”和“控制”概念，更成为“用户经营机会”和“业务管理机会”的关键决策输入，使金融机构中后端先用户一步了解其金融需求和信用状况，未雨绸缪。

③ 全面性：互联网金融时期催生了大量“新金融数据”，如电商交易、网络借贷、网络理财等互联网金融数据，如搜索、社交、阅读、地理位置等互联网行为数据，这些“新金融数据”的引入与传统金融数据结合，形成互补，找到更准确、更全面的因子，让决策更加全面客观，无限接近真相。

3. 重构服务的边界

智能金融更为立体和鲜活地刻画个人，使群体化的个人成为鲜活的个体，我们可以更好地了解每一个用户的行为习惯、兴趣爱好等，使得每个人平等享有金融服务的机会。从“看不见”

到“看无限”，从过去的小公平、某些方面的公平形成一种大公平的格局。实现金融服务的广覆盖。8 亿经济活跃人口，有央行征信记录的人群仅 3 亿，尚有 5 亿人未被覆盖到，信贷线上化率仅 6%。188 万亿资产管理规模，非银行存款占 58%，资产配置优化空间巨大，而线上化率仅 10%。此外，在保险、小微企业金融服务等诸多领域都存在很大发展空间。

4. 重构基础设施的建设标准和运行逻辑

人工智能在算力、算法和数据的推动下，在用户画像、计算机视觉、声音识别、自然语言处理以及辅助决策上都得到了更多的发展。高效、安全的专有云和区块链技术使得 IT 基础设施的底层架构得以重构，区块链将经由中介进行的交易转为点对点直接交易，让金融的基础——信用的传递更加简单，运行逻辑得以公开和透明化；云计算引入微服务架构的灵活部署形式，使得以往可能被闲置浪费的计算资源得到充分利用，扫清了人工智能技术取得突破性进展的算力障碍，基础设施的建设标准不再居高不下，从而使门槛大大降低，人工智能得以迅速融入金融领域。

智能金融通过对金融服务进行四方面重构，使得金融服务变得更易获得，推动金融服务朝着“随人”“随需”“随时”“随地”的标准不断进步，实现零距离、大公平、低成本，践行普惠金融。

2.3　智能金融服务的应用场景

人工智能和大数据正在对金融和泛金融领域产生广泛而深远的影响，不仅体现在改善效率上，在提升效能方面也是亮点十足。随着算力和数据的突破，智能金融应用率先在通用领域中发力，解决效率提升的问题，随着数据在细分领域中的积累和整合，智能金融的应用不断向拓展各细分场景、提升业务效能的方向进步，从而展现出多样化的金融应用布局。支付、个人信贷、企业信贷、财富管理、资产管理和保险是智能金融应用六大典型场景。

2.3.1　场景一：支付

作为与消费者连接最紧密的环节，智能金融对于广大用户的支付需求影响得最早、最广、最深。如今在中国，移动支付已无处不在，遍及餐饮、商超、医院、停车场等全面线下场景。并且正不断向海外拓展，截至 2020 年底，中国消费者可以在 42 个国家和地区的实体零售店使用中国的移动支付工具。据埃森哲统计，2020 年，非银行支付机构共处理移动支付业务 8 272.97 亿笔、金额 294.56 万亿元，同比分别增长 14.9% 和 17.88%。

回顾历史，为满足线上转账汇款需求的支付网关模式，是技术与支付结合的初始形态；随着电商的发展，以支付宝为代表的第三方支付应运而生，成为卖家与买家线上交易的信用中介；智能手机的普及和移动互联网的发展则使得移动支付日益繁荣，2014 年春节，微信红包引爆移动支付，从当年除夕至初八，超过 800 万用户参与了抢红包活动，超过 4 000 万个红包被领取；2018 年随着智能技术的进一步成熟，支付进入“万物皆载体”的新阶段，智能手环、手表、汽车、空气净化器、冰箱、空调、电视等都可以成为支付的“账户载体”和“受理终端”。

1. 生物智能打造极致便捷的支付体验

流程的优化、交互介质的革新为支付带来更极致的便捷体验。以人脸识别、声纹识别、虹膜识别等为代表的生物识别支付技术，进一步简化了支付流程，提升了支付效率，能够实现支付过程以“秒”计算，并基于生物特征的独一无二性更有效地保证支付安全性。蚂蚁金服收购拥有眼纹（EyePrint IDTM）识别技术专利的生物识别技术创业公司 EyeVerify，未来支付宝可能实现支付方式的重大创新突破。

生物识别技术已在各行业得到了广泛的应用。腾讯优图在无限制条件下人脸验证测试中提交的最新成绩为 99.80%，2019 年已在安防、商业、娱乐等场景得到了实践，例如，利用人脸识别分析技术快速准确地分析画面中出现的人物属性，如年龄、性别等信息，实现精准的广告投放。百度语音通过场景识别优化，为车载导航、智能家居和社交聊天等行业提供语音解决方案，准确率达到 90% 以上，2020 年已在语音搜索、语音输入法等方面得到了应用。

2. 区块链推动跨境支付结算流程简化并提高时效

世界银行数据显示，2020 年全球跨境支付市场已达到 1 万亿美元。中国成为超越美国和欧元区的全球跨境支付第三大市场。但是，传统跨境支付模式存在大量人工对账操作，通常一笔交易需要至少 2 ~ 3 天才能完成，效率极低；且支付成本居高不下，付款人的平均成本达到转账金额的 7.68%。

应用区块链的跨境支付减少流程中的人工处理环节，可大大提升交易速度；削弱交易流程中的中介机构作用，提高资金流动性，实现实时确认和监控，能够有效降低交易各环节中的直接和间接成本。以知名区块链技术公司 Ripple 为例，据统计，仅通过 Ripple 平台的各项国际支付业务就能节省 33% 的支付成本，且数秒完成交易。

3. 数字货币为货币流通体系带来新理念

数字货币是数字经济发展的基石，也是未来全球经济金融竞争的高地。数字货币跟纸币一样，都是中国人民银行发行的货币，具有国家信用背书，拥有和纸币一样的使用场景，是法定货币。

中国人民银行推出数字货币的意图是要替代纸币，数字货币与纸币功能完全一样，只是以数字化的形态存在，不存在折损，也便于央行的数量化管理。数字货币的推出有非常重要的意义。

首先，数字货币会逐渐取代纸币，纸币非常不利于管理，钱以纸币的形式只要出了银行，货币的去向就无法追踪了，所以最后会导致一些经济问题。例如，央行发钱救助实体经济，结果钱转了一圈，又跑到房地产了。纸币的话，只要把贷款取出来，再存进去，这个钱运转的路径就中断了。数字货币可以始终追踪，能看到谁把钱违规使用了。之前，很多贪官收现金藏在家里，以后这种情况就是自首，在系统里一查就知道了。

其次，货币供给调节会更加精准，到底有多少钱流通，一目了然，有利于货币政策调节，既可以监控货币总量，也可监控货币流通速度，央行可以更加精准地投放货币，甚至达到去中介化。通缩通胀，都是由于不知道印了多少钱造成的，结果等反应过来已经晚了。

第三，有利于社会信用的建立，数字货币和人的社会信用融为一体，隐匿财产的老赖将无所遁形。因为房价跌了，你不还贷款？只要有法院判决，可以轻松地找到你的财产，并且直接执行。当一切现金的流动全都在掌控之中，大额资金流动也就不再设限，有利于社会效率的提高。

第四，对于现有商业环境，将产生颠覆式的影响，央行的数字货币，会对支付宝和微信造成较大的威胁。现在，数字货币的支付功能已经具备，找到了技术对接路径，也为刷脸支付、人工智能、智能投顾等领域做好了准备。未来银行网点、ATM 柜员机会逐渐消失。

数字货币是中国人民银行为国内零售支付市场提供的公共产品，初心是推动金融普惠的发展，所以，在试点过程中，一直努力落实金融普惠的理念。

数字货币在试点过程中是如何助力普惠金融落实的？

一是增强支付服务的可获得性。数字货币的账户松耦合设计，可方便偏远地区民众在不持有传统银行账户的情况下开立数字人民币钱包，有利于提高金融服务的覆盖率。

二是在数字货币设计上致力降低支付成本，提高可负担性。中国人民银行不向发行层收取费用，商业银行也不向个人客户收取数字货币的兑换服务费，有助于减轻实体经济负担，优化营商环境。在降低支付信息保护成本方面，针对公众使用移动支付所付出的隐私成本过高的问题，数字货币遵循“小额匿名、大额依法可溯”的可控匿名原则，高度重视个人信息与隐私保护，以满足公众对小额匿名支付服务需求，更好地保护个人信息，缓解“隐私悖论”及社会焦虑。

三是在数字货币设计上提升支付产品使用效率。结合数字货币的银行账户松耦合和价值特征，实现“支付即结算”，提高支付体系运转效率，提升商户资金周转效率；数字货币具备可编程属性，可以加载智能合约用于条件支付、担保支付等较为复杂的支付功能，为“三农”“支微支小”等普惠金融和绿色金融创新赋能。

四是在数字货币试点中维护支付市场的公平竞争。一方面，数字货币将为不同支付服务机构的创新发展提供公平的准入机会和统一的基础设施，促进市场竞争择优；另一方面，利用数字货币的法偿地位打破支付市场中的机构壁垒、工具壁垒和平台壁垒，实现数字货币的全场景支付，提升零售支付服务的可达性和社会总福利水平。

2.3.2　场景二：个人信贷

消费升级、信贷渗透率提升激发了消费金融市场，2020 年消费金融达 45 万亿。消费金融需求已不再局限于房贷、车贷等大额消费，而逐步深入家电、食品、旅游、教育等商品消费及服务场景中，信贷模式多样化。埃森哲研究表明，部分不愿使用信用卡的消费者是因为适合他们的信贷产品太少。越来越多的客户愿意为好的产品付费，针对不同类型客户开发适合他们的信贷产品，提升客户体验是金融业未来努力的方向。

消费金融市场的主要服务提供者是银行、持牌消费金融公司、电商平台、金融科技公司等，它们凭借资金成本、场景流量、数据、技术的不同优势，而提供不同的信贷产品及服务方式。线上循环贷、网贷和小额短期信用贷成为近年市场的爆发点。

大型互联网平台借助自身场景流量优势，存量客户快速上量。如占据电商消费场景的花呗、京东白条，以及搜索流量主动表达需求的百度教育贷、医美贷等。

消费贷款市场的爆发也催生了一些弱化贷款用途、忽略用款场景的无抵押信用贷款，由于其可能造成过度借贷、重复授信、畸高利率、侵犯个人隐私等问题，存在着较大的金融风险和社会风险隐患。2019 年 12 月，互联网金融风险专项整治、P2P 网贷风险专项整治工作领导小组办公室正式下发《关于规范整顿“现金贷”业务的通知》，对小额贷款业务进行了明确的规范和指导。

在新规的指引下，未来的个人信贷业务与实际消费场景将会有更加紧密的结合，这势必要求在场景对接、审批决策和运营流转上有更加强大的数据和技术支撑。可以想象，继移动时代的场景流量后，全链条智能化的技术能力将成为新的竞争力。

个人信贷链条智能化应用如图 2-2 所示。

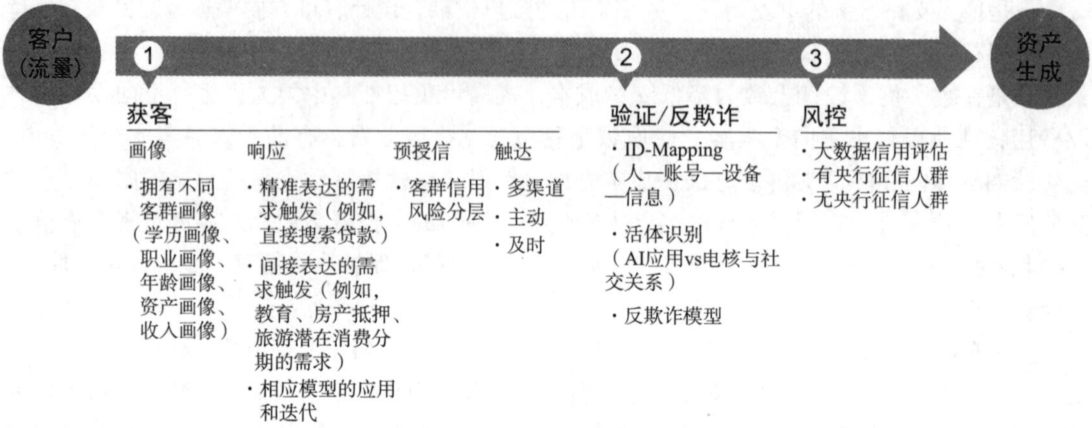

图 2-2　个人信贷链条智能化应用

1. 智能获客深度挖掘高效转化信贷需求

据埃森哲研究，在传统人工信贷审核时期，银行平均每笔贷款成本高达 3 416 美元，贷款机构的高额固定成本模式迫使其根据不断变化的市场形势进行快速调整。而智能获客是挖掘用户潜在信贷需求、实现用户转化的利器。企业通过账号体系积累用户信息厚度，并形成可触达、可识别、最终可授信的账号。在此基础上，构建信贷用户画像和响应模型，需求前置、择选时机精准触达用户，实现高效的新客获取与老客激活，降低获客成本。与传统获客方式相比，智能获客体现出如下四个方面的特征。

① 清晰用户画像捕捉信贷需求。基于关系数据、身份信息、网络行为数据、金融属性等数据，构建丰富多样的用户画像，如学历画像、职业画像、资产画像等，进而捕捉用户相应的信贷需求，如图 2-3 所示。

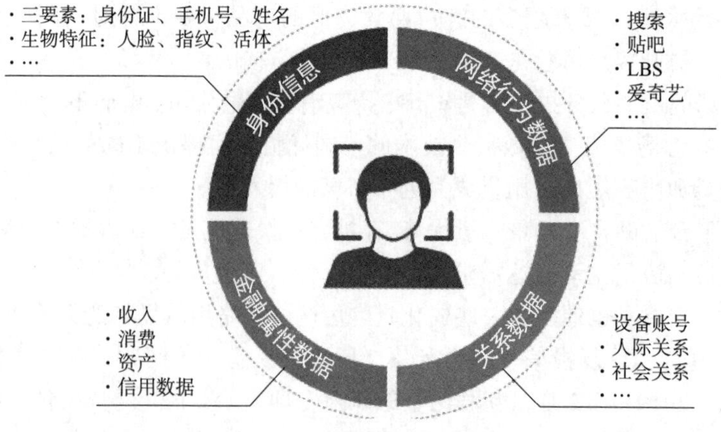

图 2-3　多维度用户画像图

② 响应模型提升获客效率。将用户按照响应率进行排序，降低获客成本，极大提升效率。例如，百度在 2017 年完成以 5 000 名房贷客户为样本，覆盖其贷款前 6 个月至贷款后 6 个月的消费行为测试，发现新房贷按揭客户在房贷放款后一周至六个月期间，对于消费信贷的需求出现了 163% 的增长。在此期间，这些客户对于半年到一年循环授信的响应率会大幅提高，如图 2-4 所示。

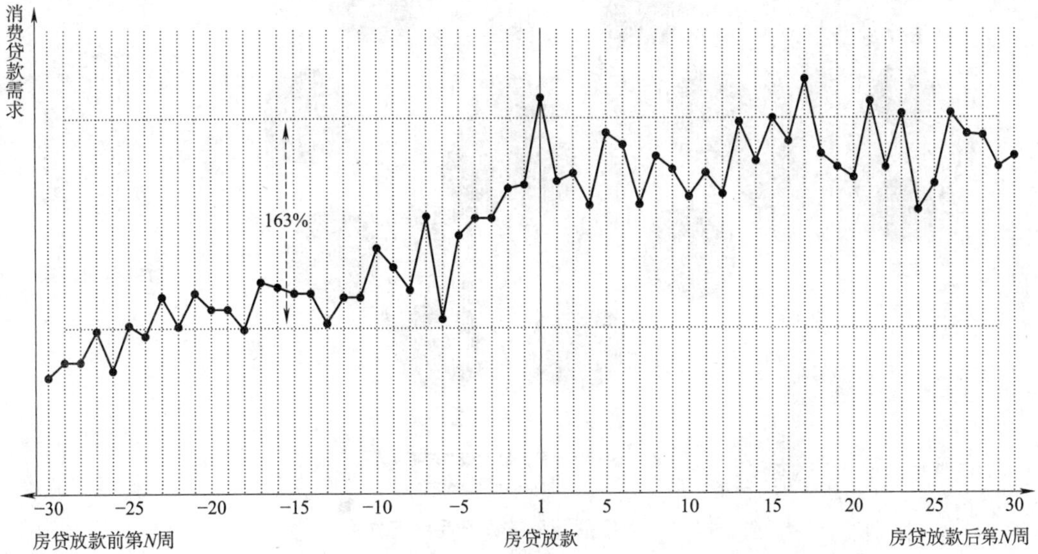

图 2-4　新房贷按揭用户消费信贷的需求变化

③ 预授信前置风险评估。对用户风险进行甄别和分层，有效预测违约风险，指导差异化定价。对客群进行分层经营，从根本上解决体验问题。

④ 多渠道主动触达，时机更具精准性。首先根据用户画像的不同属性，为不同行为特征的用户设计匹配的触达渠道，如短信、App 消息推送、App 入口展示等。然后锁定时机精准触达从而圈中用户，对转化的成功率至关重要。

2. 智能反欺诈实现全时多维防控

通过智能技术建立多样化的反欺诈手段，如通过 ID-Mapping 技术实现人—账号—设备等关联，识别设备异常、高危账号；通过人脸、声纹等生物特征验证身份；通过关联网络构建欺诈关联图谱等，实时打击黑色产业、欺诈，对于降低信贷风险有着重要意义。

百度推出了一整套反欺诈产品服务体系“磐石反欺诈工程平台”，如图 2-5 所示。互联网金融机构和传统银行可根据自身的反欺诈策略和需求灵活选择相应产品服务，包括以活体识别提供用户身份认证，多头防控识别用户多头信贷行为，关联网络识别黑中介、团伙诈骗等。

例如，在百度磐石关联黑产系统中，已构建 100 亿节点 ~ 500 亿节点边的关联网络，如图 2-6 所示。每个节点代表一个设备号，边代表节点的关联。在实际应用中，一位学生向某教育信贷机构申请分期贷款，通过对用户资质进行审核，若发现该用户与诸多风险名单恶意逾期用户、骗贷团伙关联密切，则表现出集中的异常节点，如图 2-6（b）中，系统会自动预警，拦截欺诈团伙。节点选择只显示逾期用户，同一机构的逾期用户形成关联关系，通过团簇的大小直接判断机构的状况，如图 2-6（c）所示，则可辅助风控人员主动、及时地调整机构管理的风控策略。

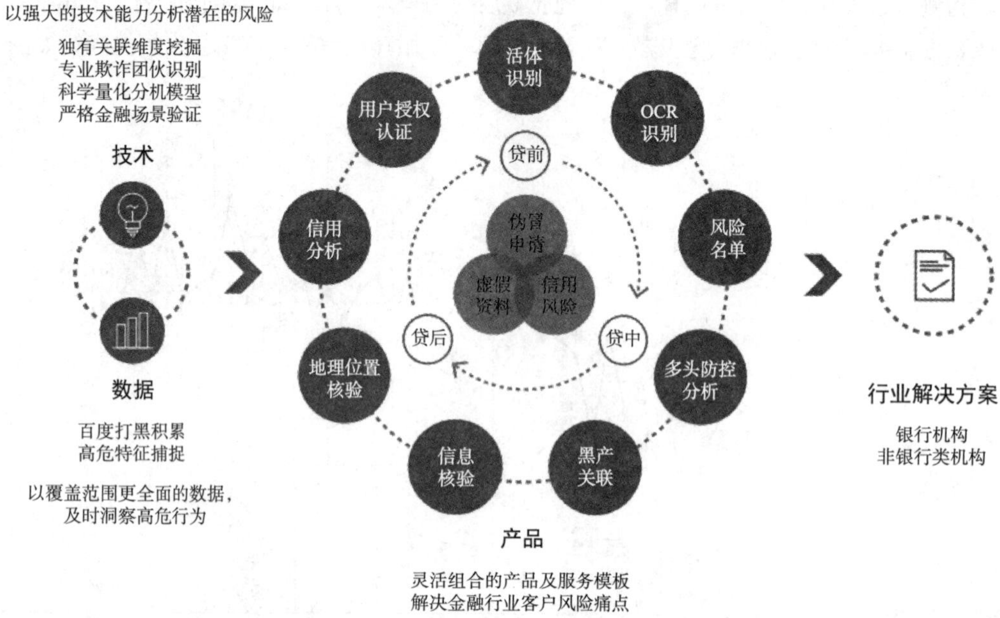

图 2-5　百度磐石反欺诈产品服务体系

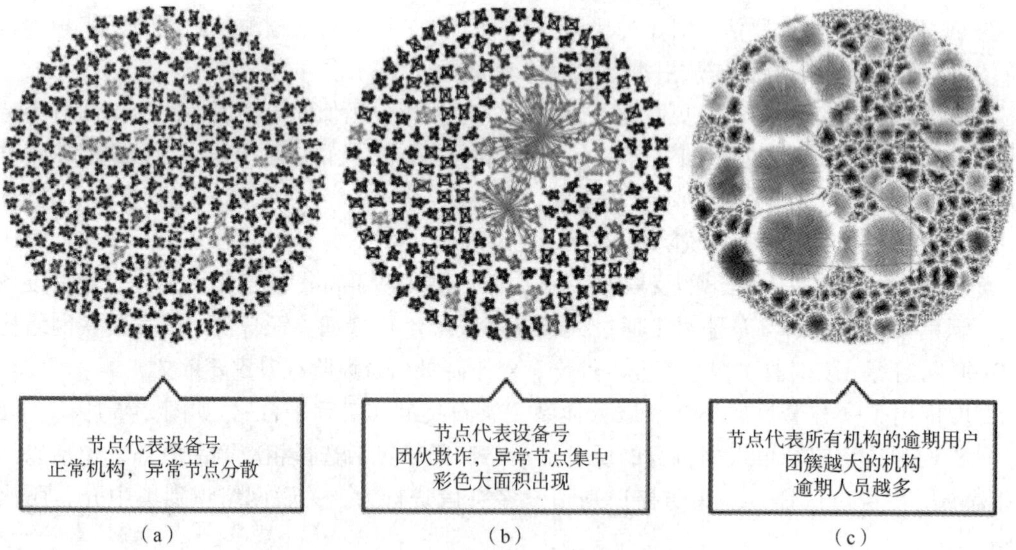

图 2-6　百度磐石关联黑产系统应用示意

3. 大数据风控提升征信广度和精度

在获取具有信贷需求的客户基础上，借助智能技术构建强有力的风控体系，准确评估客户信用风险，成为促进个人信贷健康发展的重要环节。

互联网大数据将没有征信记录的人群纳入信用体系，扩大了个人信贷市场基础。大数据实现了用户信息厚度的积累，社交、电商、搜索、LBS 等用户互联网行为数据和央行征信数据、公安数据、法院数据、航旅等合作平台数据共同构成征信的数据基础。如图 2-7 所示，对于有征信人群的信用评估提升精度，对于无征信人群实现信用评估，信用模型的 KS 可达 30% 以上。依赖于大数据实现更广泛的信用评估，使得个人信贷能够进一步服务于没有被传统征信体系覆盖的人群，如务农人员、新入职员工、从事临时工作的打工族、收入较低的蓝领工人等，实现真正的“普惠”。

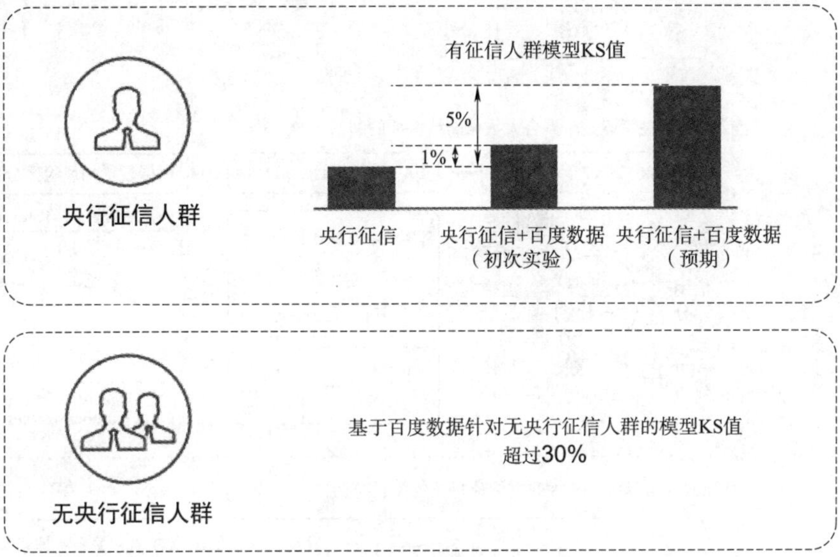

图 2-7　征信人群模型 KS 值

此外，应用集成学习、深度学习、半监督学习等人工智能技术，构建多变量的信用评估模型，取代依赖少数规则的传统信用评估方式，大幅提升了信用评估的精准度。例如，美国知名智能金融企业 Zest finance 建立了强大的数据挖掘能力和模型开发能力，利用 10 个预测分析模型进行集成学习或者多角度学习，对多达上万条的参考数据变量进行大数据挖掘，并应用模糊算法与神经网络最终形成一个独立的信用分数，更精准地评估客户的信用风险。百度的大数据风控系统“磐若”，应用更多的行为大数据准确判断用户的信用。通过集成学习梯度增强决策树算法聚合大数据高维特征，将 3 000+ 的基础行为特征聚合成 200+ 棵树，相对传统方法提升了 10% 的风险区分度；通过深度学习、特征嵌入与降维，解决大数据特征稀疏的问题，发现搜索词之间的潜在语义关系，有效提升行为的风险区分度 5% 以上；通过半监督学习的图计算，信用标签传播，用丰富关系网丰富信贷样本特征，减少低信用分的用户。

在智能技术的支持下，征信将逐渐普及，并向各类生活场景渗透，如酒店免预授权、租车免押金等。普遍健全的信用体系以及信用信息在场景间顺畅流通，也将进一步增加失信或欺诈者的违约成本，推动信用社会的建设。

数据风控和数据征信时代的到来，给予了信任问题新的解决方向和希望，真正触及风险核心。在风险评价上不仅仅是增添价值，更是创造了价值，使得“千人千面”不再是纸上谈兵的幻想。而同时，数据的交换使不可能变成了可能，使曾经不能获得信贷服务的人有机会满足自己的信贷需求，真正以“人”为核心，践行普惠金融。

百度磐若——大数据风控系统图如图 2-8 所示。

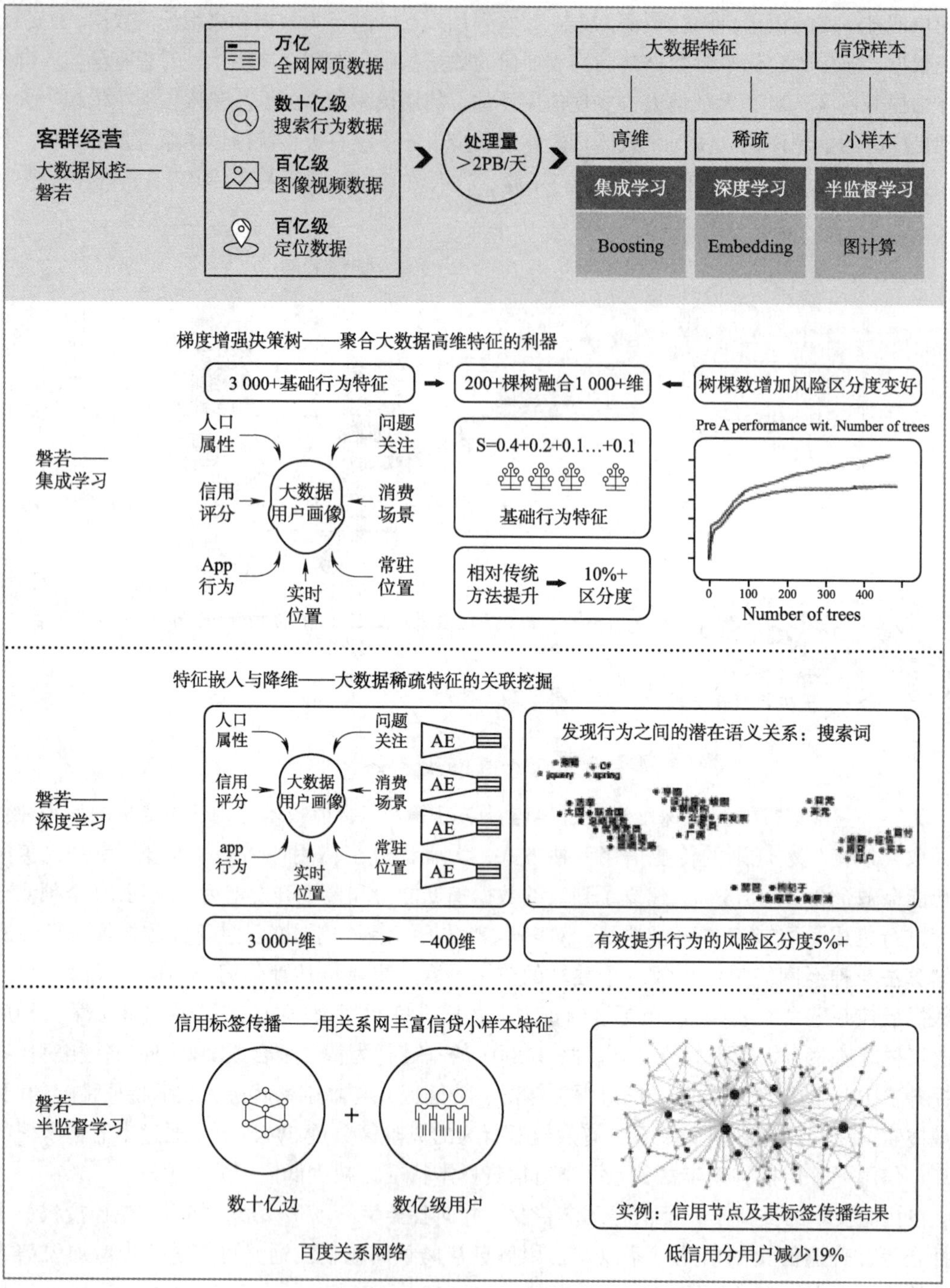

图 2-8　百度磐若——大数据风控系统图

2.3.3　场景三：企业信贷

在埃森哲《适者生存：重塑银行在金融科技时代的竞争力》报告中指出，我国中小企业数量达到7 000多万户，占全国企业总数99%以上，而现有企业征信系统中的记录却不到600万家，覆盖率不到10%。广发银行的调研数据显示，平均每家小微企业的资金缺口约为70.5万元。通过近年来的探索，智能金融将为包括贸易融资、供应链金融、企业信用贷款等对公信贷业务起到完善企业信用体系、补充企业经营状况信息和降低放贷机构单据确权难度的作用。

1. 大数据丰富企业信用体系

由于小微企业自身规模小，经营风险大，缺乏担保物等问题，常常很难达到传统信贷机构的放贷标准。在授权合规的前提下，整合传统的银行数据、政府数据、企业行为数据和场景数据，甚至社保、水电等更多维度，大数据可以改善客户与金融机构之间的信息不对称情况，改变传统的信用评级方法，有效解决小微企业融资难问题。

以国内某主攻小微企业征信的金融科技平台为例，在丰富的大数据的基础上，建立小微企业征信评估体系。此外，该平台还利用小微企业的工商信息、合规情况、关系族谱和舆情分析等数据对小微企业提供全方位的企业画像，更进一步改善小微企业的信用评级状况。

基于大数据的"增强版"企业信用体系如图 2-9 所示。

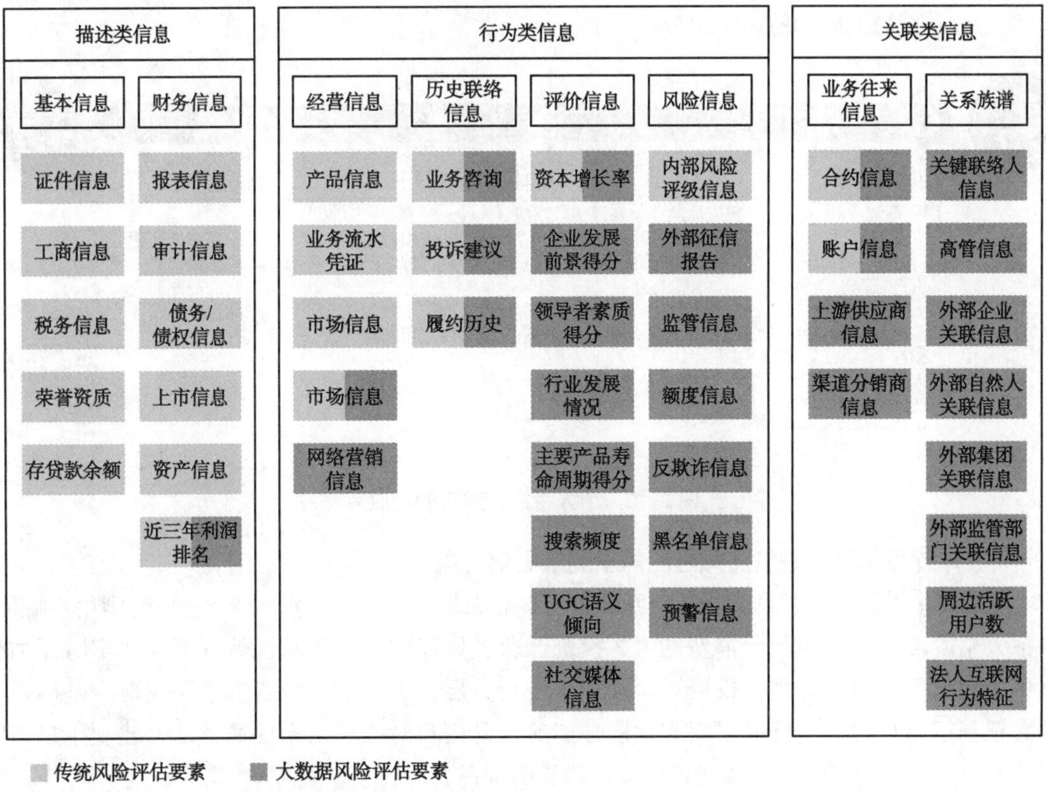

图 2-9　基于大数据的"增强版"企业信用体系

2. 物联网掌握货物数据补充经营信息

大数据在采集过程中会出现很多不可控的因素，因而真实性的有效验证十分重要。物联网可以获取企业的动产与不动产数据，补充企业经营状况信息。以应收账款融资业务模式为例，开鑫金服通过物联网传感设备对交易牛奶进行追踪、监控和管理，就能准确清晰地获取库存及销售数据，确保项目及时还款。

3. 区块链推动融资全程信息透明，提升多方信任

在企业融资业务中，需要完成对客户的情况搜集、信息对比以及实地考察等贷前调查工作，以及业务后续的贷后管理工作，同时供应链金融、贸易融资等业务本身具有行业面广，交易链条长，结算方式多样的特点，因此，银行面临人力成本高和风险难识别两大痛点。

区块链因为其不可篡改、分布式记账以及去中心化等功能特性，可以解决此类风控难题，同时有效降低人力成本。在信任建立的基础上，也可有效降低单据确权难度。

2.3.4 场景四：财富管理

传统财富管理模式下，了解客户投资偏好，进而提供个性化投资建议和投资服务，需花费高昂的沟通成本、人力成本，因此高费率、高门槛的财富管理服务主要面向高净值人群。智能技术在投资偏好洞察和投资资产匹配环节能够极大地降本提效，使财富管理逐渐走向中低净值人群，呈现高效、低费、覆盖更广泛的特点。

个人财富管理智能化应用如图 2-10 所示。

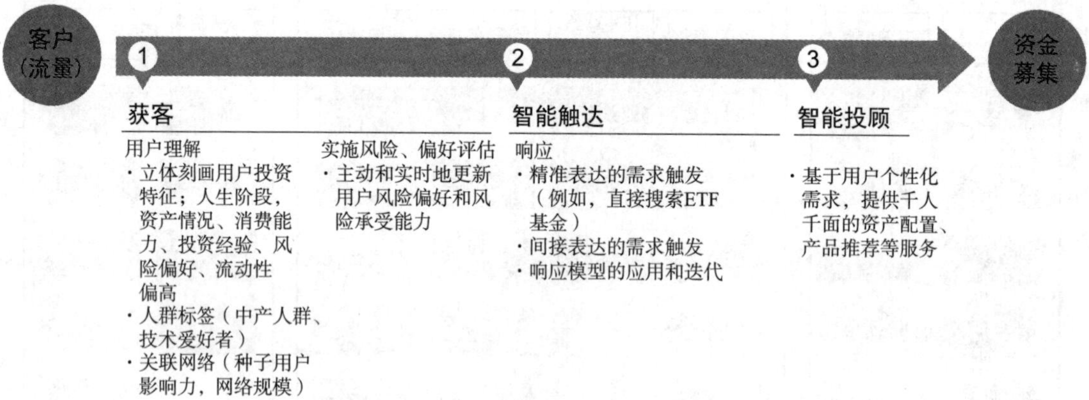

图 2-10　个人财富管理智能化应用

1. 立体洞悉用户促进投资风险和需求的精细化分层

互联网多维的行为特征大数据，可以低成本地深刻理解用户投资需求，立体刻画用户特征，包括人生阶段、资产情况、消费能力、投资经验、风险偏好、流动性偏好等。并实时评估风险偏好和承受能力，对用户投资风险和需求进行分层，为个性化投资资产匹配奠定基础。这种真正基于用户投资偏好的财富管理服务能够提升用户对投资结果的满意度，建立用户与财富管理企业之间的信任感，实现客户关系的长期维系。

精准的用户理解能力是动静结合的，以用户基础画像特征、长期偏好叠加短期兴趣和需求，不仅在新客引入中发挥作用，也将贯穿用户财富管理的业务全流程，可辅助提升运营效率。

此外，通过对产品的结构化描述和对产品赋予标签、特质和限制等特征，财富管理机构可帮助客户更加简单明了地理解产品和配置产品。通过这种方式，低成本地对客户进行投资教育，促进市场上的个体客户往更理性、成熟的方向发展。

财富管理获客链条智能化应用如图 2-11 所示。

图 2-11　财富管理获客链条智能化应用

2. 智能触达提升转化效率

通过响应模型和多渠道主动、适时、多次地触达策略高效获客。例如，数据表明学历较高、刚步入职场的年轻人对于理财的需求随着年龄、职位、薪资的增长逐步增加，锁定升职、加薪等关键时点，将大幅度提升响应率。百度理财通过模型的使用或提升，在智能触达的实践中取得出色的效果，如图 2-12 所示。

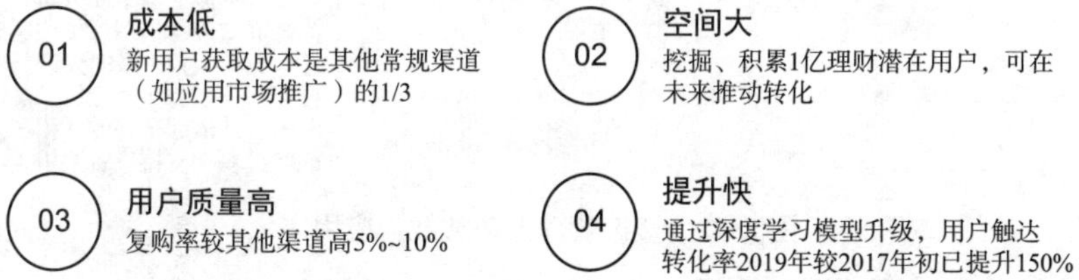

图 2-12　智能触达应用效果

3. 智能投顾普及资产配置理念

智能投顾通过大类配置、智能推荐、智能定投服务实现资金端与资产端的智能匹配及自动交易执行，在当前金融产品和交易策略日新月异的金融市场，为中低净值用户提供高效低费、专业理性的资产管理解决方案。

基于现代投资组合理论（modern portfolio theory，MPT），运用人工智能、大数据、云计算等新兴技术搭建交易决策模型，再将投资者风险偏好、财务状况及理财规划等变量输入模型生成个性化的大类资产配置，进而提供相应投资产品或产品组合的智能推荐，并对智能推荐的产品提供智能定投等交易执行服务。

当今消费者期望在财富管理中拥有更多的透明度，正如他们在教育、消费品等行业中一样。随着金融市场的逐步成熟，产品、资产信息将愈发透明；利用智能匹配资产组合，使客户有条件知晓具体、真实的产品及资产配置情况，进而使客户的理财预期与偏好趋于理性，从“主动、投机、短期”逐渐形成“委托、理性、长期”的投资理念。在未来中国的财富管理领域，以机构投资为主导的成熟投资方式将成为主流，更多用户从过于关注投资产品收益率的投机性投资，转向寻求风险分散的合理资产配置建议。

2.3.5 场景五：资产管理

资产管理市场产品多样、结构复杂，资产方、资金方具有较多痛点。以消费金融 ABS 业务为例，传统资产选择环节更多地关注资产主体的基本面分析，而忽略对资产池中实际资产标的的评估；对金融机构的投资团队来说，投资决策的过程中传统投研在信息搜索和数据、知识提取两个环节消耗较大。智能金融时代，智能技术逐步突破应用到资管领域，解决跨期资源配置中的信息不对称问题，全面提升资金和资产流通效率。

资产管理链条智能化应用如图 2–13 所示。

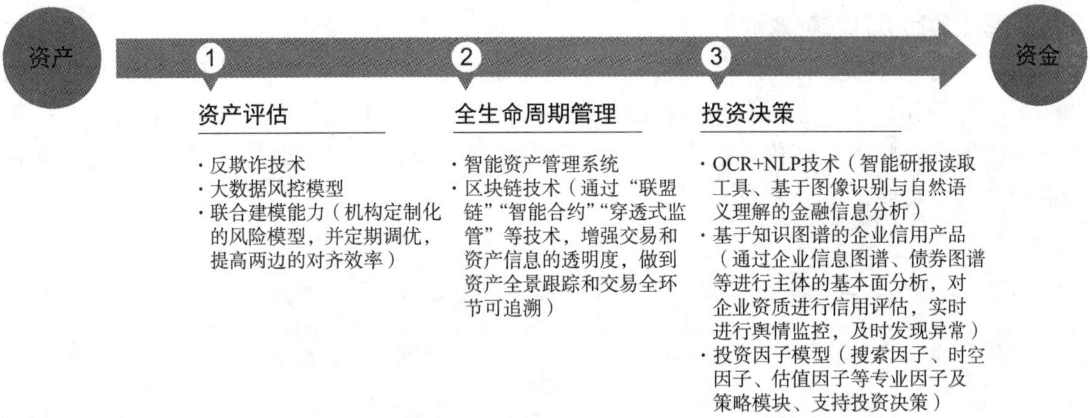

图 2–13 资产管理链条智能化应用

1. 穿透式风险评估提高资产透明度

国内的资产证券化市场并未实现本质上的“主体信用和债项信用的分离”，传统尽调方式有效性有待补充，难以穿透资产包识别风险。市场上出现了较多经营历史普遍不长，数据积累较少且风控标准和模型有待校验的消费金融平台。而智能金融通过反欺诈、大数据风控能力的积累，可穿透到资产，提供详尽、实时的资产信息和资产评估，达到科学、专业的资产服务。

2. 区块链推动资产的全生命周期管理

区块链技术应用于资产证券化全流程，通过“联盟链”“智能合约”“穿透式监管”等技术，增强交易和资产信息的透明度，做到资产全景跟踪和交易全环节可追溯，可以减少人为的操作风险和效率低下的问题，大大提高存续期信息交互的频次与质量。

百度 ABS 智能管理系统完整业务周期如图 2–14 所示。

3. 智能投研助力投资决策

投资领域，人工智能技术能够赋能资产管理机构。智能金融在资产管理领域的应用有着“软硬结合”的特点，形成了专业的投资逻辑应用。“硬”指系统服务，许多金融机构已经在系统服务方面有了进展，例如 Orbit EAM 提供的企业资产管理系统，百度已基本建成包括 AMS 资产管理系统、TA 登记过户系统、MBI 高管驾驶仓、信评大脑、ABS 综合平台，形成与销售系统对接较为完善和标准的资管系统体系。

对于建立在持续的大数据、AI 技术服务及受托资产管理能力上的“软”能力方面，尚处于试水期，目前正在探索 OCR、知识图谱和特色因子等技术的应用。同时，基于 OCR+NLP 技术的智能研报读取工具能够替代人工进行金融信息收集与整合，大幅提升投研效率。

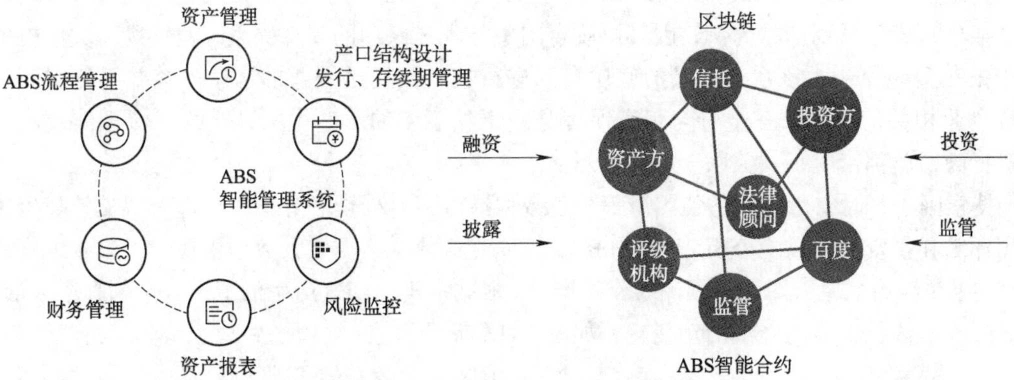

图 2-14　百度 ABS 智能管理系统完整业务周期

以知识图谱为代表的技术是投研智能化的阶梯，知识图谱综合运用语义理解、知识挖掘、知识整合与补全等技术，提炼出高精度的知识，并组织成图谱，进而基于知识图谱进行理解、推理和计算，形成企业信用产品，来分析企业主体信用、舆情风险、债项风险、房地产资产情况等。资产管理系统如图 2-15 所示。

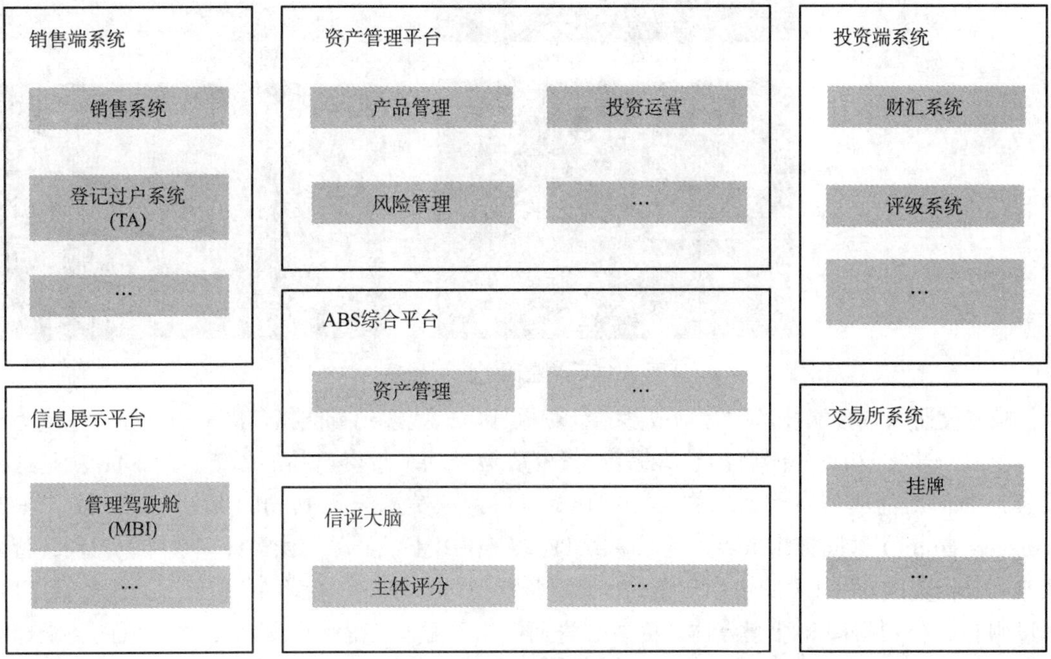

图 2-15　资产管理系统

以 2017 年张三（化名）金融涉嫌关联融资为例，交易抵押资产可能全部都是张三旗下各种关联业务资产，若使用知识图谱辅助对企业进行分析，便可以清楚地发现这些资产与张三的关联关系，从而规避投资风险。

张三金融涉嫌关联融资案例：由于底层资产不明晰加上资产提供方为张三金融兄弟公司，张三金融涉嫌关联融资嫌疑，且张三金融与资产提供方法定代表人均为同一人，也涉嫌自融。以“某享其成”系列产品为例，因其协议合同中与张三保理的复杂关系，被怀疑“关联融资”。由于张三金融并未对该系列产品的底层资产进行披露，且已披露的信息内容并不能得到具体融资企业相关信息。张三金融与张三保理之间千丝万缕的复杂关系，让张三保理涉及的一切融资行为，就都带上了“关联金融的色彩”。

搜索因子、时空因子、估值因子等特色数据通过聚合处理和分析，可以有效支持投资主体信用评级和投资项目风险分析。利用 LBS、行业专业数据、百度大数据挖掘，可以多维度评估房产走势；利用卫星云图可以预测农作物产量；根据手机、GPS 产生的卫星数据刻画个人活动、实时反映个体及整体的经济活动变化，如图 2-16 所示。

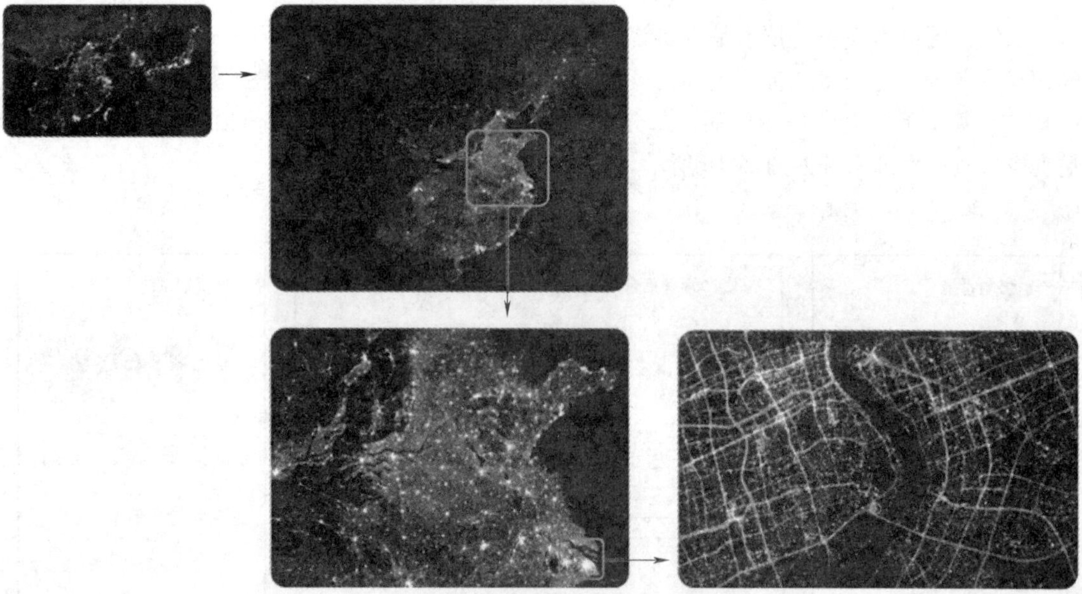

图 2-16　时空因子应用示意

随着投研领域智能技术的逐渐成熟，计算机从信息搜索到智能投资决策的自动跨越成为可能。更进一步，这种基于智能技术的资产投资决策推动了投资产品的创新。AI ETF 就是这类投资产品创新的典型案例。2017 年 10 月 23 日，两家美国公司 EquBot LLC 与 ETFMG（ETF managers group）共同推出世界上首只 AI ETF，采用 IBM Watson（认知计算系统）识别，智能收集和分析美国 6 000 多只上市股票的信息，包括公司管理、市场情绪、超百万计的监管文件、季度财报、公司新闻和社交媒体新闻等，进而筛选受益于当前经济环境、投资风向、全球和公司层面事件的投资标的，最终挑选出 30 ~ 70 只最有上升潜力的股票。智能投研知识图谱应用如图 2-17 所示。

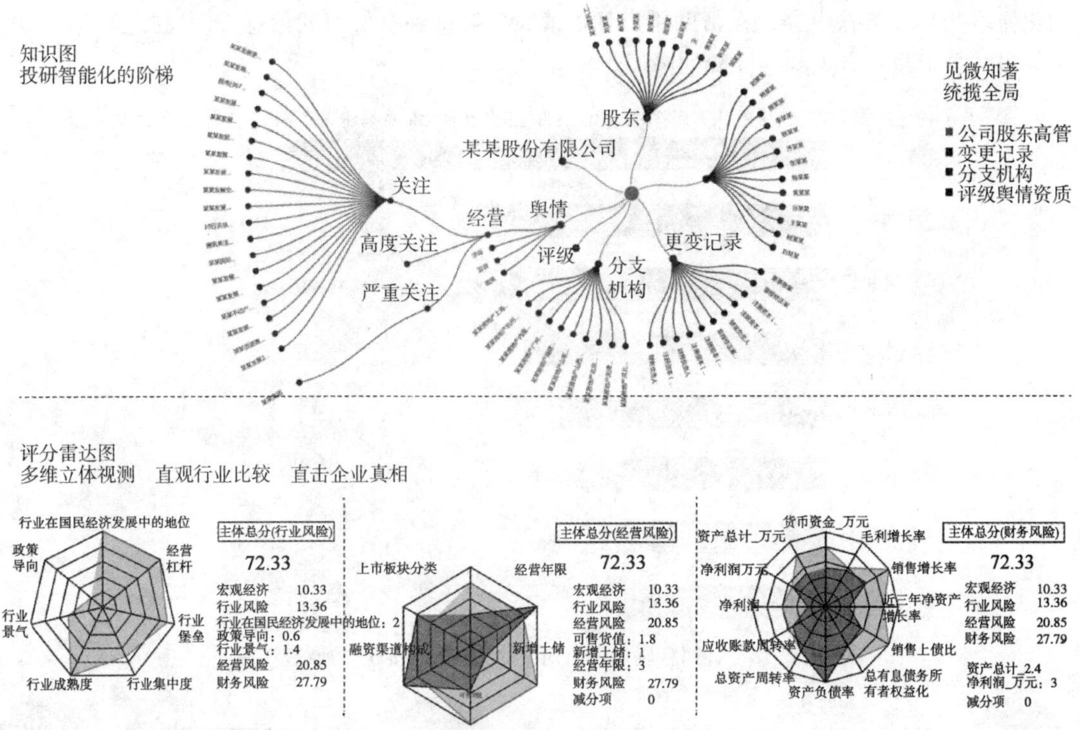

图 2-17　智能投研知识图谱应用

2.3.6　场景六：保险

据埃森哲全球保险业创新能力消费者调研统计，有 81% 的中国消费者表示有可能会在未来 12 个月内更换另一家保险提供商，高于其他国家和全球平均值（40%）。中国消费者更换保险供应商最主要的原因是“新的供应商能够提供更加个性化的客户服务”和“对现有供应商的理赔管理不满意”，而其他国家，特别是发达国家，主要原因仍然是价格因素。全球有 41% 的消费者愿意为了在购买保险时获得更加个性化的建议、帮助而支付更多的费用，此比例在中国高达 84%。

针对各国消费者对于个性化服务态度的调查结果如图 2–18 所示。

20 世纪初，互联网为存量保险产品带来新的渠道入口，成为保险科技的开端。2015 年以后，智能技术在保险业的应用不断深化，逐渐涉足核心的产品设计和精算定价领域，真正开启保险业的全面变革。保险链条智能化应用如图 2–19 所示。

1. 精准用户画像助力营销获客

保险产品标准化程度低且相对复杂，线上化进程较缓慢，目前线上渗透率仅 5%。保险企业开始尝试改变被动等待用户上门的情况，积极运用智能技术，加强营销获客环节的主动性。通过用户大数据所建立的用户画像，保险公司可以识别不同人生阶段用户的不同保险需求，对不同人生阶段用户进行精准营销。更重要的是，保险相对“信贷”和“理财”具有更加隐性且低频的特点，因此把握时机进行事件营销尤为关键。

此外，由于大多数保险产品设计复杂，条款繁多且难以理解，分词处理等智能技术实现结构化保险产品及条款内容，在帮助用户真正读懂并且得到有价值的信息方面发挥了巨大作用，进一步减少了线上自主购买保险的障碍。

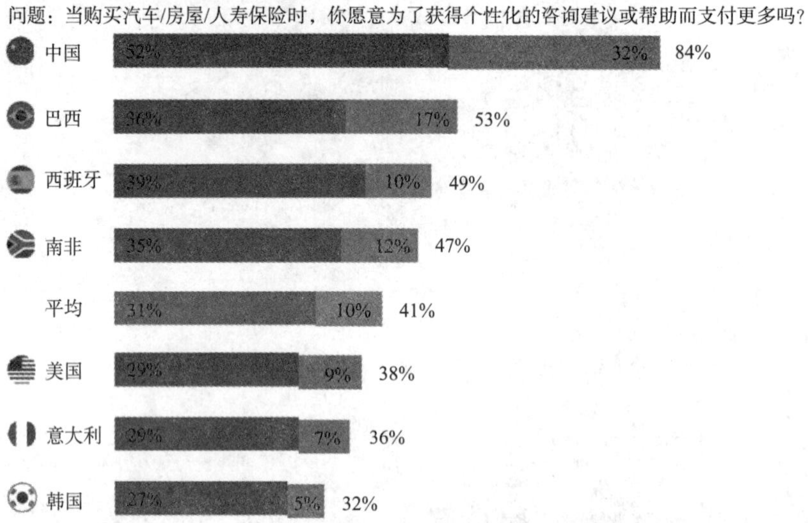

图 2-18　针对各国消费者对于个性化服务态度的调查结果

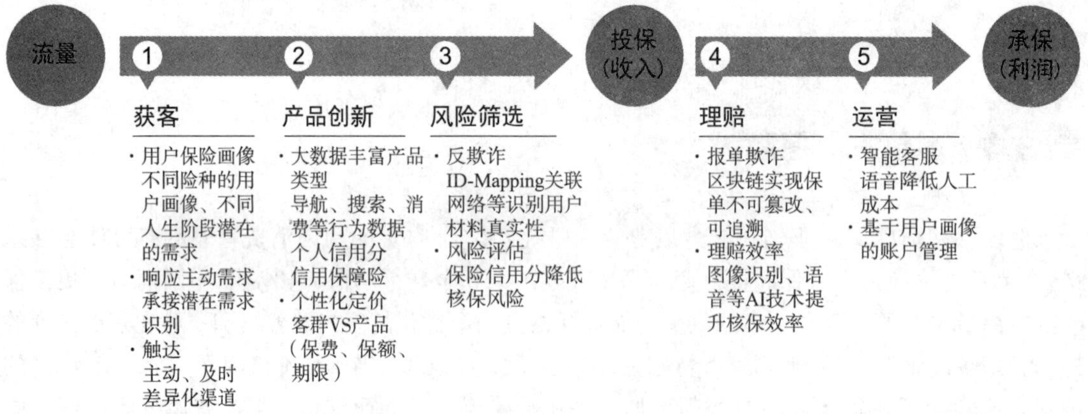

图 2-19　保险链条智能化应用

2. 物联网、大数据驱动产品创新与个性化定价

物联网技术的应用和逐渐普及拓展了保险公司的数据广度和厚度，更多基于用户数据的保险产品创新成为可能。例如，众安保险联合腾讯、丁香园，以糖大夫智能血糖仪的血糖数据为基础，推出“糖小贝”糖尿病并发症保险；车联网技术的出现和普及，以 OBD（on-board diagnostic，车载诊断系统）数据采集硬件所获取的车主驾驶行为数据为基础，推出 UBI 车险（驾驶行为保险）。

在产品本身推陈出新的基础上，基于风险的个性化定价和动态定价也成为保险科技带来的产品新特色。通过大量复杂数据的加工与处理，保险公司能够精确识别客户风险，改变传统的同一保险统一定价模式，实现基于风险的个性和动态定价。在上述案例中，“糖小贝”根据用户每次测量的血糖值动态调整保额；UBI 车险则基于用户驾驶行为数据，包括行驶里程、累计驾驶年份、损耗率、速度等数据，区别不同风险级别的驾驶人，实现车险的个性化定价。

“糖小贝”是一种动态定价的糖尿病并发症保险，它根据客户生活、医疗习惯等数据设计一套浮动保额奖惩机制供客户执行。客户完成后的指标若比规定指标优秀，则可以得到一定程度的保额提升。例如，当用户餐前血糖控制达标（即在 7 mmol/L 以下），则会得到 100 元的保额提升。通过浮动的保额设计激励患者通过健康生活控制血糖，让患者从源头主动管理健康。而 UBI 车险则基于用户驾驶行为数据，包括行驶里程、累计驾驶年份、损耗率、速度等数据，区别不同风险级别的驾驶人，实现车险的个性化定价。

3. 风险筛选促进精细化智能承保

利用智能金融在数据建模等方面的技术，可以为保险公司在承保业务上达到精确识别客户风险、更合理定价、更高效服务消费者的效果。以车险行业为例，根据公开数据，2016 年全国有 1.5 亿私家车主，涉及 54% 的家庭，行业亏损比例却达到 75%。这些车险公司面临困境的重要原因是在承保时对风险进行精准筛选能力的缺失。对此蚂蚁金服推出了“车险分”的服务，其借助人工智能等技术，根据职业特性风险度、身份特质风险度、信用历史、消费习惯、驾驶习惯、稳定水平等细分标签，将车主量化为 300 到 700 不等的车险标准分。分数越高，代表风险越低，车险相应的保费也越低，反之亦然。

量化车险标准分并依据车险分进行更为公平的车险定价，以合理的价格把优质的客户吸引进来，这将驱动国内车险市场开启精准化、人性化的定价时代，从过去“看车下单”向“看人下单”模式转变。

4. 自动化定损理赔大幅度降低人力成本

智能核保基于大规模数据训练，以图像识别技术作为驱动，可以进行智能分类和自动化评估，最终输出定损报告。一键式的自动化操作流程大大节约了用户的时间和沟通成本。以阿里的“定损宝”为代表，蚂蚁金服首次将深度学习图像技术应用于车险定损的场景中，用人工智能模拟车险定损环节中的人工作业流程，帮助保险公司实现简单高效的自动定损。

基本的保险合同都可以归结为“合同双方同意，在某一独立事件发生后，保险公司支付一笔费用”。但实际操作过程中，保险公司与投保人常常因为对保险条款的理解分歧、潜在骗保、拒赔等问题产生矛盾或不信任。基于区块链技术的智能合约，能够在保险事件发生并满足保险赔付的触发条件时，自动启动保险理赔程序，划款赔付，经济高效且无法作伪。以基于区块链技术的航班延误险为例，智能合约得以判断某次航班是否发生了延误及其详情，从而自动触发理赔行为，无需用户主动干预。

定损宝：蚂蚁金服的定损宝通过强大的深度学习图像识别技术，运用数字处理、物体监测和识别、场景理解和智能决策等技术，通过部署在云端的算法识别事故照片，与保险公司连接后，在几秒之内就能给出准确的定损结果，包括受损部件、维修方案及维修价格。它能够同时处理万级的案件量，不受时间和空间的限制，能够有效帮助保险公司降低理赔运营成本，从而有更多的资源投入到用户服务中。

5. 智能客服与智能账户管理推动运营体系升级

智能客服实现自动化服务和销售，降低或替代人工成本。智能客服采用自然语言处理技术，可以精准提取并理解客户意图，通过知识图谱构建客服机器人的理解和答复体系，提升服务效率，缩短咨询处理时限，分流传统人工客服压力，实现自动化服务和销售。例如，环信智能机器人客服可以解决 85% 的常见客服问题，而一个机器人坐席的花费只相当于一个人工坐席花费的 10%。

另外，基于用户画像的账户管理，可以推动从保单为中心转化成以用户为中心的运营体系升级，有效促进交叉销售。智能客服处理流程对比示意如图 2-20 所示。

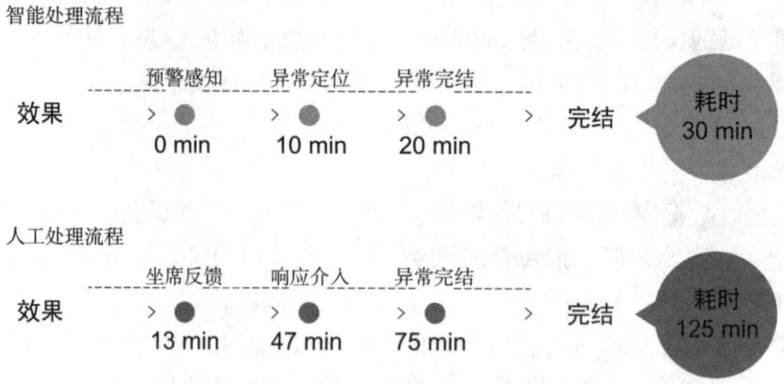

图 2-20　智能客服处理流程对比示意

2.4　智能金融服务的新标准

智能金融最终将金融服务推向新的高度，真正实现以客户为中心，成为未来金融服务的新标准：随人、随时、随地、随需。

1. 智能金融服务的新标准

（1）随人："理解"再"匹配"，"千人"有"千面"

随着时代的发展，客户需求逐渐由基础、单一化向高阶、多元化升级，而人工智能和大数据技术使捕捉、积累各类数据成为可能，也为挖掘、满足多样需求创造了条件。例如 O2O 模式的推广使得更多的消费足迹得以数字化，包括购物历史、社交媒体反映的个人信息和兴趣点等，将真正理解客户变为可能，这使得服务向"千人千面"演进的趋势成为必然。此外，差异化的服务还能使客户"被重视"的感受得到进一步加强，从而给客户带来额外的满足感。通过客户画像等手段对客户进行分析，有机会使得企业比客户自身更加了解其需求点，对于"低频""隐性"的金融服务而言，这其中蕴含着巨大的价值挖掘空间。

（2）随时：服务不停，随时响应

科技的发展为碎片化的金融需求带来机会。全天候的服务理念便是为了加速这类需求向真实交易行为的转化，通过减少客户等待服务的时间，及时且自动化地响应客户需求，进而达到充分挖掘客户消费潜能的目的。智能客服和智能投顾代替人工的早九晚五，实现 24 小时为用户提供自动化服务，这将在不久的未来成为现实。

（3）随地：触达无界，随手可及

以互联网的兴起为代表的智能金融时代的典型特征是对空间界限的突破。一方面这是提升客户服务便捷性的重要途径，通过消除空间上的阻碍，实现对客户弹性需求的捕捉转化；另一方面这也意味着服务边界的拓展，经由智能金融技术，客户拥有了比原先更多的消费选择。如各商业银行通过推广掌上终端，让用户无需再去固定网点办理业务，尽管在某些业务的某些监管政策上仍有出于风险考虑的限制。

（4）随需：想您所想，急您所需

对用户画像的获取不仅需要全面，更重要的是精准。事实上，一味的狂轰滥炸在增加触达成本的同时不但不能吸引客户，还可能使其产生逆反和抵触心理，连其潜在需求的服务也一并拒之门外。利用智能技术识别客户的真正需求，避免对客户的打扰，通过需求与服务的匹配减少无效的推广是真正的"刚需"。另外，对客户需求也需要根据其产生效用的情况做进一步的细分，抓住并转化用户的碎片化需求、弹性需求，把适当的产品和服务推荐给最需要的客户，从而在成本固定基础上获取更多的消费者剩余。例如，目前大部分平台的广告投放都在注重利用大数据精准营销，降低获客成本。

智能金融拓展了金融服务的广度和深度，如图 2-21 所示。

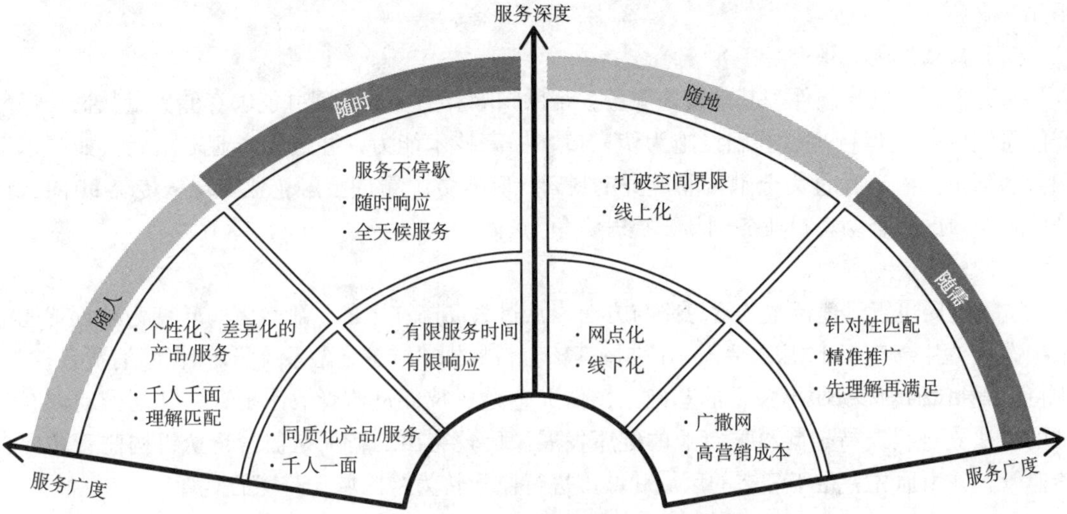

图 2-21　智能金融拓展了金融服务的广度和深度

2. 智能金融生态

金融生态中从金融服务的需求者到供给者再到监管当局的发展，其进步动力一直存在。面对科技与金融结合愈来愈紧密的趋势，生态中的各方无论是主动出击，亦或是被迫改变，都将要经历服务能力升级和参与角色蜕变的过程。在未来金融智能化浪潮的推动下，以用户为服务的目标和中心，智能金融生态将会出现五类参与者，包括场景流量提供者、金融产品提供者、技术算法驱动者、基础设施提供者和监管者。

（1）场景流量提供者

挖掘细分金融领域需求，深耕场景，把握对应场景的流量入口及大量用户数据的企业。这类企业在场景中积累了海量且优质的客户的多维度数据之后，无论是面对用户的直接需求还是面对外部合作需求时，都能够利用流量优势快速构建场景应用，以抓住客户和合作方的痛点。这些企业大致可分为三类，即专注于垂直细分场景流量的企业（如携程和去哪儿）、针对于主动表达需求搜索流量的企业（如百度）以及通过社交获取普适场景流量的企业（如腾讯）。

（2）金融产品提供者

具备专业金融能力、丰富金融业务情境的企业，基于智能金融技术优化创新金融产品，并利用丰富的金融业务情境应用验证智能金融技术，为技术的优化和开放奠定基础。这类企业往往是大的金融机构，多年的金融业务经验为它们积累了完备的市场准入牌照，拓展了丰富的金融业务情境，同时对于金融产品的设计研发具备优势，它们是智能金融生态的“基石”，正在通过向科技企业学习，积极寻求转型以提高自身的科技实力和创新能力。例如，银行积极融入人工智能，研发智能客服和智能投顾等，招商银行的摩羯智投就是基于多年的业务经验同时融合技术所推出的一款新产品。

（3）技术算法驱动者

通过挖掘细分金融领域需求，建设算法等技术能力以及通用技术平台，推出杀手级智能金融产品的企业。这类企业在垂直领域依靠杀手级产品积累大量用户和数据，以场景作为流量的入口，逐渐构建起应用平台，并进行技术的不断优化创新，形成局部垄断。这类角色往往由专门科技公司担当，例如，ZestFinance 将机器学习与大数据分析结合，提供更加精准的信用评分服务。

（4）基础设施提供者

这类企业提供软硬件等基础设施服务，帮助扫除算力上的障碍并能够存储大量数据，保障智能系统的稳定运行。以基础设施为切入口，提高技术能力，并进行产业链拓展。如腾讯金融云和阿里金融云通过为金融行业量身定制云计算服务，帮助金融企业实现从传统 IT 向云计算的转型，助力金融客户业务创新，提升竞争力。

（5）监管者

监管当局也正迅速调整监管思路与方法，从过去高高在上的“施令者”转变为贴近智能金融生态的“引导者”和“服务者”。在维持其核心目标即“维护金融系统稳定、保障消费者权益、维持金融市场运作秩序不变”的基础上，借助金融科技促进监管效率提升，共同推动创新领域的立法立规，支持金融科技行业的健康发展。比较突出的特征是监管正从机构监管转向功能监管，并由原先立足于静态的区域和城市进行监管转为跨区域、跨境的监管。

2.5 智能金融的基础设施

2.5.1 智能金融生态圈

目前传统机构（如银行）与科技公司在智能化的大势之下，纷纷展开合作，共同打造未来的智能金融生态圈。

合作的根本是优势的互补。以银行为代表的金融机构，具备成熟的金融业务运营体系、丰富的金融产品设计知识和完备的金融数据要素，但在当今中国经济改革浪潮下又迫切需要向智能化进行战略转型，以占领高地；而科技公司在人工智能、大数据等方面具备更专业的技术能力、更强劲的产品创新能力和更灵活的团队运作方式，但在金融基础数据和运营经验等方面的缺乏，阻碍着科技企业在金融领域充分发挥优势。

因此，金融机构和科技企业唯有通过合作实现优势互补。在这个过程中，各方的合作更加注重合作的方式方法，科技企业不仅服务于金融机构，还能服务于金融机构价值链上的核心价值创造环节，在为金融机构降低成本、提高效率的同时，改善用户体验，甚至形成新的商业逻辑。最终，两者将构建利益共同体，使科技企业为金融机构带去业务和收入的增长，实现价值共享的同时共同探索并形成智能金融新的生态模式和市场格局。

目前的合作模式还处于尝试和探索阶段，未来科技企业和金融机构可能会有创设、共建和赋能三种合作模式。

1. 创设

呈现为互联网企业和传统银行在金融产品服务提供上的高度融合，形成如直销银行的子公司模式。例如，百度和中信银行联合发起成立的百信银行，将依托中信银行强大的产品研发及创新能力、客户经营及风险管控体系，以及百度公司互联网技术和用户流量资源，满足客户个性化金融需求，打造差异化、有独特市场竞争力的直销银行。

2. 共建

共建是指科技公司与金融机构共同构建竞争能力，实现优势互补。例如，目前百度和农行便已达成战略合作，包括成立金融科技联合实验室以及共建金融大脑，以期未来能够借助百度的技术优势，在客户画像、反欺诈和智能客服等领域全方位展开合作，打造智能化银行，积极推动普惠金融。

3. 赋能

主要体现为一些拥有大量用户同时又能独立做业务的科技公司正在将这些业务能力和客户开放出来服务于金融机构。科技企业正在从以下三个方面为整个金融生态赋能。

① 开放技术能力：如线上风控能力输出，让金融机构在现阶段缺乏线上数据积累的情况下，可以迅速发展线上金融业务，在提高增量收入的同时，实现业务模式的完善和迭代。例如，百度将技术能力开放输出给南京银行，帮助南京银行拓展客户服务边界，与易方达基金合作，开放百度的大数据因子、机器学习投资决策模型和人工智能技术，在量化投资领域探索产品研发，在提升投资收益和降低投资风险方面做出努力。

② 开放平台获客能力：如基于用户洞察所形成的用户运营能力输出，助力金融机构实现客户价值最大化。例如，2017 百度世界大会金融分论坛上，百度金融宣布开放智能消费金融平台、ABS 平台以及大数据风控平台“磐若”，为金融机构提供全面的整体解决方案。

③ 开放产品创新能力：如基于风险定价能力所设计出的多样化金融产品。例如，与维信金科合作，基于数据共享打造数据风控模型，定制基于百度场景的金融服务。维信金科通过产品、科技创新服务近优（Near-Prime）人群，在场景合作方面有丰富的经验，同时与百度、阿里、腾讯、电信、移动、京东、去哪儿等超级场景携手，合作定制智能金融产品。

2.5.2 智能金融基础设施

金融是经营风险的行业，风险评估、风险定价和风险监控的核心都是信息处理，都离不开信息基础设施。金融是货币资金融通的总称，而资金融通以及相伴随的风险转移和分担，是通过支付清算基础设施来进行的。金融风险无处不在，并且有很强的外溢影响，技术会进一步放大金融风险的复杂性和传导的隐蔽性、急剧性。金融创新发展离不开坚实的监管基础设施。在我国，金融创新如果没有监管引导和约束，容易偏离服务实体经济的方向。信息基础设施、支付清算基础设施和监管基础设施的划分，对传统金融领域也成立，但是在金融科技领域也呈现出一些不同于传统的特征。智能金融基础设施如图 2-22 所示。

图 2-22　与金融科技有关的三类基础设施

1. 信息基础设施

金融科技的信息基础设施可分为四个层次：信息记录与收集、数据分析方法 (Data analytics)、计算能力和征信。其中，征信是信息基础设施的重要组成部分。

（1）信息记录与收集

随着智能手机和智能硬件的普及，以及物联网和各种传感设备的发展，人类活动的数字化程度越来越高，越来越多的信息得以记录下来。

数字化的人类活动一般依托各类账户进行，如金融账户、社交网络账户、电子商务账户和其他应用程序账户。尽管不同账户的实名制有强弱之分，但账户总与身份识别相关联。人脸、指纹和虹膜等生物识别技术的广泛应用，会进一步加强账户与身份的关联，使得账户能有效记录账户所有者在社交和消费等不同场景的行为。

通过分析这些行为信息，可以对账户所有者进行画像，并推断账户所有者的偏好、信用和收入等重要特征，从而为金融精准营销和网络贷款等金融科技业态打下基础。

首先，非金融数据（特别是场景化数据）在金融领域的价值。我国金融科技的实践已经证明，电商数据可用于对商家和消费者的信用评估，社交媒体和搜索引擎数据有助于评估消费者偏好和精准营销。

其次，技术使得对软信息的收集和分析成为可能，这是电商和社交等领域 BigTech 公司在线贷款业务的基础。软信息与硬信息相对应，是指难以量化并且难以在不同人之间无失真传递的信息，比如一个小企业主在所在社区的声誉。软信息是关系型贷款的基础，是理解与小微企业信贷有关的银行业结构、银行内部分权和银企关系等问题的关键。技术的发展使得地方信息和私人信息公开化，只可意会的信息显性化，分散信息集中化。这些将对小微企业和个人信贷市场产生非常深远的影响。

（2）数据分析方法

数据分析方法主要体现为大数据和人工智能（AI）技术。AI 在人脸识别、用户画像、信用评估和保险定价等方面已经显示出良好的应用价值，在资本市场和投资管理等方面的应用效果则难有定论。原因在于，AI 领域 2012 年后广受关注的深度学习算法本质上是模式识别，适合边界清晰和规则有限的问题。例如，深度学习下围棋取得了举世瞩目的成功，但是在自动驾驶上面临很多的挑战，因为后者没有清晰的边界，相关规则难以穷举。类似地，AI 适合对人脸照片、用户偏好以及违约概率和遇险概率的高低进行分类，这些正是人脸识别、用户画像、信用评估和保险定价的核心问题。但是市场交易形成的资产价格汇聚了各方面信息，在复杂度上远远超过了模式识别的范畴。AI 预测资产价格的难度，也可以在市场有效性或哈耶克经济计算问题的框架下理解。

数据分析方法应用于信贷领域有 3 个值得注意的问题。① 一些变量尽管有助于信用评估，但据此放贷可能引起信贷公平性方面的争议；② 要辩证看待 BigTech 公司对外声称的内部信用评估模型的优越性，BigTech 公司的借款人可能因为平台锁定效应和高转换成本而不敢违约，这会高估内部信用评估模型的效力；③ 很多数据分析方法没有经过完整的金融周期检验。在国际金融危机期间，Basel Ⅱ内部评级法就显示出顺周期性，会放大经济下行期的信贷紧缩，Basel Ⅲ为此引入逆周期资本缓冲。

（3）计算能力

随着云计算、5G、专用芯片和边缘计算等技术的不断发展，计算能力的大宗商品化程度将会进一步提升，将极大提升对复杂数据进行复杂分析的能力。

（4）征信

征信与内部信用评估的区别是一个微妙的问题，在我国开展个人征信试点时曾引发很多争议，有必要厘清。

征信报告是公共产品，在信息来源、使用和个人隐私保护等方面都有着严格的监管要求。第一，除了依法公开的个人信息以外，采集个人信息应当经过信息主体本人的同意，未经同意则不得采集；第二，向征信机构提供个人不良信息应当事先告知信息主体本人；第三，个人不良信息有保存期限；第四，查询征信报告需要事先获得信息主体授权；第五，禁止和限制采集某些个人信息，特别是与信用无关的隐私信息；第六，个人对本人信息享有查询、异议和投诉等的权利。这些监管的要求在数据隐私监管中得到了继承和发扬。

与征信报告不同，内部信用评估一般只在企业内部适用，公共产品属性不强，适用监管框架不同，数据来源和分析方法可以是灵活多样的。

2. 支付清算基础设施

支付清算基础设施是金融系统的“管道”。这些“管道”位于不为大多数人所见的金融系统底层，却影响着资金如何融通，金融资源如何配置，金融风险如何转移及金融政策如何传导。因篇幅所限，本文聚焦支付清算基础设施的两个核心组件：法定货币的二级银行账户体系和金融交易后处理，重点讨论基础设施的账户范式和 Token 范式。

（1）账户范式

在法定货币的二级银行账户体系中，个人、企业和政府部门在商业银行开设存款账户，商业银行在中央银行开设存款准备金账户。法定货币存在于金融系统的负债方。基础货币是中央银行的负债。其中，现钞是中央银行对公众的负债，存款准备金是中央银行对商业银行的负债。存款是商业银行对个人、企业和政府部门的负债。在现代经济体中，现钞只占货币供给的很小比例，广义货币供给的大部分是存款。存款准备金和存款等货币形态都已经电子化。

转账和汇款涉及银行账户操作。跨行转账除了调整交易双方在各自开户银行的存款账户余额以外，还涉及两家开户银行之间的结算，而商业银行之间的结算需调整它们在中央银行的存款准备金账户余额。此外，我国的第三方支付，本质是基于支付公司账户的业务创新。跨境支付涉及的银行账户操作更复杂，需要通过代理银行的同业往来账户进行，另外还存在货币兑换方面的问题。

（2）Token 范式

与账户范式对应的是 Token 范式。Token 范式以区块链为代表，Token、智能合约和共识算法都处于共识边界内，Token 与智能合约之间有密不可分的联系，而共识算法确保了共识边界内的去信任环境。

3. 监管基础设施

国际清算银行 2019 年年报对金融科技提出了如下监管框架：金融监管（核心目标是促进金融稳定和保护金融消费者）、竞争监管（特别针对 BigTech 公司的金融科技业务）和数据隐私监管。这三方面监管之间存在复杂的交错和协同关系。与金融科技有关的监管问题还包括监管沙箱和监管技术。

（1）金融监管

金融科技会对金融活动的组织形式产生显著的影响，一般称为金融脱媒或者金融去中介化。严谨的说法是，一些原本通过金融机构资产负债表进行的金融活动，“化整为零”到多家机构（不一定是金融机构），由这些机构形成的市场分工网络进行。

金融科技有四类特殊风险应该受到监管重视。第一，平台型技术公司运营失败或者发生网络安全事件可能会引发系统性风险；第二，与金融科技有关的运营风险、技术风险以及模型和算法风险等，特别是关键模型和算法应该透明、可解释和可追责；第三，模型、算法和经营模式之间的相似性会在金融科技机构之间造成同质化竞争，在极端情况下甚至造成顺周期性和“羊群效应”等问题；第四，金融科技领域的竞争策略带来的风险。与技术有关的领域往往有规模效应、网络效应、“先行者优势”和“赢家通吃”等特点，金融科技也不例外。一些金融科技机构为了抢占市场份额，不计成本扩张，并且往往伴随着风险投资驱动和各种或明或暗补贴。但是这种扩张策略与金融机构应有的安全稳健是天然冲突的，而且会妨碍市场公平竞争。

（2）竞争监管

竞争监管的目标是维护市场竞争秩序，在保护金融消费者的前提下能够确保优胜劣汰。金融科技领域的竞争监管主要体现在以下三个方面。

① 根据功能监管理念，金融科技机构与传统金融机构在从事同样业务时，应该受到同样的监管，否则会扭曲两者之间公平竞争关系，甚至引发监管套利。但现实中，监管往往落后于金融创新，一些金融科技活动在发展早期可享受相当程度的监管宽容，这对传统金融机构不公平。

② 私人机构提供金融基础设施，应该遵循市场中立原则，不能扭曲或介入其他领域的竞争。金融基础设施不一定全部由公共部门提供，也可以采取公私合伙方式。例如，美国的个人征信主要由 Experian、Equifax 和 TransUnion 这三家私人机构提供。我国支付清算体系中，政府提供主干支付网络，但小额、零散支付渠道主要由第三方支付机构提供，这也属于私人部门提供金融基础设施。这些私人部门提供者如果违背市场中立原则，会打乱市场竞争秩序。如一个由电商平台控制的个人征信机构，明示或暗示消费者只有在电商平台上消费才能提高自己的信用评级，此时，个人征信机构就不是为公共利益服务，而沦为“设租”工具。

③ BigTech 公司拥有平台、技术、用户和数据等方面的优势，在提供金融服务时可能有垄断以及不公平竞争的问题。国际清算银行 2019 年年报提出了 BigTech 公司的 DNA 环的概念，

其中 D 代表数据分析方法，N 代表网络外部性（即网络效应），A 代表相互缠绕的业务，DNA 环这三个要素之间相互加强。

（3）数据隐私监管

数据隐私在经济学上有很多特殊属性。第一，很多数据的所有权不明晰，难以被有效保护。数据容易在未经合理授权的情况下被收集、存储、复制、传播和使用；第二，数据的使用是非竞争性的（Non-rivalry）。数据可以被重复使用，并且重复使用不会降低数据的质量或使其数量减少；第三，数据的使用是非排他性的（Non-exclusive）。对同一份数据，不同的人是可以同时使用的。数据的这些特殊属性使得传统数据交易市场容易面临市场失灵的问题。

数据隐私保护既是一个制度问题，也是一个技术问题，在全球有三种代表性做法。

第一，数据隐私立法，2018 年 5 月欧盟开始实施《一般数据保护条例（GDPR）》。GDPR 给予数据主体广泛权力，包括：① 个人数据删除权，指数据主体有权要求数据控制者删除其个人数据，以避免个人数据被传播；② 可携带权，指数据主体有权向数据控制者索取本人数据并自主决定用途；③ 数据主体在自愿、基于特定目的且在与数据控制者地位平衡情况下，授权数据控制者处理个人数据，但授权在法律上不具备永久效力，可随时撤回。GDPR 提高了对数据控制者的要求，包括：① 企业作为数据控制者必须在事前数据采集和事后数据泄露两个环节履行明确的告知义务；② 数据采用与数据使用目标的一一对应原则，以及数据采集（范围、数量、时间、接触主体等）最小化原则；③ 个人数据跨境传输条件。

第二，开放银行应用程序界面（application programming interface，API）。银行通过 API 将用户数据开放给经授权的第三方机构，以促进用户数据的开发使用，实际上是部分实现用户数据的可携带性。其中，银行既限定哪些用户数据可开放，也限定向哪些机构开放。

第三，密码学技术，比如可验证计算（verifiable computing）、同态加密（homomorphic encryption）和安全多方计算（secure multi-party computation）等。对复杂的计算任务，可验证计算会生成一个简短证明。只要验证这个简短证明，就能判断计算任务是否被准确执行，不需要重复执行计算任务。同态加密和安全多方计算支持数据确权，使得在不影响数据所有权的前提下交易数据使用权成为可能，以此构建数据交易的产权基础。

习　题　2

1. 金融科技服务的类型有哪些？
2. 金融服务的价值链条有哪些？
3. 智能金融服务的应用场景有哪些？
4. 智能金融服务的新标准是什么？
5. 智能金融的基础设施有哪些？
6. 未来科技和金融也可能有哪些合作模式？
7. 智能金融生态未来将会出现哪些参与者？
8. 保险链条智能化应用有哪些？
9. 知识图谱在资产管理中有哪些应用？

第3章 人脸支付

从 2015 年，马云在德国展示人脸支付技术以来，经过几年发展，人脸支付已经开始走向商用。近日，支付宝蜻蜓、微信青蛙以及中国人民银行牵头银联和各商业银行推进落地的刷脸支付系统陆续推向市场，下面分别对相关产业各方采用的技术原理和基本概念进行详细介绍。

3.1 人脸支付技术

人脸支付技术是利用受理终端的人脸采集能力，通过人脸识别技术（1∶1 or 1∶N）获取持卡人支付账户信息，结合 Token 技术、PIN 加密技术、大数据分析等形成的新型支付技术。人脸支付技术通常涉及两个方面，一方面是人脸支付受理终端；另一方面是人脸支付受理平台，如图 3-1 所示。

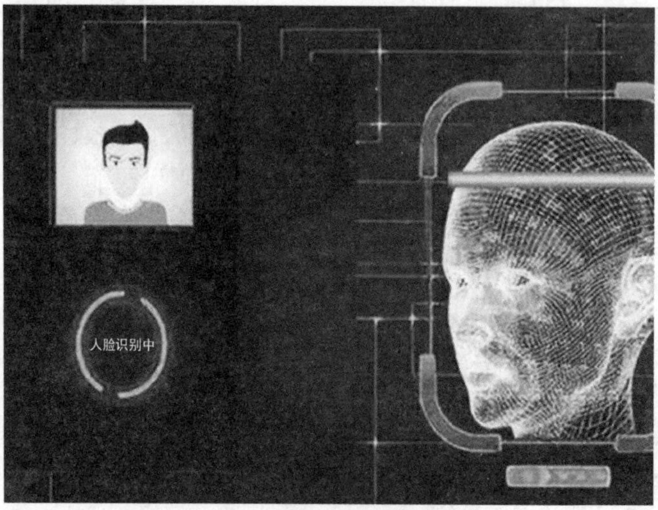

图 3-1 人脸支付技术

从人脸支付受理终端侧来看，主要涉及人脸图像采集及检测技术、人脸图像预处理技术、活体检测等。从平台侧来看，主要涉及人脸图像特征提取技术、人脸图像匹配与识别技术。

以下介绍相关的关键技术概念和原理。

1. 双目摄像头

我们通常使用的手机上用于拍照的前置摄像头，都是普通的可见光 VGA 摄像头，也称单目摄像头，单目摄像头一般需要通过动作配合、行为分析等模式实现活体检测。而双目摄像头是指设备上除了一个可见光 VGA 的摄像头外，还有另外一个或多个用于采集视觉图像的部件（如黑白摄像头、长焦 / 定焦摄像头、近红外摄像头、结构光组件、TOF 组件等，如图 3-2 所示）。这也是在一些高端手机、支付宝蜻蜓和微信青蛙提供的摄像头中采用的技术。

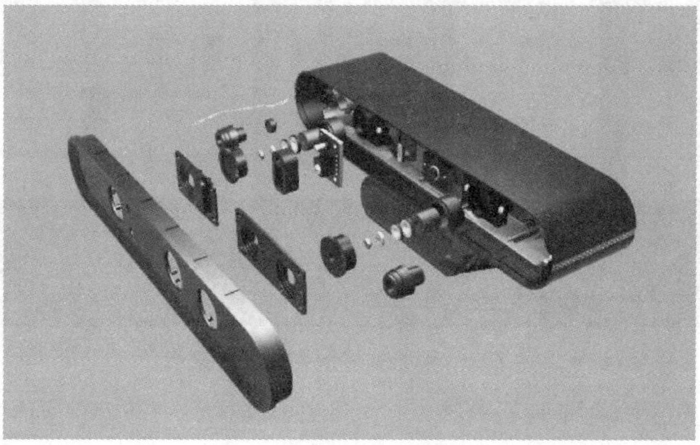

图 3-2　双目摄像头

一般人脸识别中用到的是近红外摄像头、结构光组件、TOF 组件等，具体形式上可能由多个部件组成。双目摄像头通过采集物体的深度数据，与 VGA 摄像头采集的 2D 平面照片数据组合成物体的 3D 模型，所以又称为 3D 摄像头。双目摄像头在满足基本人像信息采集的同时，还能提供快速（<1 s）、高精度的活体检测能力，判断采集的物体是否是真人活体。

2. 为什么首次人脸支付需要输入手机号码

这其实是人脸识别中的一个经典问题，也就是 1∶1 模式和 1∶*N* 模式。1∶1 模式是指用现场采集的某客户的图像与之前系统中留存的该客户图像直接进行对比，这样就需要用一个索引在后台留存的数据中先找到该客户的图像，如手机号码或 PIN 等。而 1∶*N* 模式是指用现场采集的某客户的图像与在系统中留存的 *N* 个人照片里逐一比对，找到库里那个当前客户的图像，并且获得相应的关联信息，如捆绑的卡号或支付账号，这就如同大海捞针，在茫茫人海中找到这一张图像。*N* 的规模达到比较大的程度时（一般微信、支付宝后台都是亿级用户），识别准确度会急剧下降，识别效率也会大受影响。所以通常情况下，首次支付会采用手机号或者 PIN 作为图像的索引，如图 3-3 所示，采用 1∶1 模式，快速索引出人脸，而在再次到店支付时，可以使用 1∶*N* 模式，在本地不多的缓存客户图像中直接匹配，提高客户体验度。

3. 人脸支付应用于支付场景的特殊性

这其实也是很多专家在评论人脸支付时谈到的问题，首先，人脸识别是一种相似度识别，跟采用的算法以及设定的阈值有很大关系，单纯靠人脸识别这一项技术是不能完全满足支付主体唯一性的要求的，所以势必需要添加其他辅助手段；其次，人脸特征一方面可以随身携带并且易于获取，本身就是一种非常好的支付载体，但是与传统的密码和卡不一样的是，人脸特征如果作为支付中的一个重要因素，一旦出现风险，无法进行作废、挂失、更换等操作。

4. 人脸支付的欺诈手段和防范措施

这方面技术从低到高，有照片、视频、3D 面具。照片和视频都可以通过合法途径获取，比如可通过网上个人主页、微信朋友圈、街边偷拍等途径获得。而另据报道，日本有公司已经能生产 3D 打印面具。

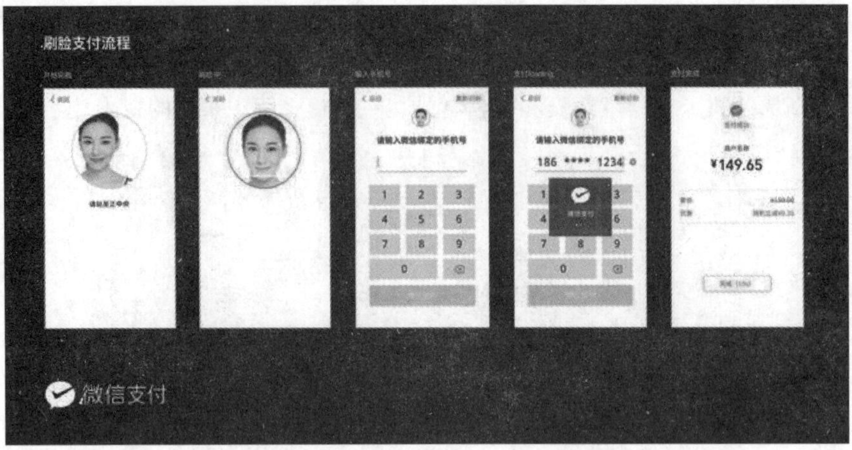

图 3-3 微信支付的刷脸支付流程

通常的防范措施就是采用活体检测技术，大家在日常生活中已经有所体验。简单来讲，跟进行活体检测的摄像头有关。如果是单目摄像头，一般采用指令动作配合的方式，如人脸左转、右转、张嘴、眨眼等，指令配合错误则认为是伪造欺骗，这种方式由于其负责性一般只能用于一些绑卡环节而不适用于支付环节。如果是双目摄像头，一般是利用双目摄像头得到的深度数据进行 3D 模型分析，最终判断出这个人脸是来自活体还是非活体。采用这种方式对于 2D 攻击，也就是照片和视频有较好的防范效果，但对于 3D 模型攻击，例如上面这种 3D 面具或者头套的防范效果还需要进一步优化。特别是对于精度较高的 3D 头套或蜡像的攻击，目前很难进行分辨。

3.2 人脸识别技术原理

人脸识别是基于人的脸部特征信息进行身份识别的一种生物识别技术。需要用摄像机或摄像头采集含有人脸的图像或者视频，并自动在图像中检测和跟踪人脸，从而对检测到的人脸进行脸部认证的一系列相关技术，又称人像识别、面部识别。

1. 人脸识别技术原理分析

人脸识别主要分为人脸检测、特征提取和人脸图像匹配与识别。

（1）人脸检测

这是指从输入图像中检测并提取人脸图像，通常采用 haar 特征和 Adaboost 算法训练级联分类器对图像中的每一块进行分类。假如某一矩形区域通过了级联分类器，就被判别为人脸图像。

（2）特征提取

人脸识别可使用的特征通常分为视觉特征、像素统计特征、人脸图像变换系数特征、人脸图像代数特征等。人脸特征提取就是针对人脸的某些特征进行的。而人脸特征提取，也称人脸表征，它是对人脸进行特征建模的过程。特征提取的方法可以分为两大类，即基于知识的表征方法和基于代数特征或统计学习的表征方法。

（3）人脸图像匹配与识别

这是提取人脸图像的特征数据与数据库中存储的特征模板进行匹配和认证。人脸识别就是把待识别的人脸特征与已得到的人脸特征模板进行比较，根据相似程度对人脸的身份信息进行判断。这一过程可以分为两类：一类是确认，是一对一进行图像比较的过程；另一类是辨认，是一对多进行图像匹配识别对比的过程。

2. 人脸识别用途

人脸识别主要用于身份验证和身份识别，其中身份识别是警方可以利用人脸识别技术来进行失踪人口和嫌疑人的追踪、也可以应用于智能交互场景中识别用户身份等场景；而身份验证则是身份证等证件查询、出入考勤、手机解锁、支付等场景，应用场景十分丰富。并且在北京的多家医院借助人脸识别技术识别“熟脸”的号贩子，降低其挂号率。另外现在人脸识别技术还应用到了治理闯红灯的问题中。

3.3　人脸识别算法原理

主流的人脸识别技术基本上可以归结为三类，即基于几何特征的方法、基于模板的方法和基于模型的方法。

① 基于几何特征的方法是最早、最传统的方法，通常需要和其他算法结合才能有比较好的效果。

② 基于模板的方法可以分为基于相关匹配的方法、特征脸方法、线性判别分析方法、奇异值分解方法、神经网络方法、动态连接匹配方法。

③ 基于模型的方法则有基于隐马尔柯夫模型、主动形状模型和主动外观模型的方法。

1. 基于几何特征的方法

人脸由眼睛、鼻子、嘴巴、下巴等部件构成，正因为这些部件的形状、大小和结构上的各种差异才使得世界上每个人脸千差万别，因此对这些部件的形状和结构关系的几何描述，可以作为人脸识别的重要特征。几何特征最早是用于人脸侧面轮廓的描述与识别，首先根据侧面轮廓曲线确定若干显著点，并由这些显著点导出一组用于识别的特征度量如距离、角度等。Jia 等由正面灰度图中线附近的积分投影模拟侧面轮廓图是一种很有新意的方法。

采用几何特征进行正面人脸识别一般是通过提取人眼、口、鼻等重要特征点的位置和眼睛等重要器官的几何形状作为分类特征，但 Roder 对几何特征提取的精确性进行了实验性的研究，结果不容乐观。

可变形模板法可以视为几何特征方法的一种改进，其基本思想是：设计一个参数可调的器官模型（即可变形模板），定义一个能量函数，通过调整模型参数使能量函数最小化，此时的模型参数即作为该器官的几何特征。

这种方法思想很好，但是存在两个问题，一是能量函数中各种代价的加权系数只能由经验确定，难以推广；二是能量函数优化过程十分耗时，难以实际应用。基于参数的人脸表示可以实现对人脸显著特征的一个高效描述，但它需要大量的前处理和精细的参数选择。同时，采用一般几何特征只描述了部件的基本形状与结构关系，忽略了局部细微特征，造成部分信息的丢失，更适合于做粗分类，而且目前已有的特征点检测技术在精确率上还远不能满足要求，计算量也较大。

2. 局部特征分析方法（local face analysis）

主元子空间的表示是紧凑的，特征维数大大降低，它是非局部化的，其核函数的支集扩展在整个坐标空间中，同时它是非拓扑的，某个轴投影后临近的点与原图像空间中点的临近性没有任何关系，而局部性和拓扑性对模式分析和分割是理想的特性，似乎这更符合神经信息处理的机制，因此寻找具有这种特性的表达十分重要。基于这种考虑，Atick 提出基于局部特征的人脸特征提取与识别方法。这种方法在实际应用中取得了很好的效果，它构成了 FaceIT 人脸识别软件的基础。

3. 特征脸方法（Eigenface 或 PCA）

特征脸方法是 20 世纪 90 年代初期由 Turk 和 Pentland 提出的目前最流行的算法之一，具有简单有效的特点，也称为基于主成分分析（principal component analysis，PCA）的人脸识别方法。特征子脸技术的基本思想是：从统计的观点，寻找人脸图像分布的基本元素，即人脸图像样本集协方差矩阵的特征向量，以此近似地表征人脸图像。这些特征向量称为特征脸 (Eigenface)。

实际上，特征脸反映了隐含在人脸样本集合内部的信息和人脸的结构关系。将眼睛、面颊、下颌的样本集协方差矩阵的特征向量称为特征眼、特征颌和特征唇，统称特征子脸。特征子脸在相应的图像空间中生成子空间，称为子脸空间。计算出测试图像窗口在子脸空间的投影距离，若窗口图像满足阈值比较条件，则判断其为人脸。

基于特征分析的方法，也就是将人脸基准点的相对比率和其他描述人脸脸部特征的形状参数或类别参数等一起构成识别特征向量，这种基于整体脸的识别不仅保留了人脸部件之间的拓扑关系，而且也保留了各部件本身的信息，而基于部件的识别则是通过提取出局部轮廓信息及灰度信息来设计具体识别算法。现在 Eigenface（PCA）算法已经与经典的模板匹配算法一起成为测试人脸识别系统性能的基准算法。而自 1991 年特征脸技术诞生以来，研究者对其进行了各种各样的实验和理论分析，FERET96 测试结果也表明，改进的特征脸算法是主流的人脸识别技术，也是具有最好性能的识别方法之一。

该方法是，先确定眼虹膜、鼻翼、嘴角等面像五官轮廓的大小、位置、距离等属性，然后再计算出它们的几何特征量，而这些特征量形成一个描述该面像的特征向量。其技术的核心实际为“局部人体特征分析”和“图形 / 神经识别算法”。这种算法是利用人体面部各器官及特征部位的方法，如对应几何关系多数据形成识别参数与数据库中所有的原始参数进行比较、判断与确认。Turk 和 Pentland 提出特征脸的方法，它根据一组人脸训练图像构造主元子空间，由于主元具有脸的形状，也称为特征脸，识别时将测试图像投影到主元子空间上，得到一组投影系数，和各个已知人的人脸图像比较进行识别。Pentland 等报告了相当好的结果，在 200 个人的 3 000 幅图像中得到 95% 的正确识别率，在 FERET 数据库上对 150 幅正面人脸像只有一个误识别。但系统在进行特征脸方法之前需要做大量预处理工作，如归一化等。

在传统特征脸的基础上，研究者注意到特征值大的特征向量（即特征脸）不一定是分类性能好的方向，据此发展了多种特征（子空间）选择方法，如 Peng 的双子空间方法、Weng 的线性歧义分析方法、Belhumeur 的 FisherFace 方法等。事实上，特征脸方法是一种显式主元分析人脸建模，一些线性自联想、线性压缩型 BP 网则为隐式主元分析方法，它们都是把人脸表示为一些向量的加权和，这些向量是训练集叉积阵的主特征向量，Valentin 对此做了详细讨论。总之，特征脸方法是一种简单、快速、实用的基于变换系数特征的算法，但由于它在本质上依赖于训练集和测试集图像的灰度相关性，而且要求测试图像与训练集比较像，所以它有着很大的局限性。

4. 基于 KL 变换的特征人脸识别方法的基本原理

KL 变换是图像压缩中的一种最优正交变换，人们将它用于统计特征提取，从而形成了子空间法模式识别的基础。若将 KL 变换用于人脸识别，则需假设人脸处于低维线性空间，且不同人脸具有可分性，由于高维图像空间 KL 变换后可得到一组新的正交基，因此可通过保留部分正交基，以生成低维人脸空间，而低维空间的基则是通过分析人脸训练样本集的统计特性来获得。KL 变换生成矩阵可以是训练样本集的总体散布矩阵，也可以是训练样本集的类间散布矩阵，可采用同一人的数张图像的平均来进行训练，这样可在一定程度上消除光线等的干扰，且计算量也得到减少，而识别率不会下降。

5. 基于弹性模型的方法

Lades 等人针对畸变不变性的物体识别提出了动态链接模型（DLA），将物体用稀疏图形来描述，其顶点用局部能量谱的多尺度描述来标记，边则表示拓扑连接关系并用几何距离来标记，然后应用塑性图形匹配技术来寻找最近的已知图形。Wiscott 等人在此基础上做了改进，用 FERET 图像库做实验，用 300 幅人脸图像和另外 300 幅图像做比较，准确率达到 97.3%。此方法的缺点是计算量非常巨大。

Nastar 将人脸图像 $I(x, y)$ 建模为可变形的 3D 网格表面 $(x, y, I(x, y))$，从而将人脸匹配问题转化为可变形曲面的弹性匹配问题。利用有限元分析的方法进行曲面变形，并根据变形的情况判断两张图片是否为同一个人。这种方法的特点在于将空间 (x, y) 和灰度 $I(x, y)$ 放在了一个 3D 空间中同时考虑，实验表明识别结果明显优于特征脸方法。

Lanitis 等提出灵活表现模型方法，通过自动定位人脸的显著特征点将人脸编码为 83 个模型参数，并利用辨别分析的方法进行基于形状信息的人脸识别。弹性图匹配技术是一种基于几何特征和对灰度分布信息进行小波纹理分析相结合的识别算法，由于该算法较好地利用了人脸的结构和灰度分布信息，而且还具有自动精确定位面部特征点的功能，因而具有良好的识别效果，适应性强，识别率较高，该技术在 FERET 测试中若干指标名列前茅，其缺点是时间复杂度高，速度较慢，实现复杂。

6. 神经网络方法（Neural Networks）

人工神经网络是一种非线性动力学系统，具有良好的自组织、自适应能力。目前神经网络方法在人脸识别中的研究方兴未艾。Valentin 提出一种方法，首先提取人脸的 50 个主元，然后用自相关神经网络将它映射到五维空间中，再用一个普通的多层感知器进行判别，该方法对一些简单的测试图像效果较好。Intrator 等提出了一种混合型神经网络来进行人脸识别，其中非监督神经网络用于特征提取，监督神经网络用于分类。Lee 等将人脸的特点用六条规则描述，然后根据这六条规则进行五官的定位，将五官之间的几何距离输入模糊神经网络进行识别，效果较一般的基于欧氏距离的方法有较大改善。Laurence 等采用卷积神经网络方法进行人脸识别，由于卷积神经网络中集成了相邻像素之间的相关性知识，从而在一定程度上获得了对图像平移、旋转和局部变形的不变性，因此得到非常理想的识别结果。Lin 等提出了基于概率决策的神经网络方法（PDBNN），主要思想是采用虚拟（正反例）样本进行强化和反强化学习，从而得到较为理想的概率估计结果，并采用模块化的网络结构（OCON）加快网络的学习。这种方法在人脸检测、人脸定位和人脸识别的各个步骤上都得到了较好的应用，其他研究还有 Dai 等提出用 Hopfield 网络进行低分辨率人脸联想与识别，Gutta 等提出将 RBF 与树型分类器结合起来进行人脸识别的混合分类器模型，Phillips 等人将 Matching Pursuit 滤波器用于人脸识别，国内则采用统计学习理论中的支撑向量机进行人脸分类。

神经网络方法在人脸识别上的应用比起前述几类方法来有一定的优势，因为对人脸识别的许多规律或规则进行显性的描述是相当困难的，而神经网络方法则可以通过学习的过程获得对这些规律和规则的隐性表达，它的适应性更强，一般也比较容易实现。因此人工神经网络识别速度快，但识别率低。而神经网络方法通常需要将人脸作为一个一维向量输入，因此输入节点庞大，其识别的一个重要目标就是降维处理。

PCA 的算法描述：利用主成分分析法（principle component analysis，PCA）进行识别，是由 Anderson 和 Kohonen 提出的。由于 PCA 在将高维向量向低维向量转化时，使低维向量各分量的方差最大，且各分量互不相关，因此可以达到最优的特征抽取。

7. 其他方法

除了以上几种方法，人脸识别还有以下思路和方法。

① 隐马尔可夫模型方法（hidden markov model）。

② Gabor 小波变换 + 图形匹配。

精确抽取面部特征点以及基于 Gabor 引擎的匹配算法，具有较好的准确性，能够排除由于面部姿态、表情、发型、眼镜、照明环境等带来的变化。

Gabor 滤波器将 Gaussian 网络函数限制为一个平面波的形状，并且在滤波器设计中有优先方位和频率的选择，表现为对线条边缘反应敏感。但该算法的识别速度很慢，只适合于录像资料的回放识别，对于现场的适应性很差。

③ 人脸等密度线分析匹配方法。

多重模板匹配方法：该方法是在库中存储若干标准面像模板或面像器官模板，在进行比对时，将采样面像所有像素与库中所有模板采用归一化相关量度量进行匹配。

本征脸法：该方法是将图像看作矩阵，计算本征值和对应的本征向量作为代数特征进行识别，具有无须提取眼嘴鼻等几何特征的优点，但在单样本时识别率不高，且在人脸模式数较大时计算量大。

特定人脸子空间（specific person face subspace，FSS）算法：该技术来源于但在本质上区别于传统的“特征脸”人脸识别方法。“特征脸”方法中所有人共有一个人脸子空间，而该方法则为每一个体人脸建立一个该个体对象所私有的人脸子空间，从而不但能够更好地描述不同个体人脸之间的差异性，而且最大可能地摈弃了对识别不利的类内差异性和噪声，因而比传统的“特征脸算法”具有更好的判别能力。另外，针对每个待识别个体只有单一训练样本的人脸识别问题，提出了一种基于单一样本生成多个训练样本的技术，从而使得需要多个训练样本的个体人脸子空间方法可以适用于单训练样本人脸识别问题。

奇异值分解（singular value decomposition，SVD）：该方法是一种有效的代数特征提取方法。由于奇异值特征在描述图像时是稳定的，且具有转置不变性、旋转不变性、位移不变性、镜像变换不变性等重要性质。因此，奇异值特征可以作为图像的一种有效的代数特征描述。奇异值分解技术已经在图像数据压缩、信号处理和模式分析中得到了广泛应用。

8. 面像识别的主要商业系统

20 世纪 90 年代中后期以来，一些商业性的面像识别系统开始进入市场。目前，主要商业系统包括以下几个。

Visionics 公司的 FaceIT 面像识别系统，该系统基于 Rockefeller 大学开发的局部特征分析（LFA）算法。

Lau Tech 公司的面像识别 / 确认系统，采用 MIT 技术。

Miros 公司的 Trueface 及 eTrue 身份验证系统，其核心技术为神经网络。

C-VIS 公司的面像识别 / 确认系统。

Banque-Tec. 公司的身份验证系统。

Visage Gallery' s 身份认证系统，基于 MIT 媒体实验室的 Eigenface 技术。

Plettac Electronic' s FaceVACS 出入控制系统。

我国台湾地区的 BioID 系统，它基于人脸、唇动和语音三者信息融合的 Biometrics 系统。

其中，FaceIT 系统是最具有代表性的商业产品，目前已在很多地方得到了应用。该系统在英国被用于 Mandrake 反罪犯系统中，通过在监控摄像机采集的视频序列中搜索已知的罪犯或者嫌疑犯，如发现可能的罪犯，系统将通知中心控制室的警员。

笔者曾使用过 FaceIT 系统，并对其进行了各项指标的评测。结果表明，该系统在控制光照、准正面（x, y, z 坐标轴上的旋转不超过 15°）、无饰物的情况下具有较好的识别性能。但在使用过程中也发现，只有训练集人脸图像的采集条件与测试集人脸图像的采集条件基本一致时才能具有良好的识别性能，否则，其性能将急剧下降，尤其光照变化、姿态变化、黑框眼镜、帽子、夸张的表情、胡须和长发等对其性能的影响更大。

（1）面像识别系统的测试

基于对面像识别技术在军事安全等领域重要性的考虑，美国国防部的 ARPA 资助建立了一个对现有面像识别技术进行评测的程序，并分别于 1994 年 8 月、1995 年 3 月和 1996 年 9 月（截至 1997 年 3 月）组织了三次面像识别和人脸确认的性能评测，其目的是要展示面像识别研究的最新进展和最高学术水平，同时找出现有面像识别技术所面临的主要问题，为以后的研究提供方向性指南。尽管该测试只对美国研究机构开放，但它在事实上成为了该领域的公认测试标准。

根据 2000 年公开发表的 FERET' 97 测试报告，美国南加州大学、马里兰大学、麻省理工学院等研究机构的面像识别技术具有最好的识别性能。在训练集和测试集摄像条件相似的 200 人的识别测试中，几个系统都产生了接近 100% 的识别率。值得一提的是，即使是最简单的相关匹配算法也具有很高的识别性能。在更大对象集的 FERET 测试中（人数大于等于 1 166 人），在同一摄像条件下采集的正面图像识别中，最高首选识别率为 95%；而对用不同的摄像机和不同的光照条件采集的测试图像，最高首选识别率骤降为 82%；对一年后采集的图像测试，最大的准确率仅仅接近 51%。

该测试结果表明，目前的面像识别算法对于不同的摄像机、不同的光照条件和年龄变化的适应能力非常差，理应得到研究者的足够重视。而且值得注意的是，该测试中所用的人脸图像均为比较标准的正面人脸图像，姿态变化非常小，没有夸张的表情和饰物，也没有提及面部毛发改变的情况。所以，除了 FERET 测试所揭示的上述面像识别研究需要面对的问题之外，还需要考虑诸如姿态、饰物（眼镜、帽子等）、面部表情、面部毛发等可变因素对面像识别性能的影响。这些因素也是开发实用的面像识别产品时必然会遇到的最关键的技术问题。

为进一步测试商业面像识别系统的性能，并揭示 2000 年前后面像识别技术的最新进展，美国国防部的反毒品技术开发计划办公室于 2018 年 5 月和 6 月对美国的主要商业面像识别系统进行了评测，称为 FRVT' 2000（face recognition vender test）评测。该计划邀请了美国所有面像识别系统厂商参加，共 24 家，但只有 8 家响应，最终有 5 家公司参加了评测，而只有 3 家的系统在规定时间内完成了全部对比实验，这 3 家分别是 FaceIT 系统、Lau Tech 公司的系统和 C-VIS 公司的系统。FRVT' 2000 评估了这些系统对图像压缩、用户 - 摄像机距离、表情、光照、录制设备、姿态、分辨率和时间间隔等影响因素的识别性能。结果表明，面像识别系统的性能与 1997 年的测试相比有了一定的进步，但其识别性能对各种条件，如光照、老化、距离、姿态等，仍然离人们的期望值较远。

（2）国内的特征脸技术

近年来，国内学者在对特征脸技术进行认真研究的基础上，尝试了基于特征脸特征提取方法和各种后端分类器相结合的方法，并提出了各种各样的改进版本或扩展算法，主要的研究内容包括线性 / 非线性判别分析（LDA/KDA）、Bayesian 概率模型、支持矢量机（SVM）、人工神经网络（NN）以及类内和类间双子空间（inter/intra-class dual subspace）分析方法等。

针对 Eigenface 算法的缺点，中科院计算所提出了特定人脸子空间（FSS）算法。该技术来源于但在本质上区别于传统的“特征脸”人脸识别方法：“特征脸”方法中所有人共有一个人脸子空间，而中科院计算技术研究所的方法则为每一个体人脸建立一个该个体对象所私有的人脸子空间，从而不但能够更好地描述不同个体人脸之间的差异性，而且最大可能地摈弃了对识别不利的类内差异性和噪声，因而比传统的“特征脸算法”具有更好的判别能力。另外，针对每个待识别个体只有单一训练样本的人脸识别问题，中科院计算技术研究所提出了一种基于单一样本生成多个训练样本的技术，从而使得需要多个训练样本的个体人脸子空间方法可以适用于单训练样本人脸识别问题。在 Yale 人脸库、实验室 350 人图像库上的对比实验也表明中科院计算技术研究所计算所提出的方法比传统的特征脸方法、模板匹配方法对表情、光照和一定范围内的姿态变化具有更好的鲁棒性，具有更优的识别性能。

弹性图匹配技术是一种基于几何特征和对灰度分布信息进行小波纹理分析相结合的识别算法，由于该算法较好地利用了人脸的结构和灰度分布信息，而且还具有自动精确定位面部特征点的功能，因而具有良好的识别效果，该技术在 FERET 测试中的若干指标名列前茅，其缺点是时间复杂度高，实现复杂。中科院计算技术研究所对该算法进行了研究剖析，并提出了一些启发策略。

9. 人脸识别关键技术问题

（1）人脸识别中的光照问题

光照变化是影响人脸识别性能的最关键因素，对该问题的解决程度关系着人脸识别实用化进程的成败。中科院计算技术研究所在对其进行系统分析的基础上，考虑对其进行量化研究的可能性，其中包括对光照强度和方向的量化、对人脸反射属性的量化、面部阴影和照度分析等。

在此基础上，考虑建立描述这些因素的数学模型，以便利用这些光照模型，在人脸图像预处理或者归一化阶段尽可能地补偿乃至消除其对识别性能的影响。重点研究如何从人脸图像中将固有的人脸属性（反射率属性、3D 表面形状属性）和光源、遮挡及高光等非人脸固有属性分离开来。

基于统计视觉模型的反射率属性估计、3D 表面形状估计、光照模式估计，以及任意光照图像生成算法是中科院计算技术研究所的主要研究内容。具体考虑两种不同的解决思路：利用光照模式参数空间估计光照模式，然后进行针对性的光照补偿，以便消除非均匀正面光照造成的阴影、高光等影响；基于光照子空间模型的任意光照图像生成算法，用于生成多个不同光照条件的训练样本，然后利用具有良好的学习能力的人脸识别算法，如子空间法，SVM 等方法进行识别。

（2）人脸识别中的姿态技术问题

姿态问题涉及头部在三维垂直坐标系中绕三个轴的旋转造成的面部变化，其中垂直于图像平面的两个方向的深度旋转会造成面部信息的部分缺失。使得姿态问题成为人脸识别的一个技术难题。解决姿态问题有三种思路。

第一种思路是学习并记忆多种姿态特征，这对于多姿态人脸数据容易获取的情况比较实用，其优点是算法与正面人脸识别统一，不需要额外的技术支持，其缺点是存储需求大，姿态泛化能力不能确定，不能用于基于单张照片的人脸识别算法中等。

第二种思路是基于单张视图生成多角度视图，可以在只能获取用户单张照片的情况下合成该用户的多个学习样本，可以解决训练样本较少的情况下的多姿态人脸识别问题，从而改善识别性能。

第三种思路是基于姿态不变特征的方法，即寻求那些不随姿态的变化而变化的特征。中科院计算技术研究所的思路是采用基于统计的视觉模型，将输入姿态图像校正为正面图像，从而可以在统一的姿态空间内做特征的提取和匹配。

因此，基于单姿态视图的多姿态视图生成算法是中科院计算技术研究所研究的核心算法，其基本思路是采用机器学习算法学习姿态的 2D 变化模式，并将一般人脸的 3D 模型作为先验知识，补偿 2D 姿态变换中不可见的部分，并将其应用到新的输入图像上去。

3.4　人脸支付系统基础设施

微信指纹支付原理，从设备出厂到完成支付大致可以分成 4 个步骤、3 对公私钥。

1. 设备出厂公私钥及 tee 适配

手机厂商在手机 tee 的 RPMB 区域内置私钥 A_priv 及微信支付的特定 ta 和 SoterKeyStore，然后厂商统一将该设备信息和设备公钥 A_pub 存储在腾讯服务器（校验设备签名时需要向腾讯服务器发起请求）。

2. 生成应用公私钥

某 App 想在 Mobile 上使用微信支付，则使用 soter API 向 tee 发出请求，tee 中生成应用公私钥，私钥 B_priv 存储在 tee 中，公钥通过 A_priv 签名后发送给应用服务器，应用服务器向腾讯服务器发出请求校验签名，通过则存储 B_pub。

3. 生成业务公私钥

对于同一个设备的同一个应用可能存在多个用户（不同账号在同一设备登入），这时需要对每个用户生成独立的业务公私钥 C，和第二个阶段类似，在 tee 中生成业务公私钥，C_priv 仍然存在设备中，C_pub 通过 B_priv 签名之后传给应用服务器。

4. 使用微信指纹支付

客户端向服务器请求挑战因子 challenge（实际为随机数，用于防止重放攻击），客户端在指纹识别通过后调用回调函数 onAuthenticationSucceeded，然后在回调函数中将 challenge 发送给 tee 中特定的 ta 进行签名（微信使用自定义的 SoterKeyStore），签名之后从 ta（SoterKeyStore）中返回 challenge+fid+tee 信息 + 使用 C_priv 签名后的签名值，发送回服务器进行校验，服务器使用 C_pub 验签，同时校验 challenge 值，都通过则表示请求合法。这里要注意以下几点。

① challenge 值是用于防止重放攻击。

② 签名是在 tee 中执行（ta），用户态通过 KeyStore 向 ta 发出签名申请。

③ fid 相当于每个指纹的 hash，理论上每个指纹都不同。

④ tee 中指纹认证通过与否都只会回调相关函数并在回调函数中发出签名请求，比如验证通过回调 onAuthenticationSucceeded，验证不通过则回调 onAuthenticationError，而回调函数在用户态，可能被任意篡改，攻击者可以将 onAuthenticationError 函数体篡改成 onAuthenticationSucceeded 函数体，然而由于只有指纹验证通过之后 ta 才会接受签名请求，所以即使直接篡改也无法欺骗 ta 签名。

⑤ 指纹验证通过后发送 challenge 给 tee，然后从 ta 中返回数据格式。

5. 微信指纹支付和支付宝指纹支付（IFAA）的主要差别

① 手机 tee 中内置密钥数不同。腾讯 soter 框架在 tee 的 RPMB 中只内置了一个设备私钥；IFAA 则需要在设备中内置设备私钥 +IFAA 根公钥。

② 微信的应用密钥相当于 IFAA 的服务端密钥，但是微信应用密钥是在设备中生成；IFAA 是直接通过 IFAA 认证中心给服务端颁发证书。

③ 微信由于没有在手机中内置根公钥，所以每次生成应用密钥的时候需要向腾讯服务器发出请求校验签名；IFAA 通过内置根证书 +IFAA 认证中心颁发服务端证书的方式完成校验。

④ 腾讯 soter 开源，对小商户而言接入方便（无须申请服务端证书）；IFAA 目前暂时没有开源。

总而言之，不论是指纹、人脸、眼纹还是其他特征，生物授权的本质是密钥签名，只有认证通过签名才是生物授权能保证安全的根本原因。无论使用哪种指纹支付方式，都需要和设备厂商做适配（tee 和应用层），微信指纹支付原理和支付宝 IFAA 本质上差别不大，但是对小商户而言接入成本更低；安全性上，由于微信 soter 生成应用密钥时需要向微信服务端发出申请，所以存在被记录应用用户状况的风险。

习　题　3

1. 人脸支付关键技术有哪些？
2. 什么是双目摄像头？
3. 为什么人脸支付首次需要输入手机号码？
4. 人脸识别技术的基本原理是什么？
5. 人脸识别算法的基本原理是什么？
6. 面部识别系统的测试包括哪些内容？
7. 国内的特征脸技术有哪些？
8. 人脸识别关键技术问题是什么？
9. 人脸支付系统基础设施有哪些？

第4章 智能客服

随着人工智能技术的发展，以语音识别、自然语言处理、深度学习为核心技术的人机交互模式正在逐渐改变着传统的客服行业——智能客服，正在悄悄地渗透进人们的生活。对外，智能客服包括电话、网页、微信、短信及App等在内的多模式客户服务通道；对内，智能客服可以实现语音分析、客服助理等商业智能功能。

智能客服是在大规模知识处理基础上发展起来的一项面向行业的应用，它涉及大规模知识处理技术、自然语言理解技术、知识管理技术、自动问答系统、推理技术等，具有行业通用性。智能客服不仅为企业提供了细粒度知识管理技术，还为企业与海量用户之间的沟通建立了一种基于自然语言的快捷有效的技术手段；同时还能够为企业提供精细化管理所需的统计分析信息。

智能客服的发展大致分为四个阶段：第一阶段是基于关键词匹配的“检索式机器人”；第二阶段是能运用一定的模板，支持多个词匹配，并具有模糊查询能力；第三阶段是在关键词匹配的基础上引入了搜索技术，根据文本相关性进行排序；第四阶段是以神经网络为基础，应用深度学习理解用户意图的智能客服技术。

智能客服的目的是方便企业与用户进行有效的沟通，或者辅助用户在企业所提供的服务中有一个良好的消费体验。但是当用户量过大时，有限的客服能力又会成为用户满意度下降的一个原因，而采用非人工客服方式就能帮助企业解决这一问题。但目前人工智能技术水平还不能做到由智能客服取代人工客服。所以，目前智能客服还是更多地用于对用户意图的理解和预测上。智能客服首先能够解决“即时客服”的问题，再通过对用户意图的理解并将用户意图分类，普通常见问题直接通过智能客服解决，而复杂问题再由智能客服转到人工客服，如图4-1所示。

此外，智能客服能够做到的还会更多。例如当用户联系客服进行退换货时，算法可以根据该用户的历史行为判断出这一用户更容易接受退部分差价还是退货、换货，从而让智能客服为用户提供更令人满意的方案。

智能客服还可针对不同企业，聚焦详细场景。一方面，智能客服机器人系统可以把企业业务详细问题快速导入知识库，另一方面，又可以在某个特定行业中，积累语料，通过云平台的方式扩充企业的知识库。

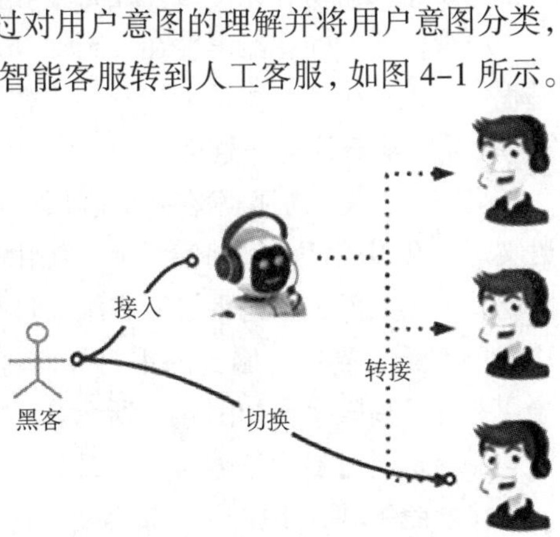

图4-1　智能客服转到人工客服

对于智能客服，各个行业、各个公司都有不同的需求。对于客服量大，服务种类繁多的大企业来说，自研智能客服或许更合适一些。大企业用户会覆盖多个渠道平台，拥有自己统一的 CRM（Customer Relationship Management，如图 4-2 所示）系统甚至定制化智能客服系统。

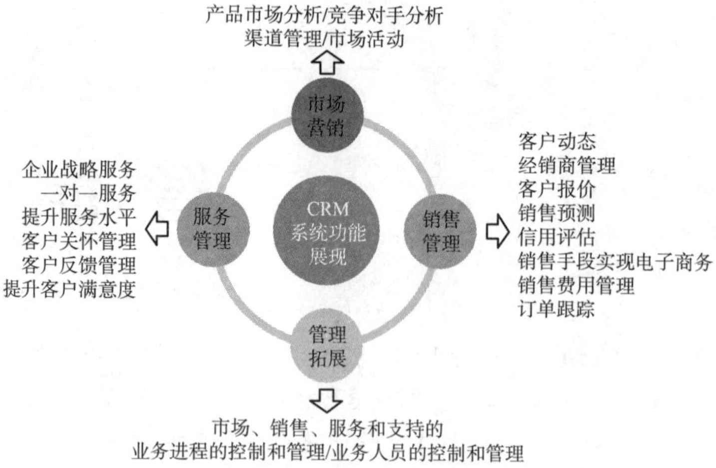

图 4-2 客户关系管理

4.1 智能客服服务

对于中小企业，其客服量较少，适合选择第三方智能客服服务。例如，京东将其智能客服能力开放给了一些企业卖家，接替人工客服在工作时间以外的服务。此外，微信针对小程序推出了一个新功能“服务直达区”，假如用户在微信顶部的搜索框输入“从北京到大连”，在搜索结果中就会出现从北京到大连的机票服务。从某种意义上说这也算是智能客服可以做到的事情——大平台的智能客服为小微企业分发流量。

而平台的智能客服在产品的巨大流量之下可以承担更多工作，而不仅仅是回答客户的咨询。比如现在的电商平台都在内容端发力，打造更多买家和卖家间的沟通途径。这时智能客服就可以承担群聊机器人、回复商品评价、回复内容评论等工作。例如在微博上 @ 小冰，她就会回复相关微博评论；其理论都是相同的——更好地和用户沟通。

尽管机器人的智能程度在不断提升，但答非所问的现象仍然很常见。在客户服务数字化的进程中，人和机器究竟该如何分工协作？企业在智能客服的应用上又该如何权衡？

1. 用机器守住第一触点

当前，语义识别技术在智能客服领域已经较为成熟。机器能够顺利识别并完成语义指令型语义理解和多轮任务型问答对话，为用户提供不间断的贴心服务，高效完成标准化的详细解答。因此，企业大可放心地将智能客服安排在官网、微信、App、微博等多个触及客户的一线渠道，让智能客服充当售前服务的主力，而将人工客服分配到更高附加值的任务中，进一步提升前端业务的处理效率，如图 4-3 所示。

2. 让机器分发个性内容

在电商领域，不少用户都会发现自己拥有“专属智能客服”。根据用户的浏览路径和历史消费记录，专属智能客服不仅能够自主判断用户的喜好，为其推荐相似的商品，帮助用户扩大选择范围，还能通过大数据建立完整的用户画像，不定时地推送符合用户期待的商品，及其他个性化的服务信息，以较低的成本不断激活“沉睡”用户（即对用户的精准二次触达）。

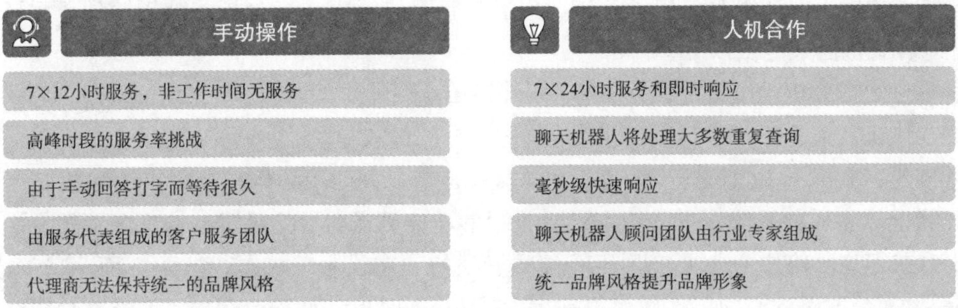

图 4-3　人工客服与机器响应

3. 借机器获取消费洞察

海量对话信息的沉淀和再利用是智能客服得以不断进步的基础。通过自动采集不同渠道中用户与企业的互动数据（包括将语音对话转换成为结构化的文字数据），加之多维度的辅助分析模型，机器能够帮助企业挖掘不同业务场景下的高频话题，及时获取某类产品 / 服务的市场反馈，为下一步的运营决策提供有效参考意见。

4. 以机器优化人工服务

除了承担烦琐复杂的数据处理和机械应答工作之外，介入机器的意义更在于提升人工客服中心的运作质量。例如，不少企业已经开始用智能质检管理系统代替传统人工抽检。通过灵活的关键词匹配、情感 / 语速识别和智能业务模型规则，机器能够深入多个业务场景，对人工客服的服务态度、话术规范及处理业务流程做出自动化批量检测，将质检覆盖率提升到 100%（传统人工抽检的比例不足 3%，抽检样本也缺乏代表性）。

此外，传统的人工抽检受质检员的主观意志影响大，个体的检验标准存在差异，而机器质检则采用统一规范的评分标准，并由机器统一打分、实时输出分析报告，最大程度地消除了评分的主观性，为座席人员提升自己的服务专业度提供了一套行业内标准化的指导方向。

图 4-4　机器优化人工服务

如果说人工智能技术是企业数字化转型路上的助推器，那么不同渠道的数据及精密的算法处理规则（见图 4-4）便是其中的燃料之一，而智能客服的兴起正是人们对技术及数据应用的积极突破。未来，依赖智能 AI 交互、智能数据分析等技术，人们还将借助机器实现全业务和服务流程的智能化。在此过程中，人机的高效协作也将逐渐重构品牌与消费者之间的互动法则。

4.2　智能客服机器人

智能客服机器人，使用自然语言理解技术，在大语料库的基础上，基于场景和业务模型开发上下文关联模型，从而实现自然叙述、智能理解之目的，并将这一技术和模型与客服系统在整体上实现了融合。

人工智能技术在客户联络中心得到广泛应用，例如人工智能客服系统主要是整合邮件、电话、微博、微信、网页等服务渠道，同时对客户信息进行保存、分析和处理，便于后期识别。人工智能客服机器人能做以下事情：

① 后台数据分析，海量的数据分析得出相关信息；

② 在线机器人，7×24 小时随时随地响应客户的诉求；

③ 搭建客服机器人知识库，回答简单重复的问题，同时引导用户自主查询问题；

④ 智能语音质检系统，自动识别录音，帮助质检员提高质检录音抽检率及覆盖率。当前，智能技术在客户联络中心主要应用于智能语音质检、在线服务机器人这两方面。基于这两方面的应用，客户联络中心的工作效率得到大大提升，同时也降低了运营成本。在客户联络中心，人员成本总是占所有运营成本中较大的成本支出，但就目前人工智能技术的运用来看，客户联络中心的应用主要还是停留在解决一些重复性较高、简单的制式问题，但这些问题和具体的业务没有太大关联。

智能客服机器人是如何满足访客业务咨询、数据查询、功能调用等需求的呢？

问答类型：

（1）用户点击数据分析

问答分析：多维度分析机器人业务问答数据。

热点发现：自动聚类发现工单、客服记录服务热点。

点击行为：根据用户的页面点击行为进行预测推荐。

用户画像：结合结构化数据信息对用户自动分组。

区别回答：不同来访者。

（2）知识型问答

智能聊天：寒暄、聊天、第三方信息查询。

知识匹配：语义理解匹配业务知识库。

相关推荐：关联当前知识点相关的知识、页面、服务等。

智能推荐：下一步可能关心的话题和内容。

（3）任务型问答

智能查询：根据问题查询业务系统数据结果。

自定义查询：可以自定义导入多列数据交叉查询。

条件筛选：根据句子中的多类条件信息组合查询。

分步式表单：多轮会话保持，收集表单信息。

（4）外设能力

语音识别：识别语音输入，进行语音输出。

人脸识别：可插入人脸识别模块。

图片识别：可插入图片相似度比对模块。

随着电商巨头的积极布局，新锐公司的迅速崛起，传统企业的强势切入，如今，越来越多的企业看到了智能客服机器人的强大优势。随着技术的优化推动，基于大数据分析和算法优化的工具，推动智能客服业务不断优化运营，助力企业实现更精准的销售预测、更科学的业务布局、更合理的信息和数据管理等。这就是极致的客户服务体验，同时也是以用户为核心的服务升级。

4.3　智能技术应用

智能语音导航主要利用语音识别技术和自然语言理解技术理解客户语音，再根据客户的需求导航到相应节点或者导引客户完成业务办理，主要应用在自助语音服务、手机银行 App 和智能设备上。在自助语音上应用主要通过与 IVR 的集成实现自主语音菜单的“扁平化”，提升用户满意度；通过与客户的交互帮助客户办理相关业务，实现问题的咨询。

智能营销催收机器人，外呼机器人是语音识别技术和自然语音理解技术的另外一个应用场景。通过业务场景的设计，实现自动外呼客户进行客户身份核实、催收、业务通知、满意度调查、产品营销等服务。

智能辅助主要应用在客服领域，机器人实时监听坐席与客户的对话。当客户提出问题后，机器人可以实时理解客户的问题，并提供相关回答建议给坐席。

智能客服中心是一个对服务质量要求很高很严格的行业，为了保证服务质量，一般会通过对坐席录音进行抽样检查的方式来实施质量检查工作。一般客服中心的质量检查率在 1% 左右，无法全面监控风险。运用人工智能后，这一情况得到极大改善。

习　题　4

1. 智能客服的关键技术有哪些？
2. 智能客服服务有哪些？
3. 智能客服机器人能做哪些方面的事情？
4. 智能客服机器人是如何满足访客业务咨询、数据查询、功能调用等需求的？
5. 智能语音导航的主要应用有哪些？
6. 智能营销催收机器人的主要功能是什么？
7. 智能辅助的主要应用有哪些？
8. 智能质检的主要应用有哪些？
9. 智能客服数据可以收集和存储吗？

第5章 量化投研

量化投资研究简称量化投研，简单地说，就是利用数学、统计学、信息技术的量化投资方法来管理投资组合。数量化投资的组合构建注重的是对宏观数据、市场行为、企业财务数据、交易数据进行分析，利用数据挖掘技术、统计技术、计算方法等处理数据，以得到最优的投资组合和投资机会。

5.1 量化投资概述

量化投资是指通过数量化方式及计算机程序化发出买卖指令，以获取稳定收益为目的的交易方式。它在海外的发展已有30多年的历史，其投资业绩稳定，市场规模和份额不断扩大，得到了越来越多投资者认可。从全球市场的参与主体来看，按照管理资产的规模，全球排名前四以及前六位中的五家资产管理机构，都是依靠计算机技术来开展投资决策，由量化及程序化交易所管理的资金规模在不断扩大。但是，真正的量化基金在国内还比较罕见。同时，机器学习的发展也对量化投资起了促进作用。

量化投资技术几乎覆盖了投资的全过程，包括统计套利、量化选股、量化择时、股指期货套利、商品期货套利、算法交易、资产配置、风险控制等。

量化投资区别于定性投资的鲜明特征是模型，对于量化投资中模型与人的关系，大家也比较关心。以中医和西医的区别来说明这种关系：中医与西医的诊疗方法不同，中医是望、闻、问、切，最后判断出结果，很大程度上基于中医的经验，定性程度大一些；西医先让病人去拍片子、化验等，这些都要依托于医学仪器，最后由各种数据得出结论，定量程度更大一些。

定性投资和定量投资的具体做法存在差异，这些差异如同中医和西医的差异，定性投资更像中医，更多依靠经验和感觉判断病在哪里；定量投资更像西医，依靠模型判断，模型对于定量投资基金经理的作用就像CT机对于医生的作用。在每一天的投资运作之前，会先用模型对整个市场进行一次全面的检查和扫描，然后根据检查和扫描结果做出投资决策。

其实，定量投资和定性投资本质上是相同的，两者都是基于市场非有效或是弱有效的理论基础，投资经理通过对个股估值、成长等基本面分析研究，建立战胜市场，产生超额收益的组合。不同的是，定性投资管理依赖对上市公司的调研，基金经理个人的经验及主观的判断，定量投资管理则是“定性思想的量化应用”，更加强调数据。

5.1.1　定量投资管理

定量投资的组合决策过程由系统来完成。定量投资的基础是对基本面的深刻理解和细致分析，本质是定性思想的理性应用。定性投资管理依赖对上市公司的调研，基金经理的个人经验和主观判断，定量投资管理是“定性思想的量化应用”，更加强调数据。定量投资管理决策遵循以下几个原则。

1. 纪律性

所有的决策都是依据模型做出的，有三个模型：一是大类资产配置模型，二是行业配置模型，三是股票模型。根据大类资产配置模型决定股票和债券投资比例；按照行业配置模型确定超配或低配的行业；依靠股票模型挑选股票。纪律性首先表现在依靠模型和相信模型，每一天决策之前，首先要运行模型，根据模型的运行结果进行决策，而不是凭感觉。

有人问，模型出错怎么办？不可否认，模型可能出错，就像 CT 机可能误诊病人一样。但是，在大概率下，CT 机是不会出错的，所以医生没有抛弃 CT 机，模型在大概率下是不出错的，所以，还是应该相信模型。

纪律性的好处很多，可以克服人性的弱点，如贪婪、恐惧、侥幸心理，也可以克服认知偏差，行为金融理论在这方面有许多论述。纪律化的另外一个好处是可跟踪。定量投资作为一种定性思想的理性应用，客观地在组合中去体现这样的组合思想。一个好的投资方法应该是一个“透明的盒子”。

我们的每一个决策都是有理有据的，特别是有数据支持的。如果有人质问我，某年某月某一天，你为什么购买某只股票，我会打开系统，系统会显示出当时被选择的这只股票与其他股票相比在成长面上、估值上、动量上、技术指标上的得分情况，这个评价是非常全面的，只有汇总得分比其他股票的得分高才有说服力。

2. 系统性

具体表现为“三多”。首先表现在多层次，如大类资产配置、行业选择、精选个股三个层次上都有模型；其次是多角度，定量投资的核心投资思想包括宏观周期、市场结构、估值、成长、盈利质量、分析师盈利预测、市场情绪等多个角度；最后是多数据，即海量数据的处理。

人脑处理信息的能力是有限的，当一个资本市场只有 100 只股票，这对定性投资基金经理是有优势的，他可以深刻分析这 100 家公司。但在一个很大的资本市场，比如有成千上万只股票的时候，强大的定量投资的信息处理能力能反映它的优势，能捕捉更多的投资机会，拓展更大的投资机会。

3. 套利思想

定量投资正是在找估值洼地，通过全面、系统性的扫描捕捉错误定价、错误估值带来的机会。定性投资经理大部分时间在琢磨哪一个企业是伟大的企业，哪只股票是可以翻倍的股票；与定性投资经理不同，定量基金经理大部分精力花在分析哪里是估值洼地，哪一个品种被低估了，买入低估的，卖出高估的。

4. 概率取胜

这表现为两个方面，一是定量投资不断地从历史中挖掘有望在未来重复的历史规律并且加以利用；二是依靠一组股票取胜，而不是一个或几个股票取胜。

5. 量化选股

量化选股就是采用数量的方法判断某个公司是否值得买入的行为。根据某个方法，如果该公司满足了该方法的条件，则放入股票池，如果不满足，则从股票池中剔除。量化选股的方法有很多种，总的来说，可以分为公司估值法、趋势法和资金法三大类。

举例：查询 revenue 前十名公司的股票市值、交易数据和交易信号。

```
#语言：python
#工具：Ricequant米筐量化交易平台
#可以自己import我们平台支持的第三方python模块，比如pandas、numpy等。
import numpy as np
#在这个方法中编写任何的初始化逻辑。context对象将会在你的算法策略的任何方法之间做传递。
def init(context):
#查询revenue前十名的公司的股票并且他们的pe_ratio在55和60之间。打开fundamentals时会有auto-complete方便写查询代码。
fundamental_df = get_fundamentals(
    query(
        fundamentals.income_statement.revenue,fundamentals.eod_derivative_indicator.pe_ratio
    ).filter(
        fundamentals.eod_derivative_indicator.pe_ratio > 55
    ).filter(
        fundamentals.eod_derivative_indicator.pe_ratio < 60
    ).order_by(
        fundamentals.income_statement.revenue.desc()
    ).limit(10)
)
#将查询结果dataframe的fundamental_df存放在context里面以备后面之需
context.fundamental_df = fundamental_df
#实时打印日志看下查询结果，会有我们精心处理的数据表格显示
logger.info(context.fundamental_df)
update_universe(context.fundamental_df.columns.values)
#对于每一只股票按照平均现金买入：
context.stocks = context.fundamental_df.columns.values
stocks_number = len(context.stocks)
context.average_percent = 0.99 / stocks_number
logger.info("Calculated average percent for each stock is: %f"%context.average_percent)
context.fired = False
#选择证券的数据更新将会触发此段逻辑，例如日或分钟历史数据切片或者是实时数据切片更新
def handle_bar(context, bar_dict):
#开始编写主要的算法逻辑
#bar_dict[order_book_id]可以拿到某个证券的bar信息
#context.portfolio可以拿到现在的投资组合状态信息
#使用order_shares(id_or_ins, amount)方法进行落单
#TODO：开始编写算法
```

```
#对于选择出来的股票按照平均比例买入：
if not context.fired:
for stock in context.stocks:
order_target_percent(stock, context.average_percent)
logger.info("Bought: "+str(context.average_percent)+" % for stock: " + str(stock))
context.fired = True
```

6. 量化择时

股市的可预测性问题与有效市场假说密切相关。如果有效市场理论或有效市场假说成立，股票价格充分反映了所有相关的信息，价格变化服从随机游走，股票价格的预测则毫无意义。众多的研究发现我国股市的指数收益中，存在经典线性相关之外的非线性相关，从而拒绝了随机游走的假设，指出股价的波动不是完全随机的，它貌似随机、杂乱，但在其复杂表面的背后，却隐藏着确定性的机制，因此存在可预测成分。

7. 股指期货

股指期货套利是指利用股指期货市场存在的不合理价格，同时参与股指期货与股票现货市场交易，或者同时进行不同期限，不同（但相近）类别股票指数合约交易，以赚取差价的行为，股指期货套利主要分为期现套利和跨期套利两种。股指期货套利的研究主要包括现货构建、套利定价、保证金管理、冲击成本、成分股调整等内容。

8. 商品期货

商品期货套利盈利的逻辑原理基于以下几个方面：

① 相关商品在不同地点、不同时间都对应一个合理的价格差价；

② 由于价格的波动性，价格差价经常显得不合理；

③ 不合理必然要回到合理；

④ 不合理回到合理的这部分价格区间就是盈利区间。

9. 统计套利

有别于无风险套利，统计套利是利用证券价格的历史统计规律进行套利，是一种风险套利，其风险在于这种历史统计规律在未来一段时间内是否继续存在。统计套利在方法上可以分为两类，一类是利用股票的收益率序列建模，目标是在组合的 β 值等于零的前提下实现 alpha 收益，称为 β 中性策略；另一类是利用股票的价格序列的协整关系建模，我们称为协整策略。

10. 期权套利

期权套利交易是指同时买进卖出同一相关期货但敲定价格不同或到期月份不同的看涨或看跌期权合约，希望在日后对冲交易部位或履约时获利的交易。期权套利的交易策略和方式多种多样，是多种相关期权交易的组合，具体包括：水平套利、垂直套利、转换套利、反向转换套利、跨式套利、蝶式套利、飞鹰式套利等。

11. 算法交易

算法交易又称自动交易、黑盒交易或者机器交易，它指的是通过使用计算机程序来发出交易指令。在交易中，程序可以决定的范围包括交易时间的选择、交易的价格，甚至包括最后需要成交的证券数量。根据各个算法交易中算法的主动程度不同，可以把不同算法交易分为被动型算法交易、主动型算法交易、综合型算法交易三大类。

12. 资产配置

资产配置是指资产类别选择，投资组合中各类资产的适当配置以及对这些混合资产进行实时管理。量化投资管理将传统投资组合理论与量化分析技术结合，极大地丰富了资产配置的内涵，形成了现代资产配置理论的基本框架。它突破了传统积极型投资和指数型投资的局限，将投资方法建立在对各种资产类股票公开数据的统计分析上，通过比较不同资产类的统计特征，建立数学模型，进而确定组合资产的配置目标和分配比例。

5.1.2 量化投资市场

国内量化投资规模为 3 500 ~ 4 000 亿人民币，其中公募基金为 1 200 亿，其余为私募量化基金，数量达 300 多家，占比 3%（私募管理人共 9 000 多家），金额为 2 000 亿左右。中国证券基金的整体规模超过 16 万亿，其中公募 14 万亿，私募 2.4 万亿。

稍微接触到资本市场的人，大都听说过基本面投资和价值投资，而对于这方面的天才人物巴菲特，更是家喻户晓。他以企业财务报表的分析见长，擅长挖掘企业的内在价值，一旦买入便长期持有，持续获得稳定高额收益，为股东创造了丰厚利润，无人能及。

相比之下，与价值投资同等重要的量化投资——即借助数学、物理学、几何学、心理学甚至仿生学的知识，通过建立模型，进行估值、择时及选股，则没有那么幸运——在大多数人眼里，量化投资是一个神秘的领域，深不可测，玄奥无比，令人望而却步。世人皆知巴菲特，而对于号称最能赚钱的基金经理人，在 20 年的时间里创造了年均净回报率高达 35% 惊人传奇的量化投资大师西蒙斯，却少有人知。

量化投资看似神秘，但并不古老。它从 20 世纪 70 年代开始逐渐兴起，90 年代才大行其道。之所以如此，是因为量化投资有其诞生的特定土壤，需要一系列条件方能破土而出，这些条件其实相当苛刻。

很难想象，量化投资技术并非发端于华尔街，而是肇始于学术象牙塔里的少数“怪才”，他们长期不被正统的经济学所接受，甚至遭到排斥，因此处境艰难。1952 年 3 月发表“投资组合选择”论文、提出现代财务和投资理论最著名洞见的马克维茨，以该理论参加博士答辩，竟然战战兢兢差点未获通过。1990 年 10 月，这些人中有三位获得诺贝尔经济学奖，当时局外人很少有人清楚为什么他们能够得此殊荣；而三人中的其中一位则将他们的获奖比作“芝加哥业余球队赢得了世界杯”。

但是，没有来自象牙塔的现代金融理论，便没有量化投资的兴起。马克维茨的投资组合理论提出了风险报酬和效率边界概念，并据此建立了模型，成为奠基之作。托宾随后提出了分离理论，但仍需要利用马克维茨的系统执行高难度的运算。

夏普 1963 年 1 月提出了“投资组合的简化模型”，一般称为“单一指数模型”。马克维茨模型费时 33 分钟的计算，简化模型只用 30 秒，并因节省了电脑内存，可以处理相对前者 8 倍以上的标的证券。1964 年，夏普又发展出资本资产定价模型（CAPM），这是他最重要的突破，不仅可以作为预测风险和预期回报的工具，还可以衡量投资组合的绩效，以及衍生出在指数型基金、企业财务和企业投资、市场行为和资产评价等多领域的应用和理论创新。

1976 年，罗斯在 CAPM 的基础上，提出“套利定价理论”（APT），提供一个方法评估影响股价变化的多种经济因素。布莱克和斯克尔斯提出了“期权定价理论”。莫顿则发明了“跨期的资本资产定价模型”。

有趣的是，不少人最初并非经济学家，如巴契里耶和布莱克原先是数学家，夏普则从事医学，奥斯伯恩为天文学家，沃金与坎德尔是统计学家，而特雷诺则是数学家兼物理学家。他们转行都是被金融市场研究所深深吸引，沉迷于其中的无穷魅力。

然而，仅有现代投资（行情、股吧、买卖点）理论的建立，及各类模型的完善与推陈出新，并不会直接催生出量化投资，它还需要其他几个重要前提条件，比如机构投资者在市场中占据主导，电脑技术足够发达，以及传统华尔街投资家的傲慢被市场击溃转而被迫接受新的投资理念。

量化投资不会出现在个人投资者为主的时代。个人投资者既缺乏闲暇的时间，也普遍无此能力。随着退休基金和共同基金资产的大幅增加，它们成为市场上的主要机构投资者，并委托专业机构进行投资操作。管理大规模资产，需要新的运作方式和金融创新技术，同时专业的投资管理人也有能力和精力专注地研究、运用这些技术。

没有发达的电脑技术，量化投资也将成为无源之水，无米之炊。在电脑革命发生前，根本无法根据上述模型进行运算。1961 年，与马克维茨共同获得 1990 年诺贝尔奖的夏普曾说，当时即使使用 IBM 最好的商用电脑，解出含有 100 只证券的问题也需要 33 分钟。当今，面对数不胜数的证券产品，以及庞大的成交量，缺少了先进电脑的运算速度和容量，许多复杂的证券定价甚至不可能完成。

量化投资在不经历市场的崩盘，傲慢投资者的自信未被摧毁之前不会盛行。比较早的时候，华尔街对学术界把投资管理的艺术，转化成通篇晦涩难懂的数学方程式一直持有敌意。他们认为，投资管理需要天赋、直觉以及独特的驾驭市场的能力，基金经理可以独立打败市场，而无须依靠那些缺乏灵魂、怪异的数学符号和缥缈虚幻的模型。在美国，20 世纪 70 年代初期表现最佳的基金经理人从未听过 β 值，并认为那些拥有数学和电脑背景的学者只是一群骗子。

1973—1974 年美国债券市场和股票市场全面崩盘，明星基金经理人烟消云散，财富缩水堪比 20 世纪 30 年代大萧条。当时，颇有先见的投资顾问兼作家彼得·伯恩斯坦认为，必须采用更好的方法管理投资组合，并创办了《投资组合》杂志，一出刊便获得成功。

1987 年 10 月大股灾，黑色星期一，当天股市和期货成交量高达令人吃惊的 410 亿美元，价值瞬间缩水 6 000 亿美元。很多股份直接通过电脑而不是经由交易所交易。一些采用投资组合保险策略的公司，在电脑模式的驱使下，不问价格机械卖出股票。很多交易员清楚这些投资组合会有大单卖出，宁愿走在前面争相出逃，加剧了恐慌。针对整个投资组合而非单个证券，机械式的交易，电脑的自动操作，使得这种量化投资出现助跌之效，大量的空单在瞬间涌出，将市场彻底砸垮。

在此次亚洲金融危机中，著名的长期资本管理公司，主要运用量化投资技术的对冲基金，曾经在市场上呼风唤雨、无往不利，但偏偏遭遇俄罗斯国债违约这一小概率事件，陷入破产之境，迫使美联储集华尔街诸多投资银行之力，加以救助。此外，始于 2007 年的金融危机中，量化投资也未能幸免。

虽然麻烦不断，但量化投资依然必要且有效。要知道，在本次金融危机发生前，量化基金的表现连续 8 年超过其他投资方式。当然，挫折也会带来量化投资技术的更新和完善，比如在模型中设定新的变量，尤其是加入以往并未包含的宏观经济参数。

5.1.3 量化投资风险

市场上，针对不同的投资市场、投资平台和投资标的，量化策略师按照自己的设计思想设计了不同的量化投资模型。这些量化投资模型一般会经过海量数据仿真测试，模拟操作等手段进行试验，并依据一定的风险管理算法进行仓位和资金配置，实现风险最小化和收益最大化。但是潜在的风险可能来自以下几个方面。

（1）历史数据的完整性，行情数据的完整性都可能导致模型对行情数据的不匹配。行情数据自身风格转换，也可能导致模型失效，如交易流动性，价格波动幅度，价格波动频率等。这一点是目前量化界最难克服的。

（2）模型设计中没有考虑仓位和资金配置，没有安全的风险评估和预防措施，可能导致资金、仓位和模型的不匹配，而发生爆仓现象。

（3）网络中断，硬件故障也可能对量化投资产生影响。

（4）同质模型产生竞争交易现象导致的风险。

（5）单一投资品种导致的不可预测风险。

规避或减小风险的策略包括以下几点。

① 保证历史数据的完整性。

② 在线调整模型参数，在线选择模型类型。

③ 在线监测和规避风险。

④ 严格利用最大资金回撤设计仓位和杠杆。

⑤ 备份操作。

⑥ 不同类型量化模型组合。

⑦ 不同类型标的投资组合。

5.2 金融数据预处理

数据处理是指将收集到的数据，采用一定的手段、按照一定的程序和要求加工成符合目的要求数据的过程。金融数据除了具有数据的一般特性外，还具有自身的一些特性：广泛性、综合性、可靠性、连续性。金融数据的特殊性使得对金融数据进行的处理也有其特殊的地方，有着特殊的要求，它的输入审核更严格、存储容量更大、网络传输更广泛、数据维护更频繁。

数据要真实地反映客观事物的属性，必须具备两个条件：第一，它必须属于某个个体，是个体属性的反映；第二，数据作为客体属性的记录，必须要有一定的物理载体。金融数据是指在各项金融活动中产生的数据。金融是国民经济中的重要部分，与国民经济的各行各业都建立了密切的关系。金融部门开展金融活动，搞好自身的经营，实际上也是对全社会提供有关资金活动的全方位服务。因此金融活动中产生的数据既是对金融机构自身经营状况的客观描述，也是对国民经济宏观和微观运行状况的综合反映，这使得金融数据和金融数据处理又具有自身的一些特征。

5.2.1 金融数据

1. 分类

金融系统汇集和处理的数据，可按照以下不同的标准分为若干类。

① 按照金融业务活动划分，可以将金融数据分为银行业务数据、证券业务数据、保险业务数据以及信托、咨询等方面的数据，其中银行业务数据包括信贷、会计、储蓄、结算、利率等方面的数据；证券业务数据包括行情、委托、成交、资金市场供求以及上市公司经营状态等方面的数据；保险业务数据包括投保、理赔、投资等方面的数据。这些数据都从某一侧面反映了金融活动的特征、规律和运行状况。

② 按信息的内容划分，可以将金融数据分为金融系统内部数据和金融系统外部数据。金融系统内部数据是指在金融机构各项业务活动中产生的数据，这些数据既反映了金融机构自身的经营状况，也从宏观和微观的不同层面上反映了国民经济的运行状况。金融系统外部数据息是指金融机构为开展好各项金融活动而面向全社会收集和储存的数据。这些数据与金融活动密切相关，对各金融部门做出经济决策、提高经济效益起着至关重要的作用。

③ 按照获取信息的来源划分，可以将金融数据分为来自金融机构内部的数据、来自市场的数据和来自全社会的数据。来自金融机构内部的数据是指在金融机构各项业务活动中产生的数据；来自市场的数据是指在市场竞争和交易过程中产生的数据；来自全社会的数据是指金融机构从政府、企业、事业单位、个人那里获取的数据，包括收入、经营、信用等方面的数据。这些数据反映出金融行业数据来源广泛、数量巨大。

2. 特性

金融数据除了具有数据的一般特性外，还具有自身的一些特性。

① 广泛性。由于金融机构在国民经济中处于特殊地位，它与全社会各个经济细胞和微观主体都有着密切的联系，因此必须面向全社会广泛获取数据，这就使得金融数据的涵盖范围非常广泛。

② 综合性。金融数据作为国民经济的综合部门，直接面向国民经济各行各业，为全社会的各群体提供金融服务。通过这些服务尤其是资金服务，可以汇集起反映国民经济运行的综合数据，因此金融数据具有很强的综合性。

③ 可靠性。金融企业为全社会提供各种金融服务，既是一种服务关系，也是一种合同关系，尤其是金融企业提供的资金服务所反映的是信用、保管、代理等关系，这就要求金融企业在服务中不得有失误，在其经营中所反馈的数据必须真实、可靠。

④ 连续性。金融数据无论是关于金融业务活动的数据还是关于国民经济活动的数据，都是整个经济活动的动态反映。随着经济活动的持续展开，金融数据不断产生，并且连续、系统地反映着经济活动的发展变化。

3. 数据处理

数据处理是指将收集到的数据，采用一定的手段、按照一定的程序和要求加工成符合目的要求数据的过程。数据处理是计算机应用的一个重要方面，是指对各种数据进行分析、计算、加工处理的过程。相对于计算机的数值计算，数据处理的计算内容极其简单，甚至根本不进行计算，但处理以及输入输出的数据则是大量的。

4. 目的

① 把数据转换成为便于观察分析、便于传送或者便于进一步处理的形式。

② 对数据进行加工，使之成为有利于决策运用的新的数据。

③ 对数据进行编辑后存放起来，供以后使用。

5. 内容

数据处理的内容主要包括数据的收集、存储、加工和传输。

① 数据收集。数据收集是指将产生的数据进行汇集和组织后输入计算机，它是数据处理的开端。

② 数据存储。数据存储是指将输入的数据、处理结果以及中间处理结果进行保存，它是数据处理的保证，输入计算机的数据首先要被送入存储器内存储，然后才能进行加工处理。

③ 数据加工。数据加工是数据处理的核心内容，它将收集的数据转化为使用者预期的结果。数据加工又可分为对数据的检索、分类、排序、运算等。

④ 数据传输。数据传输是指数据的传送，它可分为近程传输和远程传输两种。近程传输是指不必通过通信线路（公用或专用线路）的数据传输，一般指一个计算机系统内部各部件之间的传递；远程传输必须通过通信线路和一些通信硬件来实现，一般指同一计算机网络内主机与远程终端机之间、各个远程终端机之间的数据传输以及两个（或多个）计算机网络联结以后相互之间的数据传输。

6. 金融数据处理的特点

数据处理的目的是将收集到的数据经过加工处理后，形成有利于使用的内容，金融数据的特殊性使得对金融数据进行的处理也有其特殊的地方，有着特殊的要求。

① 输入审核更严格。

金融数据的特点决定了金融数据处理的结果必须准确无误。在计算机应用系统中进行数据处理时，计算机是在调试后的应用程序的控制下对相关数据进行处理的，数据处理的过程一般不会出现错误，因此金融数据处理质量的优劣关键取决于输入环节。这就要求在将收集到的金融数据输入计算机时，审核要更加严格。无论是接受客户委托输入的数据还是用于信贷分析输入的数据，都要严格审核，在办理网上业务时，则要对输入的内容做加密审核以及认证，否则，都会因为疏忽给金融企业带来经济损失。

② 存储容量更大。

金融数据的广泛性、综合性和连续性决定了金融数据的数量相当大，因而需要由容量大、存取速度快的存储器进行存储。同时，由于金融企业面向全社会，因而会导致瞬间要求存取、查找的需求非常集中，特别是在网络业务激增后，更会要求存储器有较快的查找速度，以利于金融业务的开展。

③ 网络传输更广泛。

金融数据的特点要求金融数据的传输有一个宽泛的网络，这一网络从全局看应覆盖一个地区、一个国家甚至是世界范围；从局部看，应渗透到每个企业和家庭。只有这样，金融企业才能连通所有的微观主体，面向全社会提供全方位服务。也只有这样，金融计算机网络才能发挥出最大的效益。

④ 数据维护更频繁。

金融数据的特点决定了金融数据必须经常维护。对绝大多数数据要做到每天维护，以防止数据由于各种原因而受到破坏，并保证数据一旦被破坏，能较容易恢复。正是因为金融企业是面向全社会提供各种资金服务的，其数据的真实性和可靠性就更为重要，这也使得数据的维护在数据处理中处于非常重要的位置。

5.2.2　金融数据处理案例

1. 数据总体了解

读取数据集并了解数据集大小和原始特征维度。

```
import pandas as pd
import numpy as np
import matplotlib.pyplot as plt
import seaborn as sns
import datetime
import warnings
warnings.filterwarnings('ignore')
data_train = pd.read_csv('train.csv', sep=',')
data_train
```

程序运行结果如图 5-1 所示。

Out[2]:

	id	loanAmnt	term	interestRate	installment	grade	subGrade	employmentTi
0	0	35000.0	5	19.52	917.97	E	E2	32
1	1	18000.0	5	18.49	461.90	D	D2	21984
2	2	12000.0	5	16.99	298.17	D	D3	3169
3	3	11000.0	3	7.26	340.96	A	A4	4685
4	4	3000.0	3	12.99	101.07	C	C2	5
...	...	...	...	...	...	...	...	
799995	799995	25000.0	3	14.49	860.41	C	C4	265
799996	799996	17000.0	3	7.90	531.94	A	A4	2920
799997	799997	6000.0	3	13.33	203.12	C	C3	258
799998	799998	19200.0	3	6.92	592.14	A	A4	15
799999	799999	9000.0	3	11.06	294.91	B	B3	1

800000 rows × 47 columns

图 5-1　读取数据集

① 通过 info 熟悉数据类型。

```
data_train.info()
```

程序运行结果如图 5-2 所示。

```
In [10]:   1  data_train.info()

<class 'pandas.core.frame.DataFrame'>
RangeIndex: 800000 entries, 0 to 799999
Data columns (total 47 columns):
id                    800000 non-null int64
loanAmnt              800000 non-null float64
term                  800000 non-null int64
interestRate          800000 non-null float64
installment           800000 non-null float64
grade                 800000 non-null object
subGrade              800000 non-null object
employmentTitle       799999 non-null float64
employmentLength      753201 non-null object
homeOwnership         800000 non-null int64
annualIncome          800000 non-null float64
verificationStatus    800000 non-null int64
issueDate             800000 non-null object
```

图 5-2　通过 info 熟悉数据类型

② 粗略查看数据集中各特征基本统计量。

```
data_train.describe()
```

程序运行结果如图 5-3 所示。

Out[6]:

	id	loanAmnt	term	interestRate	installment	employ
count	800000.000000	800000.000000	800000.000000	800000.000000	800000.000000	7999
mean	399999.500000	14416.818875	3.482745	13.238391	437.947723	720
std	230940.252015	8716.086178	0.855832	4.765757	261.460393	1065
min	0.000000	500.000000	3.000000	5.310000	15.690000	
25%	199999.750000	8000.000000	3.000000	9.750000	248.450000	4
50%	399999.500000	12000.000000	3.000000	12.740000	375.135000	77
75%	599999.250000	20000.000000	3.000000	15.990000	580.710000	1176
max	799999.000000	40000.000000	5.000000	30.990000	1715.420000	3783

8 rows × 42 columns

图 5-3　粗略查看数据集中各特征基本统计量

③ 缺失值和唯一值：查看数据缺失值情况。以比例的形式查看空缺值占比，由于属性较多，仅显示有缺失值的项。

```
miss = data_train.isnull().sum()/len(data_train)
miss[miss>0].sort_values(ascending = False)
```

程序运行结果如图 5-4 所示。

```
Out[8]: n11                     0.087190
        employmentLength        0.058499
        n8                      0.050339
        n14                     0.050338
        n5                      0.050338
        n0                      0.050338
        n1                      0.050338
        n2                      0.050338
        n13                     0.050338
        n2.1                    0.050338
        n6                      0.050338
        n7                      0.050338
        n9                      0.050338
        n12                     0.050338
        n4                      0.041549
        n10                     0.041549
        revolUtil               0.000664
        pubRecBankruptcies      0.000506
        dti                     0.000299
        title                   0.000001
        postCode                0.000001
        employmentTitle         0.000001
        dtype: float64
```

图 5-4　查看数据缺失值

④ 查看唯一值特征情况。

```
#查看训练集测试集中特征属性只有一个值的特征
one_value_fea = [col for col in data_train.columns if data_train[col].
nunique() <= 1]
one_value_fea_test = [col for col in data_test_a.columns if data_test_
a[col].nunique() <= 1]
one_value_fea
one_value_fea_test
out:['policyCode']
out:['policyCode']
```

2. 深入数据——查看数据类型

```
#数值型变量分析，数值型肯定是包括连续型变量和离散型变量的，找出来
#划分数值型变量中的连续型变量和离散型变量
#过滤数值型类别特征
def get_numerical_serial_fea(data,feas):
    numerical_serial_fea = []
    numerical_noserial_fea = []
    for fea in feas:
        temp = data[fea].nunique()
        if temp <= 10:
            numerical_noserial_fea.append(fea)
            continue
        numerical_serial_fea.append(fea)
    return numerical_serial_fea,numerical_noserial_fea
numerical_serial_fea,numerical_noserial_fea =
                        get_numerical_serial_fea(data_train,numerical_fea)
numerical_serial_fea
numerical_noserial_fea
out:['id',
 'loanAmnt',
 'interestRate',
 'installment',
 'employmentTitle',
 'annualIncome',
 'purpose',
 'postCode',
 'regionCode',
 'dti',
 'delinquency_2years',
 'ficoRangeLow',
 'ficoRangeHigh',
 'openAcc',
 'pubRec',
```

```
'pubRecBankruptcies',
'revolBal',
'revolUtil',
'totalAcc',
'title',
'n0',
'n1',
'n2',
'n2.1',
'n4',
'n5',
'n6',
'n7',
'n8',
'n9',
'n10',
'n13',
'n14']
out:['term',
'homeOwnership',
'verificationStatus',
'isDefault',
'initialListStatus',
'applicationType',
'policyCode',
'n11',
'n12']
```

3. 类别型数据

类别型特征有时具有非数值关系，有时也具有数值关系。比如'grade'中的等级A、B、C等，是否只是单纯的分类，还是A优于其他要结合业务判断。

```
data_train.grade
out:0        E
1          D
2          D
3          A
4          C
          ..
799995     C
799996     A
799997     C
799998     A
799999     B
Name: grade, Length: 800000, dtype: object
```

4. 数值型数据

数值型特征本是可以直接入模的，但往往风控人员要对其做分箱，转化为 WOE 编码进而做标准评分卡等操作。从模型效果上来看，特征分箱主要是为了降低变量的复杂性，减少变量噪声对模型的影响，提高自变量和因变量的相关度，从而使模型更加稳定。

① 离散数值型数据。

```
#数值类别型变量分析
data_train['term'].value_counts()#离散型变量
out: 3    606902
   5    193098
Name: term, dtype: int64
```

② 连续数值型数据。

```
#数值连续型变量分析
#每个数字特征的分布可视化
f = pd.melt(data_train, value_vars=numerical_serial_fea)
g = sns.FacetGrid(f, col="variable", col_wrap=2, sharex=False, sharey=False)
g = g.map(sns.distplot, "value")
```

5. 时间格式数据处理及查看

① # 时间格式数据处理及查看。

```
#转化成时间格式  issueDateDT特征表示数据日期离数据集中日期最早的日期（2007-06-01）的天数train Set。
data_train['issueDate'] = pd.to_datetime(data_train['issueDate'], format='%Y-%m-%d')
startdate = datetime.datetime.strptime('2007-06-01', '%Y-%m-%d')
data_train['issueDateDT'] = data_train['issueDate'].apply(lambda x: x-startdate).dt.days
data_train['issueDate']
data_train['issueDateDT']
out:0     2014-07-01
1         2012-08-01
2         2015-10-01
3         2014-10-01
4         2014-01-01
             ...
612737    2014-10-01
612738    2016-07-01
612739    2015-10-01
612740    2015-02-01
612741    2018-08-01
Name: issueDate, Length: 612742, dtype: datetime64[ns]
out:0      2587
1          1888
```

```
2         3044
3         2679
4         2406
          ...
612737    2679
612738    3318
612739    3044
612740    2802
612741    4079
Name: issueDateDT, Length: 612742, dtype: int64
```

② # 转化成时间格式 test Set。

```
data_test_a['issueDate'] = pd.to_datetime(data_train['issueDate'], format='%Y-%m-%d')
startdate = datetime.datetime.strptime('2007-06-01', '%Y-%m-%d')
data_test_a['issueDateDT'] = data_test_a['issueDate'].apply(lambda x: x-startdate).dt.days
```

③ 可视化如下：

```
plt.hist(data_train['issueDateDT'], label='trainV);
plt.hist(data_test_a['issueDateDT'], label='test');
plt.legend();
plt.title('Distribution of issueDateDT dates');
```

④ #train 和 test issueDateDT 日期有重叠，所以使用基于时间的分割进行验证是不明智的。

```
plt.show()
```

显示结果如图 5-5 所示。

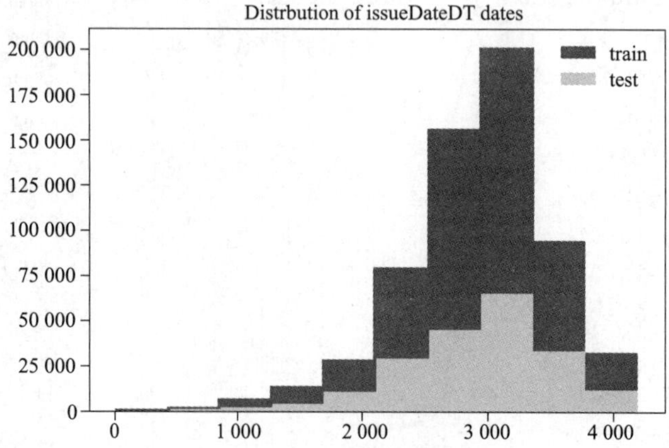

图 5-5　时间格式数据处理结果

总结：

数据分析阶段，对后期数据特征提取，建立模型至关重要，是数据分析的开端，也算是分析的核心阶段。详细的分析过程和可视化，可以让人更容易了解数据特征、特性以及未来发展方向。

5.3　量化策略概述

量化策略的分类整理，虽然量化策略已经是一个半专业的名词，但是各种策略其实也是纷繁庞杂的，策略与策略之间思路的内核也有着很大的区别。

量化交易本身其实是一个很广泛的概念，但凡是基于与数量有关联的手段进行的交易设计都可以被归入这个范畴。量化交易中包含多种类别的筛选机制，贯穿在选股、择时和风险控制的整个交易流程中。基于此，我们希望对量化交易进行细化的分类，方便大家更好地理解各个策略究竟是在交易过程中的哪一个环节发挥作用。

根据这些量化交易和手段的核心思想，可以将量化交易策略相关的手段分为六个大类——技术指标择时、基本面选股、数学模型应用、概念 / 事件选股、其他交易品种策略和风险控制策略。不过在实际执行的策略中，一些策略可以同时采取多种手段，比如既使用基本面财务因子进行选股，同时也针对已选择的股票池利用择时策略判断入场信号。

5.3.1　技术指标择时

所谓技术指标择时，就是指根据股价时间序列数据的走势决定合适的入场和出场点。此外，聚宽的向导式策略生成器中已经包含了很全面的技术指标，在其中有针对各项指标的说明，如 RSI、EMA、布林线、ATR 等。根据技术指标进行择时，并选择合适的时机进行买入，可能会实现盈利。

以下介绍一些经典的基于技术分析的日内交易策略。

（1）RANGE BREAK

波动区间突破交易，根据昨天波动幅度的一定百分比，来触发当日的趋势交易，如果昨天的波动幅度是异常的，应当对该波动幅度进行必要的调整，以保持合理性。

（2）菲阿里四价

昨天高点，昨天低点，昨天收盘，昨天开盘，可并称为菲阿里四价，它是由日本期货冠军菲阿里实盘采用的主要突破交易的参照系，此外，因菲阿里主观心智交易的模式决定了其在实际交易中还大量结合应用了“阻溢线”的概念，即我们通常所说的压力线、支撑线。

（3）空中花园

开盘突破是最快的一种入场方式，当然出错的概率也最高，开盘第一根 K 线是收阳还是收阴，是判断日内趋势可能运动方向的标准，我们发现这种入场在当天开盘高开或低开时更为有效。在《期市截拳道》中，这种交易策略称为“空中花园”，西蒙斯在早期也曾经应用过类似的交易策略。

（4）横盘突破

较易实现量化的形态突破有分型，窄幅横盘突破，各种 K 线组合、双顶、双底、缠论三买三卖等；较难实现量化的形态突破有趋势线、圆弧顶底、旗型、菱形、三角形等各种经典技术分析形态，趋势之后是盘整，盘整之后是趋势，横盘突破的交易策略充分体现了波动性循环的价格波动规律，需要做的事情就是合理量化盘整的定义：周期跨度、波动幅度。

（5）基于固定百分比幅度的转向交易

该策略曾在某交易系统策略大赛中获得第二名。相对而言，基于固定点位的突破，可能会受制于品种价格区域的变化而变迁；基于固定百分比幅度的突破则较少受到类似的困扰，除非该品种的波动性水平发生巨变。

（6）HANS123

作为外汇市场上广为流传的一种突破交易策略，HANS123 以其简捷的开盘后 N 根 K 线（分钟）的高低点突破，作为交易信号触发的评判标准。

（7）日均 ATR 波动性突破

当一定幅度的 ATR 波动性幅度已经发生，人们将更愿意去相信日内波动的方向朝着这个已经完成一定幅度 ATR 的方向继续发展，比较的基准可以是开盘价，也可以是日内创下的新高、新低记录位置。

（8）ORB 失败突破

ORB 交易最早于 1988 年由美国基金经理托比提出，它通过衡量开盘价与最高价、最低价距离的取小者，为失败突破幅度，后市一旦超出这个幅度，就认为真正的突破。在实际应用过程中，早评的突破、窄幅波动日后的突破，可以作为有效的过滤条件。

（9）分时均价黄线

在此无意讨论其他均线系统的日内表现，分时均价黄线，因其广泛出现于各类交易软件的内置分时走势图中，因而就交易策略的自我实现预言而论，它的地位格外突出。

（10）日内 ATR 波动性突破

与 E7 不同，E10 更侧重于短期市场波动率的变化评估，波动性突破在一定程度上具备适应市场的功能，在实际应用时适应不同市场环境的能力更强。

5.3.2 基本面选股

基本面选股主要依赖的是行业研究或者个股的财务报表所揭示出的运营信息和基于各项数值构建的各种财务比例进行的策略构建，如 P/E、ROE、股息率等。一般在应用这样的因子时，策略构建者会基于某项指标对股票池中的股票进行排序，筛选出靠前的股票，或者在考虑多个因子的时候，为每个因子赋予权重进行打分评判比较。

另一方面，在个股基本面信息之外，根据不同行业之间的轮动关系和上下游供应关系等现实关联，也可能构建先动行业带动后动行业的策略。第一策略是个股基本面因子排序，第二策略是行业板块轮动 / 个股轮动。

5.3.3 数学模型应用

数学模型的逐渐发展则为策略的构建带来了新的生机。大体上，目前在策略中应用的数学模型可以被分为三个大类：一是从横截面角度对股价进行解释的回归模型，如 CAPM、Fama-French 等；二是利用时间序列处理手段，如各种时间序列模型或者连续随机模型对股价进行拟合并估计，需要强调的是，这种方法的思想是寄希望于偏离均值的序列有向均值回复的倾向；

三是引入机器学习等方法和算法的新型模型的应用。

5.3.4　概念 / 事件选股

概念股、事件股往往能带来一些可以在一般情况下预测趋势的股价走势，比如打新股、次新股、高送转、"一带一路" 概念股等和借壳上市、内部持股、分析师评级等因素。在把握市场信息的基础上进行投资组合的维护，很有可能带来收益。

5.3.5　其他交易品种策略

期货、基金、期权和可转换债等其他非股票品种也有一些针对其特点的独特的交易策略。比如期货可以基于现货和期货的价格差距是否公允来构建跨期套利策略。而分级基金也可以根据不同级基金之间的差别进行相应的转换判断是否有合适的交易信号出现。此外还有针对期权的波动率溢价、可转换债各部分价格和总体价格的差别等构建的策略。

（1）期货

股指期货跨期套利策略。

（2）分级基金

分级 A 轮动策略。

（3）期权

（4）可转换债

（5）期现套利

期现套利是指某种期货合约，当期货市场与现货市场在价格上出现差距，低买高卖而获利。当现货指数被低估，某个交割月份的期货合约被高估时，投资者可以卖出该期货合约，同时根据指数权重买进成分股。当现货指数被高估，某个交割月份的期货合约被低估时，如果允许融券，投资者可以买入该期货合约，同时按照指数权重融券卖空成分股。和统计套利类似，它的风险在于期货和现货的价差并未收敛而是进一步扩大。

（6）ETF 套利

ETF(Exchange Traded Fund) 交易型开放式指数基金，通常又被称为交易所交易基金。由于其有两个价格，即基金净值和交易所交易价格，所以一旦两个价格相差过多时，就可以高卖低买套利。风险在于交易价格随时波动，较难捕捉，也可能会有流动性困难。

（7）分级基金套利

一般分级基金有 5 个价格，母基金净值，A 类份额净值、A 类份额交易价格、B 类份额净值、B 类份额交易价格，正常情况下，A 的净值 +B 的净值 =2× 母基金净值，当 (A 的交易价格 +B 的交易价格) 大于或小于两倍母基金净值时，也可以通过高卖低买获利。但实际情况中，由于申购到拆分到卖出并非 T+0，而交易价格又是瞬息万变的，可能会套利失败。

（8）CTA 期货策略

CTA 即 commodity trading advisor，直译为商品交易顾问。其中期货套利策略即从不同期货市场或是同一市场内不同期货合约间的价差中寻求利润，风险和之前介绍的套利风险类似，即出现差价放大的情况。趋势交易策略 CTA，通过运用大量不同的指标去除市场噪声并寻找当前的市场趋势，然后建立头寸，从市场趋势的持续发展中渔利。这个策略在市场出现震荡，没有表现出很强的趋势时失效。

5.3.6 风险控制策略

严格来说，风险的控制不能算作一个独立的策略分类，因为风险控制的实现是在既有策略基础上对负向情况的控制和优化。但是在大类资产的配置中，风险控制是必不可少的，常用的方法有基于市场因子暴露的对冲，也有基于 VaR 控制等。恰当的风险控制还可以显著地优化策略的效果。例如，市场暴露对冲、VaR 仓位控制（风险价值法）。

5.4 量化投资策略

量化投资策略是利用量化的方法，进行金融市场的分析、判断和交易的策略、算法的总称。著名的量化投资策略有以下 10 种。

5.4.1 海龟交易策略

海龟交易策略是一套非常完整的趋势跟随型的自动化交易策略。这个复杂的策略在入场条件、仓位控制、资金管理、止损止盈等各个环节，都进行了详细的设计，这基本上可以作为复杂交易策略设计和开发的模板。

1. 原理

（1）起源

海龟交易思想起源于 20 世纪 80 年代的美国。理查德丹尼斯与好友比尔打赌，主题是一个成功的交易员是天生的还是后天的。理查德用十年时间证明了通过日常系统培训，交易员可以通过后天培训成为一名优秀的交易者。这套培训系统就是海龟交易系统。

海龟交易系统是一个完整的、机械的交易思想，可以系统地完成整个交易过程。它包括了买卖什么、头寸规模、何时买卖、何时退出等一系列交易策略，是一个趋势交易策略。它最显著的特点是捕捉中长期趋势，力求在短期内获得最大的收益。

（2）建仓资金

海龟交易法将建仓资金按照一定比例划分为若干个小部分，每次建仓头寸和加仓规模都与波动量 N（又称平均真实波动振幅 average true range，ATR）有关。ATR 是日内指数最大波动的平均振幅，由当日最高、最低价和上一交易日的收盘价决定。

$$ATR=Max(H-L,\ H-PDC,\ PDC-L)$$

式中：PDC 是前一交易日的收盘价，ATR 就是 TR 在 N 天内的均值。

价值波动量，利用 N 值来体现价值波动量 DV：DV = N* 合约每点价值。其中每点代表的价值量是指每一个指数点数所代表的价格。

每一次开仓交易合约数 Unit 的确定是将总资产的 1% 除以 DV 得到。

$$\text{Unit} = \frac{\text{总资产的1\%}}{\text{DV}}$$

（3）入市信号

海龟交易法使用的是以一个理查德唐奇安的通道突破系统为基础的入市系统。唐奇安通道分为系统一和系统二，对应短期突破和中长期突破。其中，短期突破系统是以 20 日（最高价或最低价）突破为基础，当价格突破 20 日价格即为入市信号；中长期系统是当盘中价格突破过去 55 日价格为入市信号。

（4）加仓和止损

海龟交易法的加仓规则是当捕捉到入市信号后建立第一个交易单位的头寸，市价继续向盈利方向突破 1/2*N* 时加仓。

止损位为 2*N*, 同加仓一样采用平均真实振幅 *N* 值为止损单位。每加仓一次，止损位就提高 1/2*N*。

（5）止盈

短期：多头头寸在突破过去 10 日最低价处止盈离市，空头头寸在突破过去 10 日最高价处止盈离市。

中长期：多头头寸在突破过去 20 日最低价处止盈离市，空头头寸在突破过去 20 日最高价处止盈离市。

2. 策略思路

第一步：获取历史数据，计算唐奇安通道和 ATR。

第二步：当突破唐奇安通道时，开仓。

第三步：计算加仓和止损信号。

回测标的：DCE.i2012。

回测时间：2020-02-15 至 2020-09-01。

回测初始资金：100 万。

ATR 值是不断变化的，这就会导致在对期货平仓时，可能出现平仓数量 > 持仓数量的现象。比如前一交易日的持仓为 10，今日的 ATR 值为 22。假设当前价格触发平仓条件，平仓 1/2ATR。1/2ATR=11 > 10, 这样就会导致委托失败报错。所以要加入一个变量 volume_hold 用来记录当前持仓量，与 1/2*ATR 做比较。

3. 策略代码

```
#coding=utf-8
from __future__ import print_function, absolute_import, unicode_literals
import numpy as np
import pandas as pd
from gm.api import *
以短期为例：20日线
第一步：获取历史数据，计算唐奇安通道和ATR。
第二步：当突破唐奇安通道时，开仓。
第三步：计算加仓和止损信号。
def init(context):
#设置计算唐奇安通道的参数
context.n = 20
```

```
    #设置合约标的
    context.symbol = 'DCE.i2012'
    #设置交易最大资金比率
    context.ratio = 0.8
    #订阅数据
    subscribe(symbols=context.symbol, frequency='60s', count=2)
    #获取当前时间
    time = context.now.strftime('%H:%M:%S')
    #如果策略执行时间点是交易时间段，则直接执行algo定义atr等参数，以防直接进入on_bar()导
致atr等未定义。
    if '09:00:00' < time < '15:00:00' or '21:00:00' < time < '23:00:00':
algo(context)
    #如果是交易时间段，等到开盘时间确保进入algo()
    schedule(schedule_func=algo, date_rule='1d', time_rule='09:00:00')
    schedule(schedule_func=algo, date_rule='1d', time_rule='21:00:00')
    def algo(context):
    #计算通道的数据:当日最低、最高、上一交易日收盘
    #注：由于talib库计算ATR的结果与公式求得的结果不符，所以这里利用公式计算ATR
    #如果是回测模式,当天的数据直接用history取到
    if context.mode == 2:
        data=history_n(symbol=context.symbol, frequency='1d', count=context.
n+1,end_time=context.now, fields='close,high,low,bob', df=True)  #计算ATR
        tr_list = []
        for i in range(0, len(data)-1):
            tr=max((data['high'].iloc[i]-data['low'].iloc[i]),
                    data['close'].shift(-1).iloc[i]-data['high'].iloc[i],
                    data['close'].shift(-1).iloc[i] - data['low'].iloc[i])
            tr_list.append(tr)
    context.atr = int(np.floor(np.mean(tr_list)))
    context.atr_half = int(np.floor(0.5 * context.atr))
    #计算唐奇安通道
    context.don_open = np.max(data['high'].values[-context.n:])
    context.don_close = np.min(data['low'].values[-context.n:])
    #如果是实时模式，当天的数据需要用current取到
    if context.mode == 1:
        data = history_n(symbol=context.symbol, frequency='1d', count=context.n,
end_time=context.now, fields='close,high,low', df=True)  #计算ATR
        current_data = current(symbols=context.symbol) #最新一个交易日的最高、最低
        tr_list = []
        for i in range(1, len(data)):
            tr = max((data['high'].iloc[i] - data['low'].iloc[i]),
                    data['close'].shift(-1).iloc[i] - data['high'].iloc[i],
                    data['close'].shift(-1).iloc[i] - data['low'].iloc[i])
            tr_list.append(tr)
    #把最新一期tr加入列表中
```

```
    tr_new = max((current_data[0]['high'] - current_data[0]['low']),
                 data['close'].iloc[-1] - current_data[0]['high'],
                 data['close'].iloc[-1] - current_data[0]['low'])
    tr_list.append(tr_new)
    context.atr = int(np.floor(np.mean(tr_list)))
    context.atr_half = int(np.floor(0.5 * context.atr))
    #计算唐奇安通道
    context.don_open = np.max(data['high'].values[-context.n:])
    context.don_close = np.min(data['low'].values[-context.n:])
    #计算加仓点和止损点
    context.long_add_point = context.don_open + context.atr_half
    context.long_stop_loss = context.don_open - context.atr_half
    context.short_add_point = context.don_close - context.atr_half
    context.short_stop_loss = context.don_close + context.atr_half
    def on_bar(context, bars):
    #提取数据
    symbol = bars[0]['symbol']
    recent_data = context.data(symbol=context.symbol, frequency='60s',
count=2, fields='close,high,low')
    close = recent_data['close'].values[-1]
    #账户仓位情况
    position_long=context.account().position(symbol=symbol, ide=PositionSide_Long)
    position_short=context.account().position(symbol=symbol, ide=PositionSide_Short)
    #当无持仓时
    if not position_long and not position_short:
        #如果向上突破唐奇安通道，则开多
        if close > context.don_open:
            order_volume(symbol=symbol,side=OrderSide_Buy, volume=context.atr,
order_type=OrderType_Market, position_effect=PositionEffect_Open)
            print('开多仓atr')
        #如果向下突破唐奇安通道，则开空
        if close < context.don_close:
            order_volume(symbol=symbol,side=OrderSide_Sell, volume=context.atr, or-
der_type=OrderType_Market, position_effect=PositionEffect_Open)
            print( '开空仓atr')
    #有持仓时
    #持多仓，继续突破（加仓）
    if position_long:
        #当突破1/2atr时加仓
        if close > context.long_add_point:
            order_volume(symbol=symbol,volume=context.atr_half,side=OrderSide_Buy,
order_type=OrderType_Market,position_effect=PositionEffect_Open)
            print('继续加仓0.5atr')
            context.long_add_point += context.atr_half
            context.long_stop_loss += context.atr_half
```

```
        #持多仓，止损位计算
        if close < context.long_stop_loss:
            volume_hold = position_long['volume']
            if volume_hold >= context.atr_half:
                 order_volume(symbol=symbol, volume=context.atr_half, side=OrderSide_
Sell, order_type=OrderType_Market, position_effect=PositionEffect_Close)
            else:
                order_volume(symbol=symbol,volume=volume_hold, side=OrderSide_
Sell, order_type=OrderType_Market,position_effect=PositionEffect_Close)
                print('平多仓0.5atr')
                context.long_add_point -= context.atr_half
                context.long_stop_loss -= context.atr_half
        #持空仓，继续突破（加仓）
        if position_short:
            #当跌破加仓点时加仓
            if close < context.short_add_point:
                order_volume(symbol=symbol,volume=context.atr_half,side=OrderSide_Sell,
order_type=OrderType_Market, position_effect=PositionEffect_Open)
                print('继续加仓0.5atr')
                context.short_add_point -= context.atr_half
                context.short_stop_loss -= context.atr_half
        #持多仓，止损位计算
        if close > context.short_stop_loss:
            volume_hold = position_short['volume']
            if volume_hold >= context.atr_half:
                 order_volume(symbol=symbol,volume=context.atr_half,side=OrderSide_Buy,
order_type=OrderType_Market, position_effect=PositionEffect_Close)
            else:
                order_volume(symbol=symbol,volume=volume_hold, side=OrderSide_
Buy, order_type=OrderType_Market,position_effect=PositionEffect_Close)
            print('平空仓0.5atr')
            context.short_add_point += context.atr_half
            context.short_stop_loss += context.atr_half
    if __name__ == '__main__':
    strategy_id策略ID，由系统生成
    filename文件名，请与本文件名保持一致
    mode实时模式：MODE_LIVE回测模式：MODE_BACKTEST
    token绑定计算机的ID，可在系统设置-密钥管理中生成
    backtest_start_time回测开始时间
    backtest_end_time回测结束时间
    backtest_adjust股票复权方式不复权：ADJUST_NONE前复权：ADJUST_PREV后复权：ADJUST_POST
    backtest_initial_cash回测初始资金
    backtest_commission_ratio回测佣金比例
    backtest_slippage_ratio回测滑点比例
    run(strategy_id='strategy_id',
```

```
filename='main.py',
mode=MODE_BACKTEST,
token='token',
backtest_start_time='2020-02-15 09:15:00',
backtest_end_time='2020-09-01 15:00:00',
backtest_adjust=ADJUST_PREV,
backtest_initial_cash=1000000,
backtest_commission_ratio=0.0001,
backtest_slippage_ratio=0.0001)
```

4. 回测结果与稳健性分析

设定初始资金 100 万，手续费率为 0.01%，滑点比率为 0.01%。回测结果如图 5-6 所示。

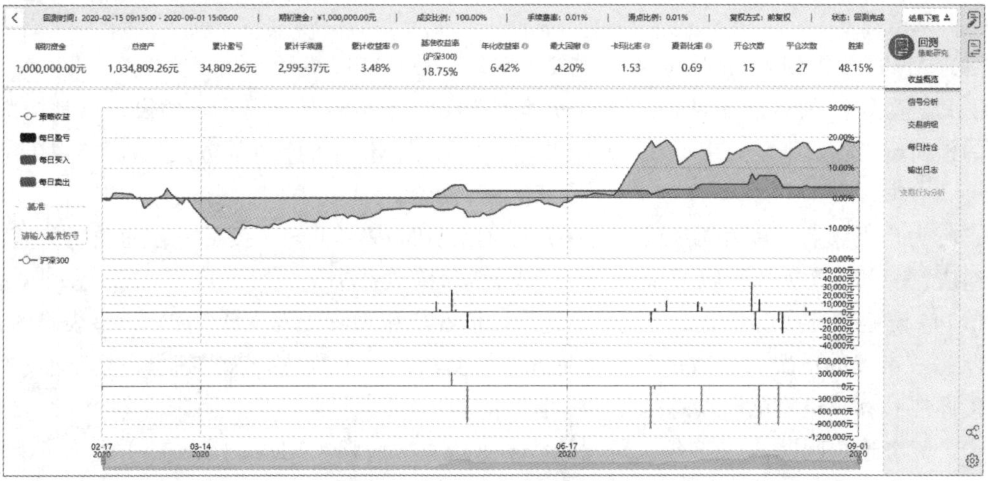

图 5-6　海龟交易回测结果分析

回测期累计收益率为 18.75%，年化收益率为 6.42%，沪深 300 收益率为 18.75%，策略跑输沪深 300 指数。最大回撤为 4.20%，胜率为 48.15%。

为了检验策略的稳健性，改变策略标的和计算唐奇安通道的参数 n，回测结果如表 5-1 所示。

表 5-1　海龟交易策略回测结果情况表

标的	唐奇安通道参数	年化收益率	最大回撤
DCE.i2012	20	6.42%	4.20%
DCE.i2012	25	3.45%	4.99%
DCE.i2012	30	−0.35%	4.23%
DCE.m2012	20	−0.28%	1.50%
DCE.m2012	25	1.19%	0.52%
DCE.m2012	30	1.23%	0.47%
SHFE.rb2012	20	−4.48%	2.61%
SHFE.rb2012	25	−2.80%	2.84%
SHFE.rb2012	30	−3.01%	2.39%

由表 5-1 可知，不同标的收益结果呈现差异。其中大商所的铁矿石收益情况最好，其他两个品种收益较差，整体收益情况较差。说明该策略在使用上存在一定风险。

5.4.2 阿尔法策略

阿尔法的概念来自于 20 世纪中叶，经过学者的统计，当时约 75% 的股票型基金经理构建的投资组合无法跑赢根据市值大小构建的简单组合或指数，属于传统的基本面分析策略。在期指市场上做空，在股票市场上构建拟合 300 指数的成分股，赚取其中的价差，这种被动型的套利就是 β 套利。

1. Alpha 对冲策略

（1）策略原理

何为 Alpha？提到 Alpha 策略，首先要理解什么是 CAPM 模型。

CAPM 模型于 1964 年由 Willian Sharpe 等人提出。Sharpe 等人认为，假设市场是均衡的，资产的预期超额收益率就由市场收益超额收益和风险暴露决定的，计算方式如式（5-1）所示。

$$E(r_p)=r_f+\beta_\rho(r_m-r_f) \tag{5-1}$$

式中，r_m 为市场组合，r_f 为无风险收益率。根据 CAPM 模型可知，投资组合的预期收益由两部分组成，一部分为无风险收益率 r_f，另一部分为风险收益率。

CAPM 模型一经推出就受到了市场的追捧。但在应用过程中发现，CAPM 模型表示的是在均衡状态下市场的情况，但市场并不总是处于均衡状态，个股总会获得超出市场基准水平的收益，即在 CAPM 模型的右端总是存在一个 Alpha 项。

为了解决这个问题，1968 年，美国经济学家迈克·詹森（Michael Jensen）提出了詹森指数来描述这个 Alpha，因此又称 Alpha 指数，计算方式如式（5-2）所示。

$$\alpha_p = r_p - [r_f+\beta_\rho(r_m - r_f)] \tag{5-2}$$

因此，投资组合的收益可以改写成式（5-3）：

$$r_p = \alpha + \beta_\rho(r_m - r_f) \tag{5-3}$$

可将投资组合的收益拆分为 Alpha 收益和 Beta 收益。其中 Beta 计算公式为式（5-4）

$$\beta=\frac{\mathrm{cov}(r_m, r_m)}{\sigma_p\sigma_m} \tag{5-4}$$

β 是由市场决定的，属于系统性风险，与投资者管理能力无关，只与投资组合与市场的关系有关。当市场整体下跌时，β 对应的收益也会随着下跌（假设 Beta 为正）。Alpha 收益与市场无关，是投资者自身能力的体现。投资者通过自身的经验进行选股择时，得到超过市场的收益。

什么是 Alpha 对冲策略？所谓的 Alpha 对冲不是将 Alpha 收益对冲掉，恰恰相反，Alpha 对冲策略是将 β 收益对冲掉，只获取 Alpha 收益，如图 5-7 所示。

Alpha 对冲策略将市场性风险对冲掉，只剩下 Alpha 收益，整体收益完全取决于投资者自身的能力水平，与市场无关。目前，有许多私募基金采用 Alpha 对冲策略。

（2）对冲策略

Alpha 对冲策略常采用股指期货做对冲。在股票市场上做多头，在期货市场上做股指期货空头。当股票现货市场亏损时，可以通过期货市场弥补亏损；当期货市场亏损时，可以通过股票现货市场弥补亏损。

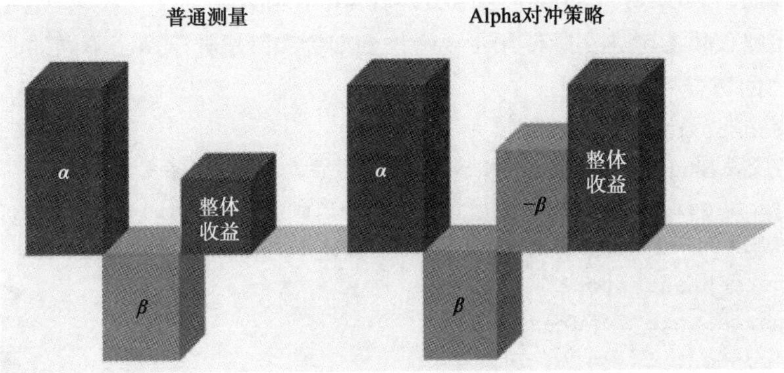

图 5-7 Alpha 收益

（3）策略收益情况

目前 Alpha 对冲策略主要用于各类基金中。国际上比较知名的桥水基金、AQR 基金等都采用过这种策略。国内也有许多利用 Alpha 对冲策略的基金，比如海富通阿尔法对冲混合、华宝量化对冲混合等，近一年平均收益率约为 36.70%。

（4）策略要点

Alpha 策略能否成功，主要包括以下几个要点。

获取到的 Alpha 收益是否足够高，能否超过无风险利率以及指数；期货和现货之间的基差变化；期货合约的选择。

Alpha 对冲只是一种对冲市场风险的方法，在创建策略时需要结合其他理论一起使用，怎样获取到较高的 Alpha 收益才是决定策略整体收益的关键。

2. 策略实现

第一步：制定一个选股策略，构建投资组合，使其同时拥有 Alpha 和 Beta 收益。

（本策略选取过去一天 EV/EBITDA 值并选取 30 只 EV/EBITDA 值最小且大于零的股票）

第二步：做空股指期货，将投资组合的 Beta 抵消，只剩 Alpha 部分。

第三步：进行回测。

股票池：沪深 300 指数。

期货标的：CFFEX.IF 对应的真实合约。

回测时间：2017-07-01 08:00:00 至 2017-10-01 16:00:00。

回测初始资金：1 000 万。

3. 策略代码

```
# coding=utf-8
from __future__ import print_function, absolute_import, unicode_literals
from gm.api import *
```

本策略每隔 1 个月定时触发计算 SHSE.000300 成分股的过去一天 EV/EBITDA 值并选取 30 只 EV/EBITDA 值最小且大于零的股票。

对不在股票池的股票平仓并等权配置股票池的标的。

并用相应的 CFFEX.IF 对应的真实合约等额对冲。

回测数据为 :SHSE.000300 和它们的成分股和 CFFEX.IF 对应的真实合约。

回测时间为 :2017-07-01 08:00:00 到 2017-10-01 16:00:00

注意：本策略仅供参考，实际使用中要考虑到期货和股票处于两个不同的账户，需要人为地保证两个账户的资金相同。

```
def init(context):
#每月第一个交易日09:40:00的定时执行algo任务（仿真和实盘时不支持该频率）
schedule(schedule_func=algo, date_rule='1m', time_rule='09:40:00')
#设置开仓在股票和期货的资金百分比(期货在后面自动进行杠杆相关的调整)
context.percentage_stock = 0.4
context.percentage_futures = 0.4
def algo(context):
#获取当前时刻
now = context.now
#获取上一个交易日
last_day = get_previous_trading_date(exchange='SHSE', date=now)
#获取沪深300成分股的股票代码
stock300 = get_history_constituents(index='SHSE.000300', start_date=last_
day, end_date=last_day)[0]['constituents'].keys()
#获取上一个工作日的CFFEX.IF对应的合约
index_futures = get_continuous_contracts(csymbol='CFFEX.IF', start_
date=last_day, end_date=last_day)[-1]['symbol']
#获取当天有交易的股票
not_suspended_info = get_history_instruments(symbols=stock300, start_
date=now, end_date=now)
not_suspended_symbols = [item['symbol'] for item in not_suspended_info if
not item['is_suspended']]
#获取成分股EV/EBITDA大于0并为最小的30个
fin = get_fundamentals(table='trading_derivative_indicator', symbols=not_
suspended_symbols,start_date=now, end_date=now, fields='EVEBITDA',filter='EVEBI
TDA>0', order_by='EVEBITDA', limit=30, df=True)
fin.index = fin.symbol
#获取当前仓位
positions = context.account().positions()
#平不在标的池或不为当前股指期货主力合约对应真实合约的标的
for position in positions:
    symbol = position['symbol']
    sec_type = get_instrumentinfos(symbols=symbol)[0]['sec_type']
    #若类型为期货且不在标的池则平仓
    if sec_type == SEC_TYPE_FUTURE and symbol != index_futures:
        order_target_percent(symbol=symbol,percent=0,order_type=OrderType_
Market, position_side=PositionSide_Short)
        print('市价单平不在标的池的', symbol)
```

```
        elif symbol not in fin.index:
            order_target_percent(symbol=symbol, percent=0, order_type= Order-
Type_Market,position_side=PositionSide_Long)
            print('市价单平不在标的池的', symbol)
    #获取股票的权重
    percent = context.percentage_stock / len(fin.index)
    #买在标的池中的股票
    for symbol in fin.index:
        order_target_percent(symbol=symbol, percent=percent, order_type=OrderType_
Market,position_side=PositionSide_Long)
        print(symbol, '以市价单调多仓到仓位', percent)
    #获取股指期货的保证金比率
    ratio = get_history_instruments(symbols=index_futures, start_date=last_day,
end_date=last_day)[0]['margin_ratio']
    #更新股指期货的权重
    percent = context.percentage_futures * ratio
    #买入股指期货对冲
    #注意：股指期货的percent参数是按照期货的保证金来算比例，不是按照合约价值，比如说0.1就
是用0.1的仓位的资金全部买入期货。
    order_target_percent(symbol=index_futures, percent=percent, order_
type=OrderType_Market, position_side=PositionSide_Short)
    print(index_futures, '以市价单调空仓到仓位', percent)
    if __name__ == '__main__':
    strategy_id策略ID,由系统生成
    filename文件名,请与本文件名保持一致
    mode实时模式:MODE_LIVE回测模式:MODE_BACKTEST
    token绑定计算机的ID,可在系统设置-密钥管理中生成
    backtest_start_time回测开始时间
    backtest_end_time回测结束时间
    backtest_adjust股票复权方式不复权：ADJUST_NONE前复权：ADJUST_PREV后复权：ADJUST_
POST
    backtest_initial_cash回测初始资金
    backtest_commission_ratio回测佣金比例
    backtest_slippage_ratio回测滑点比例
    run(strategy_id='strategy_id',
        filename='main.py',
        mode=MODE_BACKTEST,
        token='token_id',
        backtest_start_time='2017-07-01 08:00:00',
        backtest_end_time='2017-10-01 16:00:00',
        backtest_adjust=ADJUST_PREV,
        backtest_initial_cash=10000000,
        backtest_commission_ratio=0.0001,
        backtest_slippage_ratio=0.0001)
```

4. 回测结果与稳健性分析

设定初始资金 1 000 万，手续费率为 0.01%，滑点比率为 0.01%。Alpha 策略回测结果如图 5-8 所示。

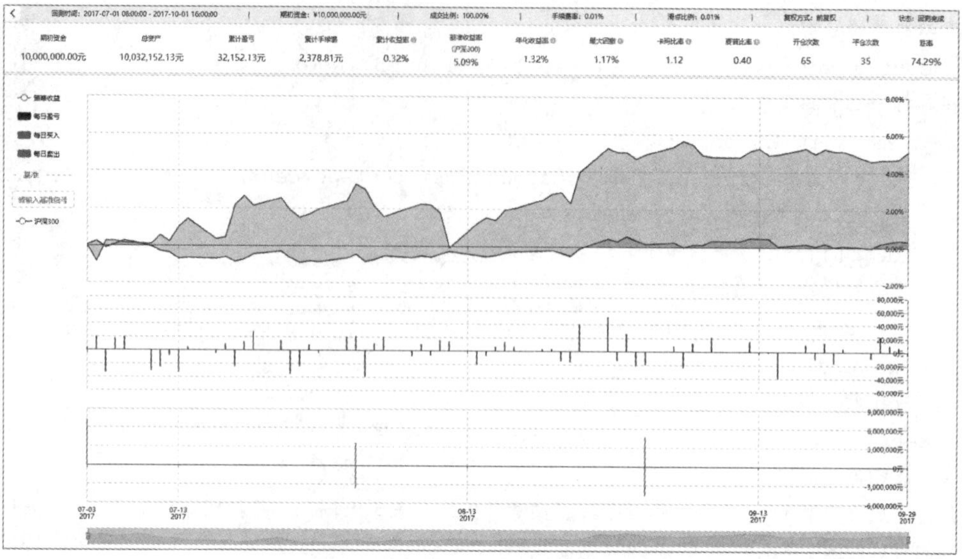

图 5-8　Alpha 策略回测结果分析

回测期累计收益率为 0.32%，年化收益率为 1.32%，沪深 300 指数收益率为 5.09%，策略整体跑输指数。最大回撤为 1.17%，胜率为 74.29%。以同样的策略进行选股，不对冲 Beta 时回测结果如图 5-9 所示。

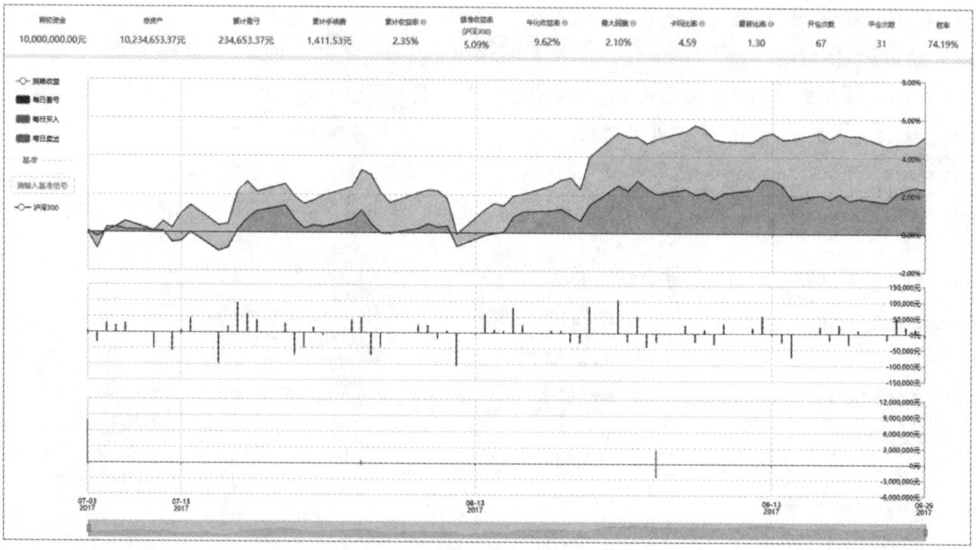

图 5-9　不对冲 Beta 回测结果分析

对比可以看出，利用 Alpha 对冲策略比未对冲策略收益低，但胜率高于普通策略，最大回撤低于未对冲策略。这也说明了 Alpha 对冲策略能够规避一部分由市场带来的风险。改变回测期，观察策略收益情况如表 5-2 所示（以 2020 年 10 月 30 日为结束期）。

表 5-2　Alpha 策略收益情况

指标	近三月	近六月	今年来	近 1 年	近 2 年	近 3 年
年化收益率	-3.72%	7.11%	-2.26%	-0.77%	-0.52%	-3.05%
最大回撤	3.14%	3.09%	7.88%	7.86%	14.72%	16.12%
胜率	86.96%	90.00%	42.96%	64.36%	60.48%	50.55%

由表 5-2 可知，近几年该策略的整体收益为负，只有近六月的收益率为正。策略最大回撤一直维持在相对较低的水平上，随着时间周期拉长，最大回撤不断增加，胜率不断下降。

5.4.3　多因子选股

多因子模型是量化选股中最重要的一类模型，基本思想是找到某些和收益率最相关的指标，并根据该指标，构建一个股票组合，期望该组合在未来的一段时间跑赢或跑输指数。如果跑赢，则可以做多该组合，同时做空期指，赚取正向阿尔法收益；如果是跑输，则可以做多期指，融券做空该组合，赚取反向阿尔法收益。多因子模型的关键是找到因子与收益率之间的关联性。

1. 原理

多因子策略是最广泛应用的策略之一。CAPM 模型的提出为股票的收益提供了解释，但随着各种市场异象的出现，使得人们发现股票存在超额收益，这种收益不能为市场因子所解释，因此，出现了多因子模型。

多因子模型最早由 Fama-French 提出，包括三因子和五因子模型。Fama 认为，股票的超额收益可以由市场因子、市值因子和账面价值比因子共同解释。随着市场的发展，出现许多三因子模型难以解释的现象。因此，Fama 又提出了五因子模型，加入了盈利水平、投资水平因子。

此后，陆续出现了六因子模型、八因子模型等，目前多少个因子是合适的尚无定论。市场上常用的多因子模型如表 5-3 所示。

表 5-3　多因子模型

模　　型	出　　处	所含因子
Fama-French 三因子	Fama and Farench(1993)	市场、规模、价值
Carhart 四因子	Carhart（1997）	市场、规模、价值、动量
Novy-Marx 四因子	Novy-Marx（2013）	市场、规模、价值、盈利
Fama-French 五因子	Fama and Farench(2015)	市场、规模、价值、盈利、投资
Hou-Xue-Zhang 四因子	Hou et al	市场、规模、盈利、投资
Stambaugh-Yuan 四因子	Stambaugh and Yuan(2017)	市场、规模、管理、表现
Daniel-Hirshleifer-Sun 三因子	Daniel et al（2020）	市场、长周期行为、短周期行为

（1）Fama-French 三因子模型

在多因子模型出现以前，CAPM 模型被奉为典型，几乎所有定价均是按照 CAPM 模型计算的。后来学者们发现了各种异象，这些异象无法用 CAPM 模型解释。较为典型的有 Basu 发现的盈利市值比效应和 Banz 发现的小市值效应。遗憾的是，虽然单一异象被发现后都对 CAPM 提出了挑战，但并没有形成合力，直到 Fama 三因子模型出现。

Fama 等人在 CAPM 的基础上，Fama 加入了 HML 和 SMB 两个因子，提出了三因子模型（式（5-5）），也是多因子模型的基础。

$$E[R_i]-R_f=\beta_{i,\text{MKT}}(E[R_m]-R_f)+\beta_{i,\text{SMB}}E[R_{\text{SMB}}]+\beta_{i,\text{HML}}E[R_{\text{HML}}] \quad (5\text{-}5)$$

式中，$E[R_i]$ 代表股票 i 的预期收益率；R_f 代表无风险收益率；$E[R_m]$ 为市场组合预期收益率；$E[R_{\text{SMB}}]$ 和 $E[R_{\text{HML}}]$ 分别为规模因子收益率和价值因子预期收益率。

为构建价值因子和规模因子，Fama 选择 BM 和市值两个指标进行双重排序，将股票分为大市值组 B 和小市值组 S；按照账面市值比将股票分为 BM 高于 70% 分位数的 H 组，BM 低于 30% 分位数的 L 组，BM 处于两者之间的记为 M 组，如表 5-4 所示。

表 5-4　M 组

市值分组	BM 分组		
	H	M	L
S	S/H	S/M	S/L
B	B/H	B/M	B/L

得到上述分组以后，就可以构建规模（式（5-6））和价值（式（5-7））两个因子。

$$\text{SMB}=\frac{1}{3}(\text{S/H}+\text{S/M}+\text{S/L})-\frac{1}{3}(\text{B/H}+\text{B/M}+\text{B/L}) \quad (5\text{-}6)$$

$$\text{HML}=\frac{1}{2}(\text{S/H}+\text{B/H})-\frac{1}{2}(\text{S/H}+\text{B/L}) \quad (5\text{-}7)$$

上述式子解释一下可以发现，规模因子是三个小市值组合的等权平均减去三个大市值组合的等权平均；价值因子是两个高 BM 组合的等权平均减去两个低 BM 组合的等权平均。

（2）策略设计思路（假设三因子模型是完全有效的）

在用三因子模型估算股票预期收益率时，经常会发现并非每只股票都能严格吻合式（5-1），大部分股票都会存在一个 Alpha 截距项。当存在 Alpha 截距项时，说明股票当前价格偏离均衡价格。基于此，可以设计套利策略。

Alpha < 0 时，说明股票收益率低于均衡水平，股票价格被低估，应该买入。

Alpha > 0 时，说明股票收益率高于均衡水平，股票价格被高估，应该卖出。

因此，可以获取 Alpha 最小并且小于 0 的 10 只股票买入开仓。

2. 策略步骤

第一步：获取股票市值以及账面市值比数据。

第二步：将股票按照各个因子进行排序分组，分组方法如表 5-4 所示。

第三步：依据式（5-6）和式（5-7），计算 SMB、HML 因子。

第四步：因子回归，计算 Alpha 值。获取 Alpha 最小并且小于 0 的 10 只股票买入开仓。

回测期：2017-07-01 8:00:00 至 2017-10-01 16:00:00

回测初始资金：1 000 万

回测标的：沪深 300 成分股

3. 策略代码

```
# coding=utf-8
from __future__ import print_function, absolute_import, unicode_literals
```

```
import numpy as np
from gm.api import *
from pandas import DataFrame
'''
```

本策略每隔 1 个月定时触发，根据 Fama-French 三因子模型对每只股票进行回归，得到其 Alpha 值。

假设 Fama-French 三因子模型可以完全解释市场，则 Alpha 为负表明市场低估该股，因此应该买入。

策略思路：

计算市场收益率、个股的账面市值比和市值，并对后两个进行了分类。

根据分类得到的组合分别计算其市值加权收益率、SMB 和 HML。

对各个股票进行回归（假设无风险收益率等于 0）得到 Alpha 值。

选取 Alpha 值小于 0 并为最小的 10 只股票进入标的池。

平掉不在标的池的股票并等权买入在标的池的股票。

回测数据：SHSE.000300 的成分股。

回测时间：2017-07-01 08:00:00 到 2017-10-01 16:00:00

```
'''
def init(context): #每月第一个交易日的09:40定时执行algo任务（仿真和实盘时不支持该频率）
schedule(schedule_func=algo, date_rule='1m', time_rule='09:40:00')
#数据滑窗
context.date = 20
#设置开仓的最大资金量
context.ratio = 0.8
#账面市值比的大/中/小分类
context.BM_BIG = 3.0
context.BM_MID = 2.0
context.BM_SMA = 1.0
#市值大/小分类
context.MV_BIG = 2.0
context.MV_SMA = 1.0
#计算市值加权的收益率的函数，MV为市值的分类对应的组别,BM为账目市值比的分类对应的组别
def market_value_weighted(stocks, MV, BM):
select = stocks[(stocks['NEGOTIABLEMV'] == MV) & (stocks.['BM'] == BM)] #
选出市值为MV，账目市值比为BM的所有股票数据
market_value = select['mv'].values #对应组的全部市值数据
mv_total = np.sum(market_value) #市值求和
mv_weighted = [mv / mv_total for mv in market_value] #市值加权的权重
stock_return = select['return'].values #返回市值加权的收益率的和
return_total = []
for i in range(len(mv_weighted)):
    return_total.append(mv_weighted[i] * stock_return[i])
return_total = np.sum(return_total)
```

```
    return return_total
    def algo(context): #获取上一个交易日的日期
    last_day = get_previous_trading_date(exchange='SHSE', date=context.now)
    #获取沪深300成分股
    context.stock300 = get_history_constituents(index='SHSE.000300', start_
date=last_day, end_date=last_day)[0]['constituents'].keys()
    #获取当天有交易的股票
    not_suspended = get_history_instruments(symbols=context.stock300, start_
date=last_day, end_date=last_day)
    not_suspended = [item['symbol'] for item in not_suspended
       if not item['is_suspended'] and item['symbol']!= 'SHSE.601313']
# 601313 为退市股票
    fin = get_fundamentals(table='trading_derivative_indicator', symbols=not_
suspended,start_date=last_day, end_date=last_day,fields= 'PB,NEGOTIABLEMV',
df=True)  # 获取P/B和市值数据
    #计算账面市值比,为P/B的倒数
    fin['PB'] = (fin['PB'] ** -1)
    #计算市值的50%的分位点，用于后面的分类
    size_gate = fin['NEGOTIABLEMV'].quantile(0.50)
    #计算账面市值比的30%和70%分位点，用于后面的分类
    bm_gate = [fin['PB'].quantile(0.30), fin['PB'].quantile(0.70)]
    fin.index = fin.symbol
    #设置存放股票收益率的list
    x_return = []
    #对未停牌的股票进行处理
    for symbol in not_suspended:
       #计算收益率，存放到x_return里面
        close = history_n(symbol=symbol, frequency='1d', count=context.date + 1,
end_time=last_day, fields='close',skip_suspended=True, fill_missing='Last',
adjust=ADJUST_PREV, df=True)['close'].values
        stock_return = close[-1] / close[0] - 1
        pb = fin['PB'][symbol]
        market_value = fin['NEGOTIABLEMV'][symbol]
        #获取[股票代码, 股票收益率, 账面市值比的分类, 市值的分类, 流通市值]
        #其中账面市值比的分类为：大（3）、中（2）、小（1）
        #流通市值的分类：大（2）、小（1）
        if pb < bm_gate[0]:
            if market_value < size_gate:
                label=[symbol,stock_return,context.BM_SMA,context.MV_SMA,market_value]
            else:
                label=[symbol,stock_return,context.BM_SMA,context.MV_BIG,market_value]
        elif pb < bm_gate[1]:
            if market_value < size_gate:
                label=[symbol,stock_return,context.BM_MID,context.MV_SMA,market_value]
```

```
            else:
                label=[symbol,stock_return,context.BM_MID,context.MV_BIG,market_value]
        elif market_value < size_gate:
            label=[symbol,stock_return,context.BM_BIG, context.MV_SMA, market_value]
        else:
            label=[symbol, stock_return, context.BM_BIG, context.MV_BIG, market_value]
        if len(x_return) == 0:
            x_return = label
        else:
            x_return = np.vstack([x_return, label])
    #将股票代码、股票收益率、账面市值比的分类、市值的分类、流通市值存为数据表
    stocks = DataFrame(data=x_return, columns=['symbol', 'return', 'BM', 'NE-
GOTIABLEMV', 'mv'])
    stocks.index = stocks.symbol
    columns = ['return', 'BM', 'NEGOTIABLEMV', 'mv']
    for column in columns:
        stocks[column] = stocks[column].astype(np.float64)
    #计算SMB.HML和市场收益率（市值加权法）
    smb_s = (market_value_weighted(stocks, context.MV_SMA, context.BM_SMA) +
             market_value_weighted(stocks, context.MV_SMA, context.BM_MID) +
             market_value_weighted(stocks, context.MV_SMA, context.BM_BIG))/ 3
    #获取大市值组合的市值加权组合收益率
    smb_b = (market_value_weighted(stocks, context.MV_BIG, context.BM_SMA) +
             market_value_weighted(stocks, context.MV_BIG, context.BM_MID) +
             market_value_weighted(stocks, context.MV_BIG, context.BM_BIG))/ 3
    smb = smb_s - smb_b
    #获取大账面市值比组合的市值加权组合收益率
    hml_b = (market_value_weighted(stocks, context.MV_SMA, 3) +
             market_value_weighted(stocks, context.MV_BIG, context.BM_BIG))/ 2
    #获取小账面市值比组合的市值加权组合收益率
    hml_s = (market_value_weighted(stocks, context.MV_SMA, context.BM_SMA) +
             market_value_weighted(stocks, context.MV_BIG, context.BM_SMA))/ 2
    hml = hml_b - hml_s
    #获取市场收益率
    close = history_n(symbol='SHSE.000300', frequency='1d', count=context.date + 1,
end_time=last_day, fields='close', skip_suspended=True,fill_missing='Last',
adjust=ADJUST_PREV, df=True)['close'].values
    market_return = close[-1] / close[0] - 1
    coff_pool = []
    #对每只股票进行回归获取其Alpha值
    for stock in stocks.index:
        x_value = np.array([[market_return], [smb], [hml], [1.0]])
        y_value = np.array([stocks['return'][stock]])
        # OLS估计系数
```

```
        coff = np.linalg.lstsq(x_value.T, y_value)[0][3]
        coff_pool.append(coff)
    #获取Alpha最小并且小于0的10只股票进行操作(若少于10只则全部买入)
    stocks['alpha'] = coff_pool
    stocks = stocks[stocks.alpha < 0].sort_values(by='alpha').head(10)
    symbols_pool = stocks.index.tolist()
    positions = context.account().positions()
    #平不在标的池的股票
    for position in positions:
        symbol = position['symbol']
        if symbol not in symbols_pool:
            order_target_percent(symbol=symbol,percent=0, order_type=OrderType_Market,
position_side=PositionSide_Long)
            print('市价单平不在标的池的', symbol)
    # 获取股票的权重
    percent = context.ratio / len(symbols_pool)
    # 买在标的池中的股票
    for symbol in symbols_pool:
        order_target_percent(symbol=symbol, percent=percent, order_type=
OrderType_Market,position_side=PositionSide_Long)
        print(symbol, '以市价单调多仓到仓位', percent)
    if __name__ == '__main__':
    '''
    strategy_id策略ID,由系统生成
    filename文件名,请与本文件名保持一致
    mode实时模式:MODE_LIVE回测模式:MODE_BACKTEST
    token绑定计算机的ID,可在系统设置-密钥管理中生成
    backtest_start_time回测开始时间
    backtest_end_time回测结束时间
    backtest_adjust股票复权方式不复权:ADJUST_NONE前复权:ADJUST_PREV后复权:ADJUST_POST
    backtest_initial_cash回测初始资金
    backtest_commission_ratio回测佣金比例
    backtest_slippage_ratio回测滑点比例
    '''
    run(strategy_id='strategy_id',
        filename='main.py',
        mode=MODE_BACKTEST,
        token='token_id',
        backtest_start_time='2017-07-01 08:00:00',
        backtest_end_time='2017-10-01 16:00:00',
        backtest_adjust=ADJUST_PREV,
        backtest_initial_cash=10000000,
        backtest_commission_ratio=0.0001,
        backtest_slippage_ratio=0.0001)
```

4. 回测结果与稳健性检验

设定初始资金 1 000 万，手续费率为 0.01%，滑点比率为 0.01%。多因子模型回测结果如图 5–10 所示。

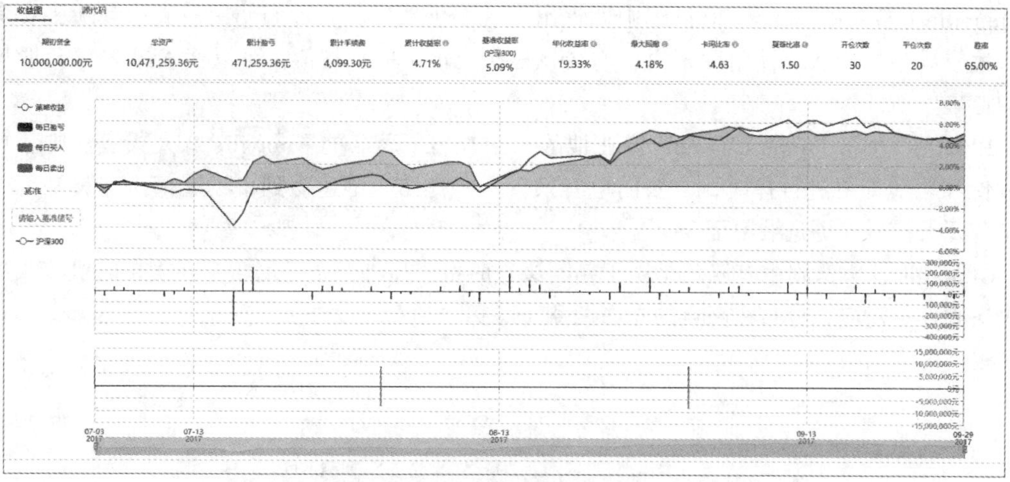

图 5–10　多因子模型回测结果分析

回测期累计收益为 4.71%，年化收益率为 19.33%，沪深 300 指数收益率为 5.09%，策略整体跑输沪深 300 指数。最大回撤为 4.18%，胜率为 65%。为了检验策略的稳健性，改变回测时间，得到回测结果如表 5–5 所示。

表 5–5　多因子模型回测结果情况表

回测时间	时间长度	年化收益率	最大回撤
2017.07.01—2017.10.01	3 个月	19.33%	4.18%
2017.07.01—2017.12.31	5 个月	12.54%	7.53%
2017.07.01—2018.07.01	12 个月	–8.09%	23.17%

由表 5–5 可以看出，策略收益除了在 2017 年 7 月 1 日至 2018 年 7 月 1 日以外其他时间段收益均为正。在 2017 年 7 月 1 日至 2017 年 10 月 1 日期间收益率最高，年化收益率为 19.33%。回测期最大回撤随着时间长度的增加而增加，最高达到 35.38%，与获得的收益相比，承受风险过大。

5.4.4 双均线策略

双均线策略，通过建立 m 天移动平均线，n 天移动平均线，则两条均线必有交点。若 $m>n$，n 天平均线“上穿越”m 天均线则为买入点，反之为卖出点。该策略基于不同天数均线的交叉点，抓住股票的强势和弱势时刻，进行交易。

双均线策略中，如果两根均线的周期接近，比如 5 日线、10 日线，这种非常容易缠绕，不停地产生买点卖点，会有大量的无效交易，交易费用很高。如果两根均线的周期差距较大，比如 5 日线、60 日线，这种交易周期很长，趋势性已经不明显了，趋势转变以后很长时间才会出现买点卖点，也就是说可能会造成很大的亏损。所以这两个参数的选择很重要，趋势性越强的品种，均线策略越有效。

1. 原理

均线，一个进行形态分析时总也绕不过去的指标。均线最早由美国投资专家 Joseph E.Granville（格兰威尔）于 20 世纪中期提出，现在仍然广泛为人们使用，成为判断买卖信号的一大重要指标。从统计角度来说，均线就是历史价格的平均值，可以代表过去 N 日股价的平均走势。

1962 年 7 月，Joseph E.Granville 在他的书中提出了著名的 Granville 八大买卖法则。只利用股价和均线即可进行择时，方法简单有效，一经提出，迅速受到市场追捧。尤其是其中的金叉和死叉信号，更是沿用至今。

Granville 八大法则中有四条是用于判断买进时机，另外四条是用于判断卖出时机。买进和卖出法则一一对应，分布在高点的左右两侧（除买 4 和卖 4 以外）。

法则内容如图 5-11 所示。

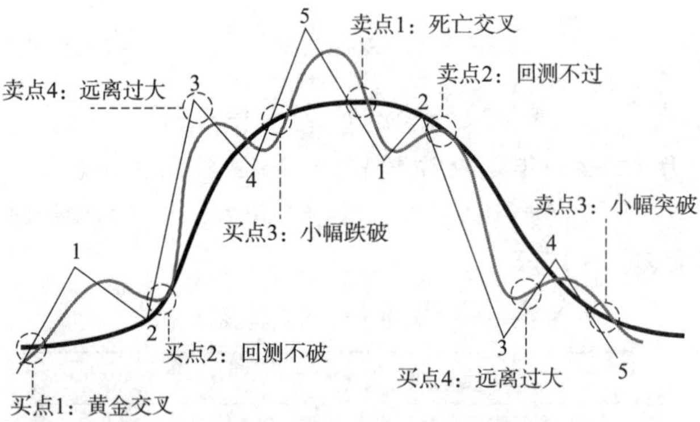

图 5-11　八大买卖法则

买 1：均线整体上行，股价由下至上上穿均线，此为黄金交叉，形成第一个买点。

买 2：股价出现下跌迹象，但尚未跌破均线，此时均线变成支撑线，形成第二个买点。

买 3：股价仍处于均线上方，但呈现急剧下跌趋势。当跌破均线时，出现第三个买点。

买 4：（右侧）股价和均线都处于下降通道，且股价处于均线下方，严重远离均线，出现第四个买点。

卖 1：均线由上升状态变为缓慢下降的状态，股价也开始下降。当股价跌破均线时，此为死亡交叉，形成第一个卖点。

卖 2：股价仍处于均线之下，但股价开始呈现上涨趋势，当股价无限接近均线但尚未突破时，此时均线变成阻力线，形成第二个卖点。

卖 3：股价终于突破均线，处于均线上方。但持续时间不长，股价开始下跌，直至再一次跌破均线，此为第三个卖点。

卖 4：（左侧）股价和均线都在上涨，股价上涨的速度远快于均线上涨的速度。当股价严重远离均线时，出现第四个卖点。

均线理论为什么有效？ Shiller（1981）在研究中发现，资产的长期价格呈现均值回复的特征，即从长期来看，资产的价格会回归均值，这也是均线理论被广泛应用的前提。

均线理论的缺陷：均线归根到底是一种平均值，平均值在应用过程中存在最大的问题就是其滞后性。当出现买入卖出信号时，最佳时机早已过去。举例来说，如果 A 股票最新价格出现了较大的涨幅，股价和均线都上涨，但均线的速度慢于股价上涨速度。此时，从形态上来看，金叉出现，为买入信号。次日，股价回调，股价下降的速度快于均线下降的速度，形成死叉，为卖点。这样一买一卖不仅没有盈利，反而出现亏损。

均线理论的改进：针对均线的缺点，市场上提出了各种各样的改进方法。

（1）对均线的计算方法进行改正

加权移动平均线是在移动平均线的基础上按照时间进行加权。越靠近当前日期的价格对未来价格的影响越大，赋予更大的权重；越远离当前日期价格，赋予越小的权重。

（2）调整均线周期

利用不同周期均线得到的结果也不同。许多有经验的投资者发现，在不同的市场中，有些均线的效果显著优于其他周期均线。有些长线投资者还会将股价替换成短周期均线进行趋势判断。

2. 策略逻辑

第一步：获取数据，计算长短期均线；第二步：设置交易信号。

当短期均线由上向下穿越长期均线时做空；当短期均线由下向上穿越长期均线时做多。

回测数据：SHFE.rb2101 的 60 s 频度 bar 数据。

回测时间：2020-04-01 到 2020-05-31。

回测初始资金：3 万。

3. 策略代码

```
# coding=utf-8
from __future__ import print_function, absolute_import
from gm.api import *
import talib
'''
本策略以SHFE.rb2101为交易标的，根据其1 min(即60 s频度）bar数据建立双均线模型，短周期为20，长周期为60，当短期均线由上向下穿越长期均线时做空，当短期均线由下向上穿越长期均线时做多，每次开仓前先平掉所持仓位，再开仓
注：为了适用于仿真和实盘，在策略中增加了一个“先判断是否平仓成功再开仓”的判断逻辑，以避免出现未平仓成功，可用资金不足的情况
回测数据为：SHFE.rb2101的60 s频度bar数据
回测时间为：2020-04-01 09:00:00到2020-05-31 15:00:00
'''
def init(context):
context.short = 20                         #短周期均线
context.long = 60                          #长周期均线
context.symbol = 'SHFE.rb2101'             #订阅交易标的
context.period = context.long + 1          #订阅数据滑窗长度
context.open_long = False                  #开多单标记
context.open_short = False                 #开空单标记
```

```
    subscribe(context.symbol, '60s', count=context.period)          #订阅行情
    def on_bar(context, bars):
    #获取通过subscribe订阅的数据
    prices = context.data(context.symbol, '60s', context.period, fields='close')
    #利用talib库计算长短周期均线
    short_avg = talib.SMA(prices.values.reshape(context.period), context.short)
    long_avg = talib.SMA(prices.values.reshape(context.period), context.long)
    #查询持仓
    position_long = context.account().position(symbol=context.symbol, side=1)
    position_short = context.account().position(symbol=context.symbol, side=2)
    #短均线下穿长均线，做空(即当前时间点短均线处于长均线下方，前一时间点短均线处于长均线
上方)
    if long_avg[-2] < short_avg[-2] and long_avg[-1] >= short_avg[-1]:
        #无多仓情况下，直接开空
        if not position_long:
            order_volume(symbol=context.symbol, volume=1, side=OrderSide_Sell,
position_effect=PositionEffect_Open, order_type=OrderType_Market)
            print(context.symbol, '以市价单调空仓到仓位')
        #有多仓情况下，先平多，再开空(开空命令放在on_order_status里面)
        else:
            context.open_short = True
            #以市价平多仓
            order_volume(symbol=context.symbol, volume=1, side=OrderSide_Sell,
position_effect=PositionEffect_Close, order_type=OrderType_Market)
             print(context.symbol, '以市价单平多仓')
             #短均线上穿长均线，做多（即当前时间点短均线处于长均线上方，前一时间点短均线处于
长均线下方)
    if short_avg[-2] < long_avg[-2] and short_avg[-1] >= long_avg[-1]:
        #无空仓情况下，直接开多
        if not position_short:
            order_volume(symbol=context.symbol, volume=1, side=OrderSide_Buy, position_
effect=PositionEffect_Open, order_type=OrderType_Market)
            print(context.symbol, '以市价单调多仓到仓位')
        #有空仓的情况下，先平空，再开多(开多命令放在on_order_status里面)
        else:
            context.open_long = True
            #以市价平空仓
            order_volume(symbol=context.symbol, volume=1, side=OrderSide_Buy,
position_effect=PositionEffect_Close, order_type=OrderType_Market)
            print(context.symbol, '以市价单平空仓')
    def on_order_status(context, order):
    #查看下单后的委托状态
    status = order['status']
    #成交命令的方向
    side = order['side']
```

```
    #交易类型
    effect = order['position_effect']
    #当平仓委托全成后，再开仓
    if status == 3:
        #以市价开空仓，需等到平仓成功无仓位后再开仓
        #如果无多仓且side=2（说明平多仓成功），开空仓
        if effect == 2 and side == 2 and context.open_short:
            context.open_short = False
            order_volume(symbol=context.symbol, volume=1, side=OrderSide_Sell,
position_effect=PositionEffect_Open,order_type=OrderType_Market)
            print(context.symbol, '以市价单调空仓到仓位')
        #以市价开多仓,需等到平仓成功无仓位后再开仓
        #如果无空仓且side=1（说明平空仓成功），开多仓
        if effect == 2 and side == 1 and context.open_long:
            context.open_long = False
            order_volume(symbol=context.symbol, volume=1, side=OrderSide_Buy,
position_effect=PositionEffect_Open,order_type=OrderType_Market)
            print(context.symbol, '以市价单调多仓到仓位')
if __name__ == '__main__':
    '''
    strategy_id策略ID,由系统生成
    filename文件名,请与本文件名保持一致
    mode实时模式:MODE_LIVE回测模式:MODE_BACKTEST
    token绑定计算机的ID,可在系统设置-密钥管理中生成
    backtest_start_time回测开始时间
    backtest_end_time回测结束时间
    backtest_adjust股票复权方式不复权:ADJUST_NONE前复权:ADJUST_PREV后复权:ADJUST_
POST
    backtest_initial_cash回测初始资金
    backtest_commission_ratio回测佣金比例
    backtest_slippage_ratio回测滑点比例
    '''
    run(strategy_id='strategy_id',
        filename='main.py',
        mode=MODE_BACKTEST,
        token='token_id',
        backtest_start_time='2020-04-01 09:00:00',
        backtest_end_time='2020-05-31 15:00:00',
        backtest_adjust=ADJUST_NONE,
        backtest_initial_cash=10000000,
        backtest_commission_ratio=0.0001,
        backtest_slippage_ratio=0.0001)
```

4. 回测结果与稳健性分析

设定初始资金 3 万，手续费率为 0.01%，滑点比率为 0.01%，得到的回测结果如图 5–12 所示。

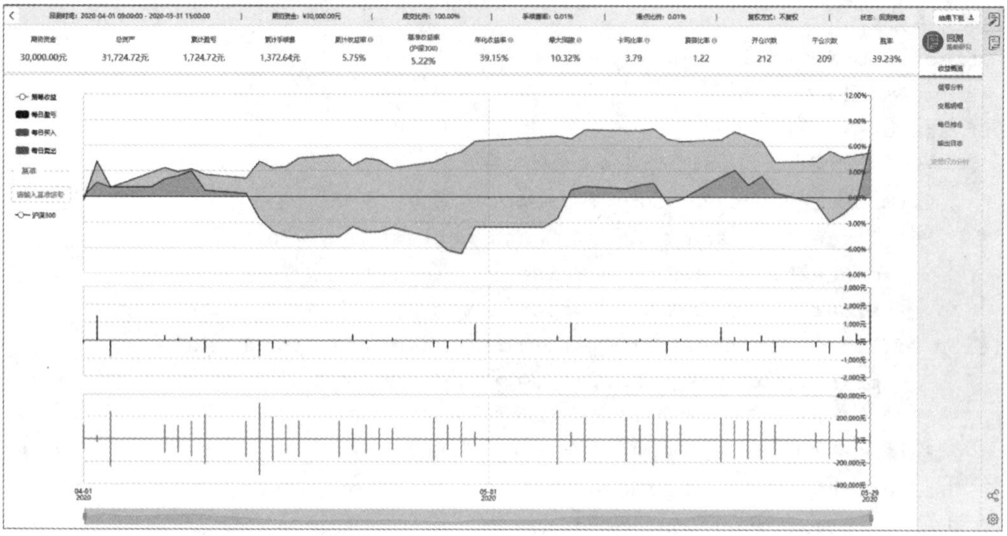

图 5-12　双均线策略回测结果分析

策略整体收益率 5.75%，年化收益率为 39.15%，同期沪深 300 收益率为 5.22%，策略跑赢沪深 300，最大回撤为 10.32%。为了探究该策略在不同回测期以及不同品种的适用情况，对策略进行调整。调整范围主要包括：标的、回测期、均线周期，调整结果如表 5-6 所示。

表 5-6　双均线策略调整结果分析

标　　的	回　测　期	均线周期	年化收益率	最大回撤
SHFE.rb2101	2020.04.01—2020.05.31	20/60	39.15%	10.32%
SHFE.rb2101	2020.06.01—2020.08.30	20/60	–29.19%	17.82%
SHFE.rb2101	2020.08.31—2020.10.31	20/60	–72.29%	17.12%
SHFE.rb2101	2020.04.01—2020.05.31	10/60	–79.71%	15.80%
SHFE.rb2101	2020.04.01—2020.05.31	30/60	–39.16%	10.59%
SHFE.rb2101	2020.04.01—2020.05.31	20/90	11.97%	5.35%
SHFE.rb2101	2020.04.01—2020.05.31	30/90	–1.87%	6.60%
SHFE.ag2101	2020.04.01—2020.05.31	20/60	–136.19%	37.67%

根据表 5-6 可以看出，对于不同的标的、回测期、均线周期，双均线策略的收益情况差异较大。即使相同标的、相同均线周期，不同回测期收益情况也会出现较大差异。在应用时要注意风险管理，避免出现短期过拟合现象。

5.4.5　行业轮动

行业轮动是利用市场趋势获利的一种主动交易策略，其本质是利用不同投资品种强势时间的错位对行业品种进行切换，以达到投资收益最大化的目的。

1. 原理

行业轮动现象：在某一段时间内，某一行业或某几个行业组内股票价格共同上涨或下降的现象。

行业轮动策略是根据行业轮动现象做成的策略，利用行业趋势进行获利的方法，属于主动交易策略。其本质是通过一段时期的市场表现，力求抓住表现较好的行业以及投资品种，选择不同时期的强势行业进行获利。

行业轮动的原因有以下几个。

原因 1：行业周期。

行业的成长周期可以分为初创期、成长期、成熟期和衰退期，一般行业会按照这个周期运行。初创期属于行业刚刚起步阶段，风险高、收益小。成长期内风险高、收益高。处于成熟期的企业风险低、收益高。处于衰退期的企业风险低、收益低。在一段时间内，不同的行业会处于不同的行业周期，在时间维度上看会呈现行业轮动现象。

原因 2：国家政策。

国家政策对我国资本市场有重大影响。我国每年的财政政策和货币政策都是市场关注的热点，货币政策和财政政策会释放出影响市场的信息，如利率。当政策释放出下调利率的信号，就为资金需求量大、项目周期长的行业缓解了压力，如房地产行业，这时对于这类行业利好，相应的股价就会上涨。

原因 3：重大事件。

资本市场对于消息的反应是迅速的。根据有效市场理论，在半强式有效市场下，一切已公开的信息都会反映在股价当中。以疫情为例，消息一出迅速拉动医疗行业股价，带动行业增长。

行业轮动下资产配置方式有以下几种。

① 美林时钟：大类资产配置。

根据经济增长和通货膨胀可以将经济分为四个周期：衰退、复苏、过热、滞涨。美林时钟分析了四个不同时期，并总结出适合投资的资产类别，如表 5-7 所示。

表 5-7　四个周期资产类别

周期阶段	经济增长	通货膨胀	最优资产类别	最优股票板块
衰退	下降	下降	债券	防御成长
复苏	上升	下降	股票	周期成长
过热	上升	上升	商品	周期价值
滞涨	下降	上升	现金	防御价值

研究宏观经济时主要关注两个变量：GDP 和 CPI。

其中 GDP 选择不变价（剔除通货膨胀的影响），关心同比值差分后的符号。如果同比值 >0，差分后仍然 >0，说明 GDP 在加速上涨；如果同比值 <0, 差分后仍然 <0，说明 GDP 在加速下跌。

当经济增长速度加快时，与国家经济联系紧密的行业如钢铁、煤炭、电力等基建利润也会随之增长。

当经济增速放缓时，非周期性的行业如医药、基础消费品、基础建设等行业呈现较强的防御性。

当通货膨胀处于较低水平时，市场利率水平也处于较低水平。按照股票估值理论，此时的折现率处于低水平，价格相对而言较高。此时，金融行业的股价会呈现明显的上涨。

当通货膨胀处于较高水平时，市场利率较高，此时现金为王，原材料价格走高。与此相关的原材料行业就会表现较好，如天然气、石油等。

② 策略设计。

行业动量策略：部分研究表明，行业在日、月频率上会存在动量现象，在周频率上会存在反转现象，也就是行业间轮动。因此，在日和月频率上可以利用行业动量设计策略，如果是在周频率上可以利用反转效应设计策略。

行业因子策略：将行业变量作为一个因子放入多因子模型中，利用多因子模型预测各个行业的周期收益率，采用滚动预测方法每次得到一个样本外预测值，根据这些预测值判断该买入哪些行业，卖出哪些行业。

2. 策略思路

策略示例采用第一种策略构建方法，利用行业动量设计策略。为了提高策略速度，以 6 个行业为例进行演示。

第一步：确定行业指数，获取行业指数收益率。

第二步：根据行业动量获取最佳行业指数。

第三步：在最佳行业中，选择最大市值的 5 支股票买入。

回测时间：2017-07-01 08:00:00 到 2017-10-01 16:00:00。

回测标的：SHSE.000910.SHSE.000909.SHSE.000911.SHSE.000912.SHSE.000913.SHSE. 000914。

(300 工业，300 材料，300 可选，300 消费，300 医药，300 金融)

回测初始资金：1 000 万。

3. 策略代码

```
# coding=utf-8
from __future__ import print_function, absolute_import, unicode_literals
import numpy as np
from gm.api import *
'''
本策略每隔1个月定时触发计算SHSE.000910.SHSE.000909.SHSE.000911.SHSE.000912.
SHSE.000913.SHSE.000914(300工业，300材料，300可选，300消费，300医药，300金融)这几个
行业指数过去20个交易日的收益率，并选取了收益率最高的指数的成分股获取并获取了它们的市值数据，
随后把仓位调整至市值最大的5只股票上
回测数据为：SHSE.000910.SHSE.000909.SHSE.000911.SHSE.000912.SHSE.000913.
SHSE.000914和他们的成分股
回测时间为：2017-07-01 08:00:00到2017-10-01 16:00:00
'''
def init(context):
#每月第一个交易日的09:40 定时执行algo任务（仿真和实盘时不支持该频率）
schedule(schedule_func=algo, date_rule='1m', time_rule='09:40:00')
#用于筛选的行业指数
context.index = ['SHSE.000910', 'SHSE.000909', 'SHSE.000911',
'SHSE.000912', 'SHSE.000913', 'SHSE.000914']
#用于统计数据的天数
```

```
    context.date = 20
    #最大下单资金比例
    context.ratio = 0.8
    def algo(context):
    #获取当天的日期
    today = context.now
    #获取上一个交易日
    last_day = get_previous_trading_date(exchange='SHSE', date=today)
    return_index = []
    #获取并计算行业指数收益率
    for i in context.index:
        return_index_his = history_n(symbol=i, frequency='1d', count=context.
date, fields='close,bob',fill_missing='Last', adjust=ADJUST_PREV, end_time=last_
day, df=True)
        return_index_his = return_index_his['close'].values
        return_index.append(return_index_his[-1] / return_index_his[0] - 1)
    #获取指定数内收益率表现最好的行业
    sector = context.index[np.argmax(return_index)]
    print('最佳行业指数是: ', sector)
    #获取最佳行业指数成分股
    symbols = get_history_constituents(index=sector, start_date=last_day, end_
date=last_day)[0]['constituents'].keys()
    #获取当天有交易的股票
    not_suspended_info = get_history_instruments(symbols=symbols, start_
date=today, end_date=today)
    not_suspended_symbols = [item['symbol'] for item in not_suspended_info if
not item['is_suspended']]
    #获取最佳行业指数成分股的市值，从大到小排序并选取市值最大的5只股票
    fin = get_fundamentals(table='tq_sk_finindic',symbols=not_suspended_symbols,
start_date=last_day,end_date=last_day,limit=5,fields='NEGOTIABLEMV', order_
by='-NEGOTIABLEMV',df=True)
    fin.index = fin['symbol']
    #计算权重
    percent = 1.0 / len(fin.index) * context.ratio
    #获取当前所有仓位
    positions = context.account().positions()
    #如标的池有仓位,平不在标的池的仓位
    for position in positions:
        symbol = position['symbol']
        if symbol not in fin.index:
          order_target_percent(symbol=symbol, percent=0, order_type=OrderType_
Market,position_side=PositionSide_Long)
            print('市价单平不在标的池的', symbol)
    # 对标的池进行操作
    for symbol in fin.index:
        order_target_percent(symbol=symbol,percent=percent,order_type=OrderType_Market,
position_side=PositionSide_Long)
```

```
    print(symbol, '以市价单调整至仓位', percent)
if __name__ == '__main__':
'''
strategy_id策略ID,由系统生成
filename文件名,请与本文件名保持一致
mode实时模式:MODE_LIVE回测模式:MODE_BACKTEST
token绑定计算机的ID,可在系统设置-密钥管理中生成
backtest_start_time回测开始时间
backtest_end_time回测结束时间
backtest_adjust股票复权方式不复权:ADJUST_NONE前复权:ADJUST_PREV后复权:ADJUST_POST
backtest_initial_cash回测初始资金
backtest_commission_ratio回测佣金比例
backtest_slippage_ratio回测滑点比例
'''
run(strategy_id='strategy_id',
    filename='main.py',
    mode=MODE_BACKTEST,
    token='token_id',
    backtest_start_time='2017-07-01 08:00:00',
    backtest_end_time='2017-10-01 16:00:00',
    backtest_adjust=ADJUST_PREV,
    backtest_initial_cash=10000000,
    backtest_commission_ratio=0.0001,
    backtest_slippage_ratio=0.0001)
```

4. 回测结果分析与稳健性检验

设定初始资金 1 000 万，手续费率为 0.01%，滑点比率为 0.01%。回测结果如图 5-13 所示。

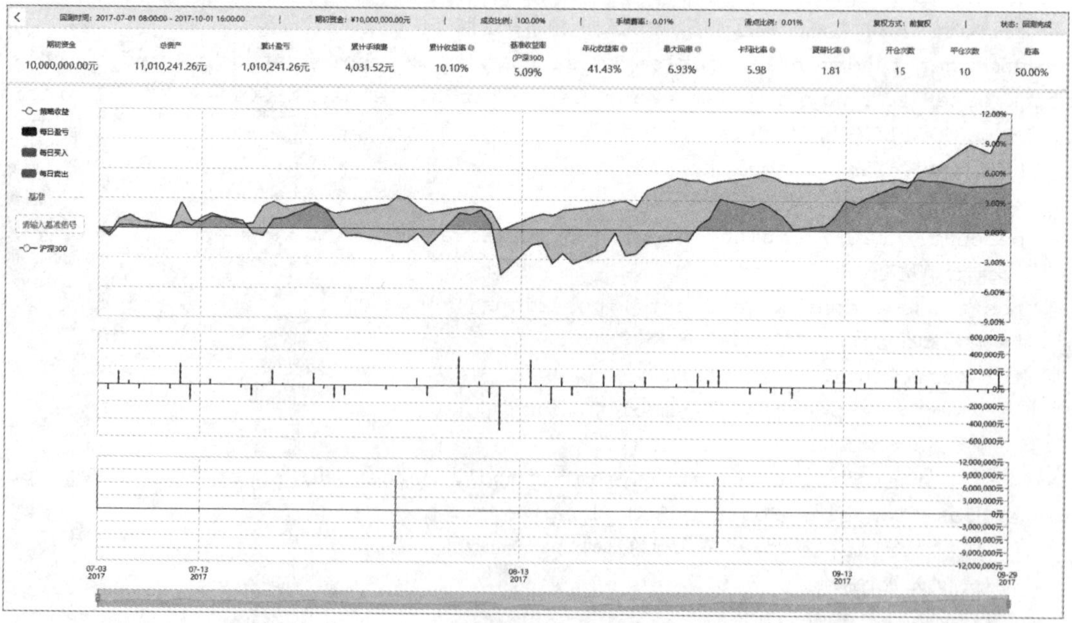

图 5-13　行业轮动策略回测结果分析

回测期累计收益率为 10.10%，年化收益率为 41.43%，沪深 300 收益率为 5.09%，策略收益跑赢指数。最大回撤为 6.93%，胜率 50%。为了探究策略的稳健性，改变回测时间，观察策略收益情况，如表 5-8 所示。

表 5-8　行业轮动回测实践策略收益分析

回 测 期	时 间 长 度	年化收益率	最 大 回 撤
2017.7.1—2017.10.1	4 个月	41.43%	6.93%
2018.7.1—2018.10.1	4 个月	-23.40%	15.54%
2019.7.1—2019.10.1	4 个月	9.98%	9.58%
2019.1.1—2019.12.31	12 个月	63.82%	9.98%
2018.1.1—2019.12.31	24 个月	7.63%	36.89%
2017.1.1—2019.12.31	36 个月	22.11%	36.94%

通过观察表 5-8 中的回测结果发现，该策略在选择的回测期内除了 2018 年 7 月 1 日至 2018 年 10 月 1 日这段期间是负收益以外，在其他回测期内都是正收益。其中 2017 年 7 月至 2017 年 10 月和 2019 年 1 月至 2019 年 12 月这两段期间的年化收益率最高，其他时间段收益率相对较低，说明该策略在不同回测期之间收益差距较大。随着时间跨度拉长，最大回撤越来越大，最大可达到 36.94%。

5.4.6　跨品种套利

跨品种套利指的是利用两种不同的但相关联的指数期货产品之间的价差进行交易。这两种指数之间具有相互替代性或受同一供求因素制约。跨品种套利的交易形式是同时买进和卖出相同交割月份但不同种类的股指期货合约，主要有相关商品间套利和原料与成品之间套利。

跨品种套利的主要作用，一是帮助扭曲的市场价格恢复到正常水平；二是增强市场的流动性。

1. 原理

① 什么是套利？

套利是指在买入或卖出一种金融资产的同时卖出或买入另一种相关的金融资产从中利用价差获得套利的过程。

② 什么是跨品种套利？

当两个合约有很强的相关性时，可能存在相似的变动关系，两种合约之间的价差会维持在一定的水平上。当市场出现变化时，两种合约之间的价差会偏离均衡水平。此时，可以买入其中一份合约同时卖出其中一份合约，当价差恢复到正常水平时平仓，获取收益。

以大商所玉米和淀粉为例，合约分别为 DCE.c1801 和 DCE.cs1801。两者之间相关性为 0.7333，价差处于相对稳定合理区间，如图 5-14 所示。

两者价差整体处于 250 ～ 350 之间，当价差偏离此区间时，可以进行跨品种套利。

③ 跨品种套利有以下几个特点。

套利的两种资产必须有一定的相关性。两种合约标的不同，到期时间相同。两种资产之间的价差呈现一定规律。

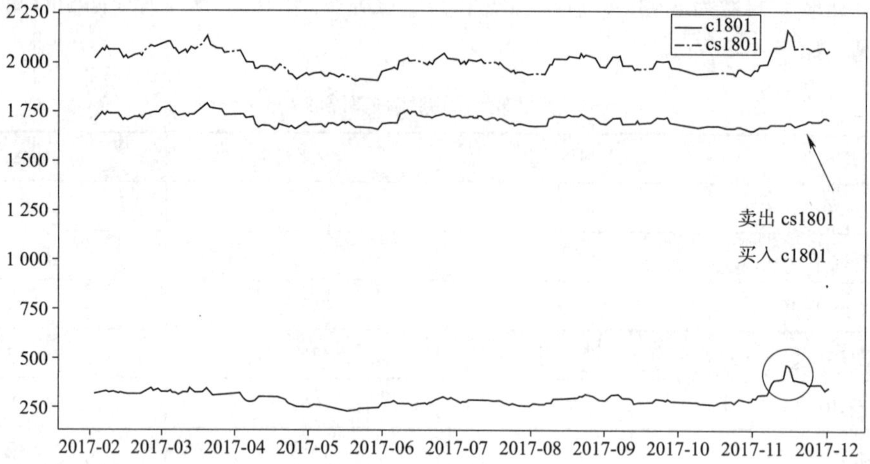

图 5-14　价差处于合理区间

④ 怎样确定合约之间有相关性？

最常用的方法是利用 EG 两步法对两个序列做协整检验，判断两个序列是否平稳。只有单整阶数相同，两者才有可能存在一定的关系。

以大豆和豆粕为例，选取其在 2017 年 1 月 1 日至 2018 年 1 月 1 日的主力合约价格时间序列，利用 statsmodels 包进行协整检验。

⑤ 检验结果。

焦炭的 $t=-1.788\,6$，1% 置信区间的临界值为 $-3.457\,6$，说明该序列在 99% 的置信水平下平稳。

焦煤的 $t=-2.050\,0$，1% 置信区间的临界值为 $-3.457\,6$，说明该序列在 99% 的置信水平下平稳。

因此，两者都为平稳序列。

利用 OLS 回归检查残差序列是否平稳，残差的 $t=-2.321\,4$，临界值为 $-3.457\,7$，说明残差平稳。因此，可以认为两者之间存在一定关系。回归后的残差图如图 5-15 所示。

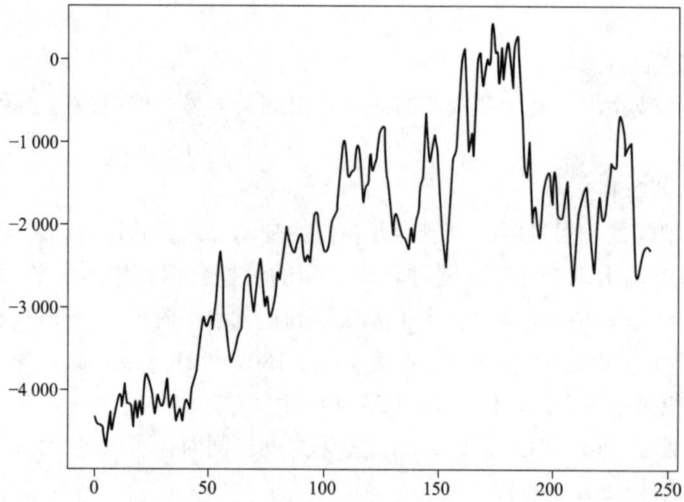

图 5-15　回归残差图

对残差进行 ks 检验，检验结果 $p=0$，说明残差分布为正态分布。

⑥ 策略设计。

传统利用价差进行跨品种套利的方法是计算出均值和方差，设定开仓、平仓和止损阈值。当新的价格达到阈值时，进行相应的开仓和平仓操作。

⑦ 应该怎样确定均值？

均值的选取主要有两种方法，第一种方法是固定均值。先用历史价格计算相应的阈值（比如利用 2017 年 2 月—2017 年 6 月的数据计算阈值，在 2019 年 7 月进行套利），再用最新价差进行比较，会发现前后均值差异很大，如图 5-16 所示。

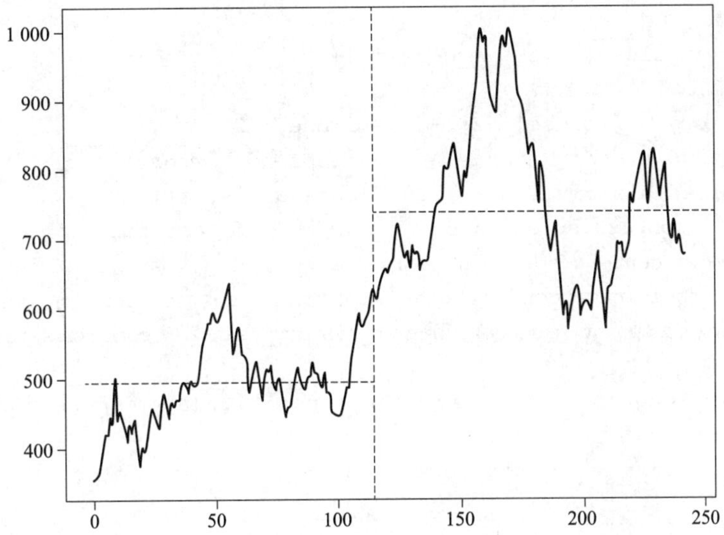

图 5-16　跨品种套利均值分析

因此，常用变动的均值设定阈值。即用过去 N 天两个标的之间差值的均值和方差。

2. 策略思路

第一步：选择相关性较高的两个合约，本例选择大商所的焦炭和焦煤。

第二步：以过去 30 个的 1 d 频率 bar 的均值正负 0.75 个标准差作为开仓阈值，以正负 2 个标准差作为止损阈值。

第三步：最新价差上穿上界时做空价差，回归到均值附近平仓；下穿下界时做多价差，回归到均值附近平仓。设定止损点，触发止损点则全部平仓。

回测期：2018-02-01 8:00:00 至 2018-12-31 16:00:00。

回测标的：DCE.j1901, DCE.jm1901。

回测初始资金：200 万。

3. 策略代码

```
#coding=utf-8
from __future__ import print_function, absolute_import, unicode_literals
from gm.api import *
import numpy as np
def init(context):
```

```
    #选择的两个合约
    context.symbol = ['DCE.j1901', 'DCE.jm1901']
    #订阅历史数据
    subscribe(symbols=context.symbol,frequency='1d',count=11,wait_group=True)
    def on_bar(context, bars):
    #数据提取
    j_close = context.data(symbol=context.symbol[0],frequency='1d',fields='close',
count=31).values
    jm_close = context.data(symbol=context.symbol[1],frequency='1d',fields='close',
count=31).values
    #提取最新价差
    new_price = j_close[-1] - jm_close[-1]
    #计算历史价差,上下限，止损点
    spread_history = j_close[:-2] -  jm_close[:-2]
    context.spread_history_mean = np.mean(spread_history)
    context.spread_history_std = np.std(spread_history)
    context.up = context.spread_history_mean + 0.75 * context.spread_history_std
    context.down = context.spread_history_mean - 0.75 * context.spread_history_std
    context.up_stoppoint = context.spread_history_mean+2*context.spread_history_std
    context.down_stoppoint = context.spread_history_mean-2 * context.spread_history_std
    #查持仓
    position_jm_long = context.account().position(symbol=context.symbol[0],
side=1)
    position_jm_short = context.account().position(symbol=context.symbol[0],
side=2)
    #设计买卖信号
    #设计开仓信号
    if not position_jm_short and not position_jm_long:
        if new_price > context.up:
            print('做空价差组合')
            order_volume(symbol=context.symbol[0],side=OrderSide_Sell,volume=1,
order_type=OrderType_Market,position_effect=1)
            order_volume(symbol=context.symbol[1], side=OrderSide_Buy, volume=1,
order_type=OrderType_Market, position_effect=PositionEffect_Open)
        if new_price < context.down:
            print('做多价差组合')
            order_volume(symbol=context.symbol[0], side=OrderSide_Buy, volume=1,
order_type=OrderType_Market, position_effect=PositionEffect_Open)
           order_volume(symbol=context.symbol[1], side=OrderSide_Sell, volume=1,
order_type=OrderType_Market, position_effect=PositionEffect_Open)
    #设计平仓信号
    #持jm多仓时
    if position_jm_long:
        if new_price >= context.spread_history_mean:
            #价差回归到均值水平时，平仓
            print('价差回归到均衡水平，平仓')
```

```
            order_volume(symbol=context.symbol[0], side=OrderSide_Sell, volume=1,
order_type=OrderType_Market, position_effect=PositionEffect_Close)
            order_volume(symbol=context.symbol[1], side=OrderSide_Buy, volume=1,
order_type=OrderType_Market, position_effect=PositionEffect_Close)
        if new_price < context.down_stoppoint:
            #价差达到止损位，平仓止损
            print('价差超过止损点，平仓止损')
            order_volume(symbol=context.symbol[0], side=OrderSide_Sell, volume=1,
order_type=OrderType_Market, position_effect=PositionEffect_Close)
            order_volume(symbol=context.symbol[1], side=OrderSide_Buy, volume=1,
order_type=OrderType_Market, position_effect=PositionEffect_Close)
    #持jm空仓时
    if position_jm_short:
        if new_price <= context.spread_history_mean:
            #价差回归到均值水平时，平仓
            print('价差回归到均衡水平，平仓')
            order_volume(symbol=context.symbol[0], side=OrderSide_Buy, volume=1,
order_type=OrderType_Market, position_effect=PositionEffect_Close)
            order_volume(symbol=context.symbol[1], side=OrderSide_Sell, volume=1,
order_type=OrderType_Market, position_effect=PositionEffect_Close)
        if new_price > context.up_stoppoint:
            #价差达到止损位，平仓止损
            print('价差超过止损点，平仓止损')
            order_volume(symbol=context.symbol[0], side=OrderSide_Buy, volume=1,
order_type=OrderType_Market, position_effect=PositionEffect_Close)
            order_volume(symbol=context.symbol[1], side=OrderSide_Sell, volume=1,
order_type=OrderType_Market, position_effect=PositionEffect_Close)
    if __name__ == '__main__':
    '''
    strategy_id策略ID,由系统生成
    filename文件名,请与本文件名保持一致
    mode实时模式:MODE_LIVE回测模式:MODE_BACKTEST
    token绑定计算机的ID,可在系统设置-密钥管理中生成
    backtest_start_time回测开始时间
    backtest_end_time回测结束时间
    backtest_adjust股票复权方式不复权:ADJUST_NONE前复权:ADJUST_PREV后复权:ADJUST_
POST
    backtest_initial_cash回测初始资金
    backtest_commission_ratio回测佣金比例
    backtest_slippage_ratio回测滑点比例
    '''
    run(strategy_id='strategy_id',
        filename='main.py',
        mode=MODE_BACKTEST,
```

```
    token='token',
    backtest_start_time='2018-02-01 08:00:00',
    backtest_end_time='2018-12-31 16:00:00',
    backtest_adjust=ADJUST_PREV,
    backtest_initial_cash=2000000,
    backtest_commission_ratio=0.0001,
    backtest_slippage_ratio=0.0001)
```

4. 回测结果与稳健性分析

设定初始资金 200 万，手续费率为 0.01%，滑点比率为 0.01%。回测结果如图 5-17 所示。

回测期累计收益率 2.80%，年化收益率为 3.06%，沪深 300 收益率为 –29.09%，策略收益跑赢基准收益。最大回撤率为 2.03%，胜率为 48.25%。为了检验策略的稳健性，改变数据的频率和均线的计算周期，结果如表 5-9 所示。

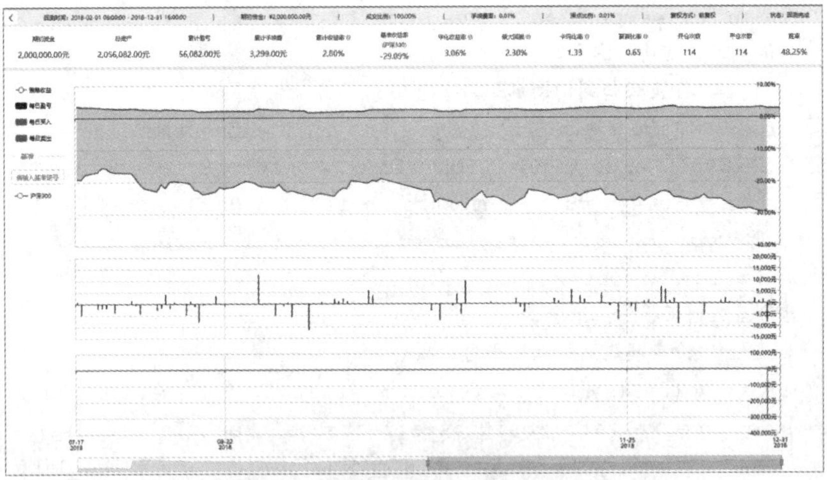

图 5-17　跨品种套利回测结果分析

表 5-9　跨品种套利频率和均线分析

数据频率	均线周期	年化收益率	最大回撤
1 d	10	3.06%	2.30%
1 d	20	3.51%	2.53%
1 d	30	0.55%	2.45%
3 600 s	10	–7.84%	7.40%
3 600 s	20	–4.11%	5.28%
3 600 s	30	–2.89%	3.91%
900 s	10	–10.07%	9.38%
900 s	20	–9.39%	8.82%
900 s	30	–7.65%	7.32%

由表 5-9 可以看出，该策略只在 1d 的频率下实现了盈利，在其他频率下收益均为负，说明该策略对于高频场景的适用有一定限制。

5.4.7 指数增强

增强型指数投资由于不同基金管理人描述其指数增强型产品的投资目的不尽相同，增强型指数投资并无统一模式，唯一共同点在于他们都希望能够提供高于标的指数回报水平的投资业绩。为使指数化投资名副其实，基金经理试图尽可能保持标的指数的各种特征。

1. 原理

说到指数增强，就不得不说指数。

在进行股票投资时，有一种分类方式是将投资分为主动型投资和被动型投资。被动型投资是指完全复制指数，跟随指数的投资方式。与被动型投资相反，主动型投资是根据投资者的知识结合经验进行主动选股，不是被动跟随指数。主动型投资者期望获得超越市场的收益，被动型投资者满足于市场平均收益率水平。

指数增强是指在跟踪指数的基础上，采用一些判断基准，将不看好的股票权重调低或平仓，将看好的股票加大仓位，以提高收益率的方法。

既然如此，我已经判断出来哪只是“好股票”，哪只是“一般”的股票，为什么不直接买入？而是要买入指数呢？

指数增强不同于其他主动投资方式，除了注重获取超越市场的收益，还要兼顾降低组合风险，注重收益的稳定性。如果判断失误，只买入选中股票而非指数会导致投资者承受巨大亏损。

怎样选择股票？

和 Alpha 对冲策略类似，指数增强仅仅是一个思路，怎样选择“好股”还需投资者结合自身经验判断。

本策略利用“动量”这一概念，认为过去 5 天连续上涨的股票具备继续上涨的潜力，属于强势股；过去 5 天连续下跌的股票未来会继续下跌，属于弱势股。

2. 策略步骤

第一步：选择跟踪指数，以权重大于 0.35% 的成分股为股票池。

第二步：根据个股价格动量来判断是否属于优质股，即连续上涨 5 天则为优势股；间隔连续下跌 5 天则为劣质股。

第三步：将优质股权重调高 0.2，劣质股权重调低 0.2。

回测时间 :2017-07-01 08:00:00 到 2017-10-01 16:00:00。

回测选股股票池：沪深 300 成分股。

回测初始资金：1 000 万。

3. 策略代码

```
# coding=utf-8
from __future__ import print_function, absolute_import, unicode_literals
import numpy as np
from gm.api import *
from pandas import DataFrame
'''
本策略以0.8为初始权重跟踪指数标的沪深300中权重大于0.35%的成分股。个股所占的百分比为
```

(0.8×成分股权重)×100%。然后根据个股是否：连续上涨5天，连续下跌5天，来判定个股是否为强势股/弱势股，并对其把权重由0.8调至1.0或0.6

```
    回测时间为:2017-07-01 08:50:00到2017-10-01 17:00:00
    '''
    def init(context):
    #资产配置的初始权重,配比为0.6-0.8-1.0
    context.ratio = 0.8
    #获取沪深300当时的成分股和相关数据
    stock300 = get_history_constituents(index='SHSE.000300', start_date='2017-
06-30', end_date='2017-06-30')[0][ 'constituents']
    stock300_symbol = []
    stock300_weight = []
    for key in stock300:
        #保留权重大于0.35%的成分股
        if (stock300[key] / 100) > 0.0035:
            stock300_symbol.append(key)
            stock300_weight.append(stock300[key] / 100)
    context.stock300 = DataFrame([stock300_weight], columns=stock300_symbol,
index=['weight']).T
    print('选择的成分股权重总和为: ', np.sum(stock300_weight))
    subscribe(symbols=stock300_symbol, frequency='1d', count=5, wait_group=True)
    def on_bar(context, bars):
    #若没有仓位则按照初始权重开仓
    for bar in bars:
        symbol = bar['symbol']
        position = context.account().position(symbol=symbol,side=PositionSide_Long)
        if not position:
            buy_percent = context.stock300['weight'][symbol] * context.ratio
            order_target_percent(symbol=symbol, percent=buy_percent, order_type=
OrderType_Market,position_side=PositionSide_Long)
            print(symbol, '以市价单开多仓至仓位:', buy_percent)
        else:
            #获取过去5天的价格数据,若连续上涨则为强势股,权重+0.2;若连续下跌则为弱势股,权重-0.2
            recent_data = context.data(symbol=symbol, frequency='1d', count=5,
fields='close')['close'].tolist()
            if all(np.diff(recent_data) > 0):
                buy_percent = context.stock300['weight'][symbol] * (context.
ratio + 0.2)
                order_target_percent(symbol=symbol, percent=buy_percent, order_
type=OrderType_Market,position_side=PositionSide_Long)
                print('强势股', symbol, '以市价单调多仓至仓位:', buy_percent)
          elif all(np.diff(recent_data) < 0):
                buy_percent = context.stock300['weight'][symbol] * (context.
ratio - 0.2)
                order_target_percent(symbol=symbol, percent=buy_percent, order_
type=OrderType_Market, position_side=PositionSide_Long)
```

```
            print('弱势股', symbol, '以市价单调多仓至仓位:', buy_percent)
if __name__ == '__main__':
    '''
    strategy_id策略ID,由系统生成
    filename文件名,请与本文件名保持一致
    mode实时模式:MODE_LIVE回测模式:MODE_BACKTEST
    token绑定计算机的ID,可在系统设置-密钥管理中生成
    backtest_start_time回测开始时间
    backtest_end_time回测结束时间
    backtest_adjust股票复权方式不复权:ADJUST_NONE前复权:ADJUST_PREV后复权:ADJUST_
POST
    backtest_initial_cash回测初始资金
    backtest_commission_ratio回测佣金比例
    backtest_slippage_ratio回测滑点比例
    '''
    run(strategy_id='strategy_id',
        filename='main.py',
        mode=MODE_BACKTEST,
        token='token_id',
        backtest_start_time='2017-07-01 08:00:00',
        backtest_end_time='2017-10-01 16:00:00',
        backtest_adjust=ADJUST_PREV,
        backtest_initial_cash=10000000,
        backtest_commission_ratio=0.0001,
        backtest_slippage_ratio=0.0001)
```

4. 回测结果和稳健性分析

设定初始资金 1 000 万，手续费率为 0.01%，滑点比率为 0.01%。回测结果如图 5-18 所示。

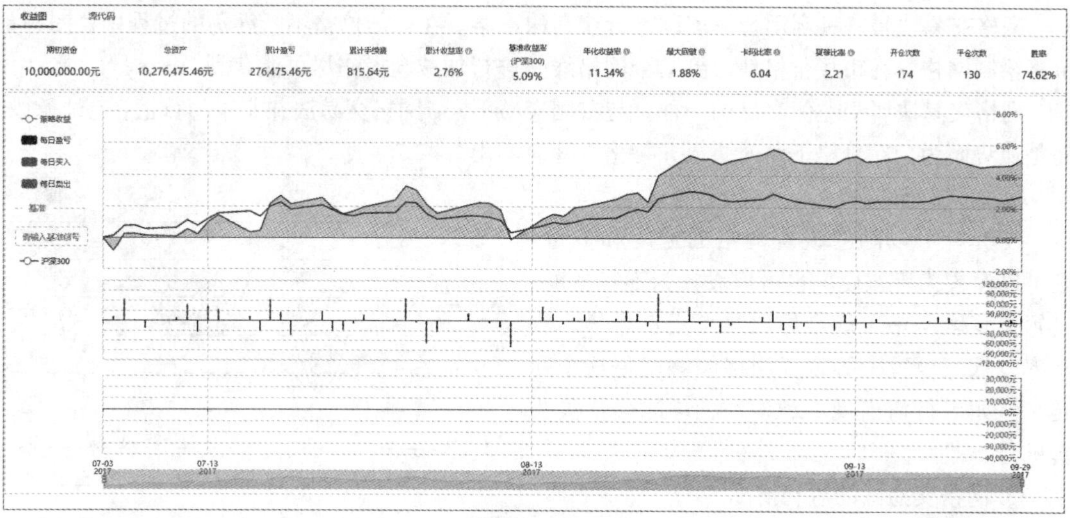

图 5-18　指数增强回测结果分析

回测期累计收益率为 2.76%，年化收益率为 11.34%，沪深 300 指数收益率为 5.09%，整体跑输指数。最大回撤为 1.88%，胜率为 74.62%。为了探究策略的稳健性，改变回测期，策略表现如表 5-10 所示。

表 5-10　指数增强回测期策略分析

回　测　期	回测期长度	年化收益率	最大回撤
2017-07-01—017-10-01	3 个月	11.34%	1.88%
2017-07-01—017-12-31	6 个月	29.06%	5.90%
2017-07-01—018-07-01	12 个月	4.71%	18.73%
2017-07-01—019-07-01	24 个月	11.11%	24.33%
2017-07-01—020-07-01	36 个月	5.48%	24.30%

由表 5-10 可知，改变策略回测周期长度，策略收益率均为正，但都处于较低水平（除了 2017 年 7 月 1 日至 2018 年 7 月 1 日收益率达到 29.06%）。随着策略回测期拉长，最大回撤不断增大。

5.4.8　网格交易

网格交易是利用市场震荡行情获利的一种主动交易策略，其本质是利用投资标的在一段震荡行情中价格在网格区间内的反复运动以进行加仓减仓的操作以达到投资收益最大化的目的。通俗点讲就是根据建立不同数量、不同大小的网格，在突破网格的时候建仓，回归网格的时候减仓，力求能够捕捉到价格的震荡变化趋势，达到盈利的目的。

1. 原理

① 什么是网格交易法？

网格交易法是一种利用行情震荡进行获利的策略。在标的价格不断震荡的过程中，对标的价格绘制网格，在市场价格触碰到某个网格线时进行加减仓操作尽可能获利。

网格交易法属于左侧交易的一种。与右侧交易不同，网格交易法并非跟随行情，追涨杀跌，而是逆势而为，在价格下跌时买入，价格上涨时卖出。

② 怎样设计网格？

投资者可以随意设置网格的宽度和数量。既可以设置为等宽度，也可以设置为不等宽度。设置等宽度网格可能会导致买点卖点过早，收益率较低。设置不等宽度网格能够避免这个问题，但如果行情出现不利变动，可能会错失买卖机会。

③ 网格交易法的盈利情况。

在行情震荡上涨时，如图 5-19 所示。

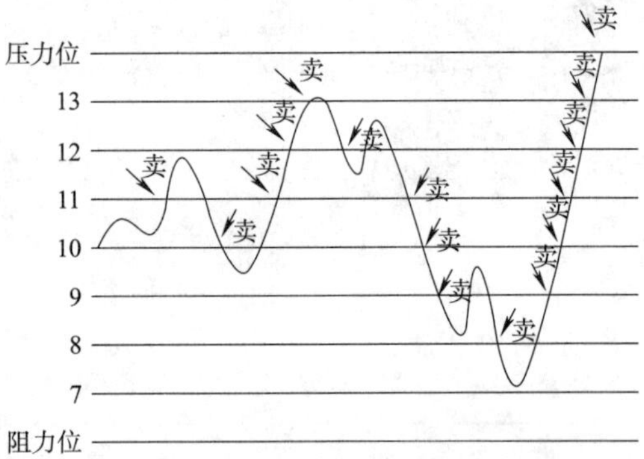

图 5-19　网格交易法行情震荡上涨

假设格子之间的差为 1 元钱，每变化一个格子相应的买入或卖出 1 手，则通过网格交易当前账户的净收益为 5 元，持空仓 3 手，持仓均价为 13 元。

当行情震荡下跌时，如图 5-20 所示。同理可知，净收益为 10 元，持 5 手多仓，平均成本为 8 元。

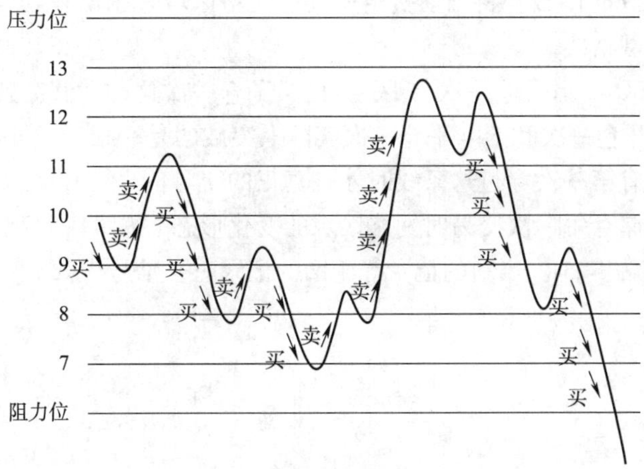

图 5-20　网格交易法行情震荡下跌

可以看到，无论行情上涨还是下跌，已平仓的部分均为正收益，未平仓的部分需要等下一个信号出现再触发交易。

即使网格交易能够获得较为稳定的收益，但也存在一定的风险。如果行情呈现大涨或大跌趋势，会导致不断开仓，增加风险敞口。这也是为什么网格交易更适用震荡行情，不合适趋势性行情。

④ 核心。

网格交易主要包括以下几个核心要点。

挑选的标的最好是价格变化较大，交易较为活跃。网格交易是基于行情震荡进行获利的策略，如果标的不活跃，价格波动不大，很难触发交易。

选出网格的压力位和阻力位。确定适当的压力位和阻力位，使价格大部分时间能够在压力位和阻力位之间波动。如果压力位和阻力位设置范围过大，会导致难以触发交易；如果压力位和阻力位设置范围过小，则会频繁触发交易。

设置网格的宽度和数量。设定多少个网格以及网格的宽度可根据投资者自身喜好自行确定。

2. 策略思路

第一步：确定价格中枢、压力位和阻力位。

第二步：确定网格的数量和间隔。

第三步：当价格触碰到网格线时，若高于买入价，则每上升一格卖出 m 手；若低于买入价，则每下跌一格买入 m 手。

回测标的：SHFE.rb1901。

回测时间：2018-07-01 到 2018-10-01。

回测初始资金：10 万。

注意：若修改回测期，需要修改对应的回测标的。

策略难点：

怎样记录价格是否突破网格线？

解决方法：有些人可能会想到用当前价格与网格线对应的价格进行比较，但这样操作比较麻烦，步骤烦琐。这里采用区域判断方式。根据网格线划分网格区域为1、2、3、4、5、6。利用pandas库提供的cut函数，将当前价格所处的网格区域表示出来。当网格区域发生变化，说明价格突破了一个网格线。

如何避免出现4区-5区开仓一次,5区-4区又平仓一次这种“假突破”？

解决方法：4–5开仓一次和5–4平仓一次实际上突破的是一根线，此时的形态是价格沿着这根线上下波动。只有第一次穿过这条线时才是真正的交易信号，其他的并没有形成突破。因此我们需要一个变量储存每一次交易时网格区域的变化形态（按照从大到小的顺序），比如5–4可以记为[5,4],4–5记为[4,5]。当新的记录等于旧的记录时，信号失效。

3. 策略代码

```
#coding=utf-8
from __future__ import print_function, absolute_import, unicode_literals
import numpy as np
import pandas as pd
from gm.api import *
'''
本策略标的为：SHFE.rb1901
价格中枢设定为：前一交易日的收盘价
从阻力位到压力位分别为：1.03 * open、1.02 * open、1.01 * open、open、0.99 * 
open、0.98 * open、0.97 * open
每变动一个网格，交易量变化100个单位
回测数据为:SHFE.rb1901的1min数据
回测时间为:2017-07-01 08:00:00到2017-10-01 16:00:00
'''
def init(context):
#策略标的为SHFE.rb1901
context.symbol = 'SHFE.rb1901'
#订阅SHFE.rb1901，bar频率为1min
subscribe(symbols = context.symbol, frequency='60s')
#设置每变动一格，增减的数量
context.volume = 1
#储存前一个网格所处区间，用来和最新网格所处区间做比较
context.last_grid = 0
#以前一日的收盘价为中枢价格
context.center = history_n(symbol= context.symbol,frequency='1d',end_
time=context.now,count = 1,fields = 'close')[0]['close']
#记录上一次交易时网格范围的变化情况（例如从4区到5区，记为4,5）
context.grid_change_last = [0,0]
def on_bar(context, bars):
```

```
    bar = bars[0]
    #获取多仓仓位
    position_long = context.account().position(symbol=context.symbol,
side=PositionSide_Long)
    #获取空仓仓位
    position_short = context.account().position(symbol=context.symbol,
side=PositionSide_Short)
    #设置网格和当前价格所处的网格区域
    context.band = np.array([0.97, 0.98, 0.99, 1, 1.01, 1.02, 1.03]) * con-
text.center
    grid = pd.cut([bar.close], context.band, labels=[1, 2, 3, 4, 5, 6])[0]
    #如果价格超出网格设置范围，则提示调节网格宽度和数量
    if np.isnan(grid):
        print('价格波动超过网格范围，可适当调节网格宽度和数量')
    #如果新的价格所处网格区间和前一个价格所处的网格区间不同，说明触碰到了网格线，需进行交易
    #如果新网格大于前一天的网格，做空或平多
    if context.last_grid < grid:
        #记录新旧格子范围（按照大小排序）
        grid_change_new = [context.last_grid,grid]
        #几种例外：
        #当last_grid = 0 时是初始阶段，不构成信号
        #如果此时grid = 3，说明当前价格仅在开盘价之下的3区域中，没有突破网格线
        #如果此时grid = 4，说明当前价格仅在开盘价之上的4区域中，没有突破网格线
        if context.last_grid == 0:
            context.last_grid = grid
            return
        if context.last_grid != 0:
            #如果前一次开仓是4-5，这一次是5-4，算是没有突破，不成交
            if grid_change_new != context.grid_change_last:
                #更新前一次的数据
                context.last_grid = grid
                context.grid_change_last = grid_change_new
                #如果有多仓，平多
                if position_long:
                    order_volume(symbol=context.symbol, volume=context.volume,
side=OrderSide_Sell, order_type=OrderType_Market,position_effect=PositionEffect_Close)
                    print('以市价单平多仓{}手'.format(context.volume))
                #否则，做空
                if not position_long:
                    order_volume(symbol=context.symbol, volume=context.volume,
side=OrderSide_Sell, order_type=OrderType_Market,position_effect=PositionEffect_Open)
                    print('以市价单开空{}手'.format(context.volume))
    #如果新网格小于前一天的网格，做多或平空
    if context.last_grid > grid:
```

```
        #记录新旧格子范围（按照大小排序）
        grid_change_new = [grid,context.last_grid]
        #几种例外：
        #当last_grid = 0 时是初始阶段，不构成信号
        #如果此时grid = 3，说明当前价格仅在开盘价之下的3区域中，没有突破网格线
        #如果此时grid = 4，说明当前价格仅在开盘价之上的4区域中，没有突破网格线
        if context.last_grid == 0:
            context.last_grid = grid
            return
        if context.last_grid != 0:
            #如果前一次开仓是4-5，这一次是5-4，算是没有突破，不成交
            if grid_change_new != context.grid_change_last:
                #更新前一次的数据
                context.last_grid = grid
                context.grid_change_last = grid_change_new
                #如果有空仓，平空
                if position_short:
                    order_volume(symbol=context.symbol, volume=context.volume,side=
OrderSide_Buy,order_type=OrderType_Market,position_effect=PositionEffect_Close)
                    print('以市价单平空仓{}手'.format(context.volume))
                #否则，做多
                if not position_short:
                    order_volume(symbol=context.symbol, volume=context.volume,
side=OrderSide_Buy,order_type=OrderType_Market,position_effect=PositionEffect_Open)
                    print('以市价单开多{}手'.format(context.volume))
    #设计一个止损条件：当持仓量达到10手，全部平仓
    if position_short == 10 or position_long == 10:
        order_close_all()
        print('触发止损，全部平仓')
    if __name__ == '__main__':
    '''
    strategy_id策略ID,由系统生成
    filename文件名,请与本文件名保持一致
    mode实时模式:MODE_LIVE回测模式:MODE_BACKTEST
    token绑定计算机的ID,可在系统设置-密钥管理中生成
    backtest_start_time回测开始时间
    backtest_end_time回测结束时间
    backtest_adjust股票复权方式不复权:ADJUST_NONE前复权:ADJUST_PREV后复权:ADJUST_
POST
    backtest_initial_cash回测初始资金
    backtest_commission_ratio回测佣金比例
    backtest_slippage_ratio回测滑点比例
    '''
    run(strategy_id='strategy_id',
```

```
    filename='main.py',
    mode=MODE_BACKTEST,
    token='token_id',
    backtest_start_time='2018-07-01 08:00:00',
    backtest_end_time='2018-10-01 16:00:00',
    backtest_adjust=ADJUST_PREV,
    backtest_initial_cash=100000,
    backtest_commission_ratio=0.0001,
    backtest_slippage_ratio=0.0001)
```

4. 回测结果和稳健性分析

设定初始资金 10 万，手续费率为 0.01%，滑点比率为 0.01%。回测结果如图 5-21 所示。

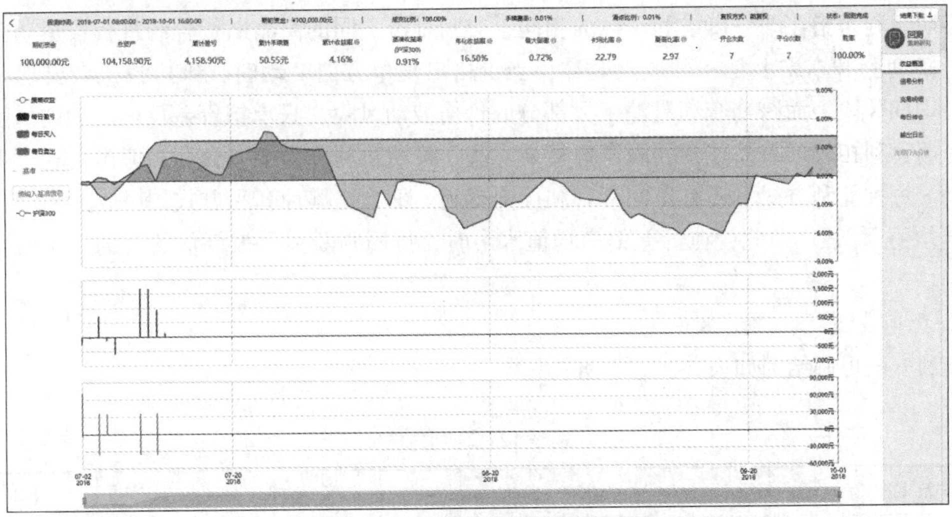

图 5-21　网格交易法回测结果分析

回测期间策略累计收益率为 4.16%，年化收益率为 16.50%，基准收益率为 0.91%，整体跑赢指数。最大回撤为 0.72%，胜率为 100%。在 2018 年 7 月 12 日以后，标的没有交易，说明此时标的价格已经超过设置的网格范围，可以适当加宽或增加网格数量。为了检验策略的稳健性，保持标的和回测期不变，改变网格间隔和网格数量，得到回测结果如表 5-11 所示。

表 5-11　网格交易法间隔和数量策略分析

网格间隔	网格数量	手续费	年化收益率	最大回撤	胜率	未平头寸
0.01* 价格中枢	6	50.55	16.50%	0.72%	100%	0 手多单
0.02* 价格中枢	6	36.89	26.21%	7.82%	100%	2 手空单
0.005* 价格中枢	6	61.42	–30.24%	22.04%	85.71%	3 手空单
0.01* 价格中枢	4	18.11	15.49%	4.17%	100%	1 手多单
0.02* 价格中枢	4	18.16	16.08%	4.16%	100%	1 手空单
0.005* 价格中枢	4	21.72	–51.27%	31.39%	100%	4 手空单

由表 5-11 可以看到，改变网格间隔和网格数量对回测结果的影响较大。整体胜率较高，

但存在部分未平头寸。在网格间隔设置为0.01倍价格中枢时，整体收益率最高，最大回撤也处于较低水平；在网格间隔为0.02倍中枢价格时，整体收益率最差。由此可以看出，网格间隔对收益率的影响要高于网格数量。因此，在利用网格交易法时，需要设置合理的网格间隔。

5.4.9 跨期套利

跨期套利是套利交易中最普遍的一种，是股指期货的跨期套利（Calendar Spread Arbitrage），即为在同一交易所进行同一指数、但不同交割月份的套利活动。

1. 原理

① 什么是跨期套利？

跨期套利是指在同一市场利用标的相同、交割月份不同的商品期货合约进行长短期套利的策略。跨期套利本质上是一种风险对冲，当价格出现单方向变动时，单边投机者要承担价格反向变动的风险，而跨期套利过滤了大部分的价格波动风险，只承担价差反向变动的风险。

跨期套利相较于跨品种套利而言更复杂一些。跨期套利分为牛市套利、熊市套利、牛熊交换套利。每种套利方式下还有正向套利和反向套利。不管是哪种套利方式,其核心都是认为“价差会向均值回归”。因此，在价差偏离均值水平时，按照判断买入被低估的合约，卖出被高估的合约。

② 套利方法。

套利方法可归结为如表5-12所示的几类。

表5-12 套利方法

价差（近－远）	未来价	原理	操作
偏大	上涨/下跌	近月增长 > 远月增长	买近卖远
		近月下跌 < 远月下跌	
偏小	上涨/下跌	近月增长 < 远月增长	卖近买远
		近月下跌 > 远月下跌	

③ 协整检验。

要想判断两个序列之间是否存在关系，需要对序列进行协整检验。以大商所豆粕为例，对DCE.m1701和DCE.m1705进行检验。

1701合约的t值 = –2.117 6，临界值为 –3.476 9，t > 临界值说明序列平稳。

1705合约的t值 = –2.519 4，临界值为 –3.476 9，t > 临界值说明序列平稳。

两个序列都为单整序列，残差序列也平稳，说明两者之间存在长期稳定的均衡关系。

2. 策略步骤

第一步：选择同一标的不同月份的合约，本策略以豆粕为例。

第二步：计算价差的上下轨。

第三步：设计信号。价差上穿上轨，买近卖远；价差下穿下轨，卖近买远。

价差达到止损点时平仓，价差回归到均值附近时平仓。

回测标的：DCE.m1801、DCE.m1805。

回测时间：2017-09-25 到 2017-10-01。

回测初始资金：200 万。

3. 策略代码

```
# coding=utf-8
from __future__ import print_function, absolute_import, unicode_literals
import numpy as np
from gm.api import *
'''
通过计算两个真实价格序列回归残差的0.9个标准差上下轨,并在价差突破上轨的时候做空价差,价差突破下轨的时候做多价差，并在回归至标准差水平内的时候平仓。
回测数据为:DCE.m1801和DCE.m1805的1min数据。
回测时间为:2017-09-25 08:00:00到2017-10-01 15:00:00。
'''
def init(context):
context.goods = ['DCE.m1801', 'DCE.m1805']
#订阅品种数据
subscribe(symbols = context.goods,frequency = '1d',count = 31,wait_group = True)
def on_bar(context, bars):
#获取历史数据
close_1801 = context.data(symbol=context.goods[0], frequency='1d', count=31, fields='close')['close'].values
close_1805 = context.data(symbol=context.goods[1], frequency='1d', count=31, fields='close')['close'].values
#计算上下轨
spread = close_1801[:-2] - close_1805[:-2]
spread_new = close_1801[-1] - close_1805[-1]
up = np.mean(spread) + 0.75 * np.std(spread)
down = np.mean(spread) - 0.75 * np.std(spread)
up_stop = np.mean(spread) + 2 * np.std(spread)
down_stop = np.mean(spread) - 2 * np.std(spread)
#获取仓位
position1801_long = context.account().position(symbol = context.goods[0],side =PositionSide_Long)
position1801_short = context.account().position(symbol = context.goods[0],side =PositionSide_Short)
#没有仓位时
if not position1801_short and not position1801_long:
    # 上穿上轨时，买近卖远
    if spread_new > up:
        order_volume(symbol=context.goods[0], volume=1, order_type=OrderType_Market, side=OrderSide_Buy, position_effect=PositionEffect_Open)
        order_volume(symbol=context.goods[1], volume=1, order_type=OrderType_Market, side=OrderSide_Sell, position_effect=PositionEffect_Open)
```

```
            print('上穿上轨，买近卖远')
        # 下穿下轨时，卖近买远
        if spread_new < down:
            order_volume(symbol=context.goods[0], volume=1, order_type=OrderType_
Market, side=OrderSide_Sell, position_effect=PositionEffect_Open)
            order_volume(symbol=context.goods[1], volume=1, order_type= Order-
Type_Market, side=OrderSide_Buy, position_effect=PositionEffect_Open)
            print('下穿下轨，卖近买远')
    #价差回归到上轨时，平仓
    if position1801_long:
        if spread_new <= np.mean(spread):
            order_close_all()
            print('价差回归，平仓')
        if spread_new > up_stop:
            order_close_all()
            print('达到止损点，全部平仓')
    #价差回归到下轨时，平仓
    if position1801_short:
        if spread_new >= np.mean(spread):
            order_close_all()
            print('价差回归，平全部仓')
        if spread_new < down_stop:
            order_close_all()
            print('达到止损点，全部平仓')
    if __name__ == '__main__':
    '''
    strategy_id策略ID,由系统生成
    filename文件名,请与本文件名保持一致
    mode实时模式:MODE_LIVE回测模式:MODE_BACKTEST
    token绑定计算机的ID,可在系统设置-密钥管理中生成
    backtest_start_time回测开始时间
    backtest_end_time回测结束时间
    backtest_adjust股票复权方式不复权:ADJUST_NONE前复权:ADJUST_PREV后复权:ADJUST_POST
    backtest_initial_cash回测初始资金
    backtest_commission_ratio回测佣金比例
    backtest_slippage_ratio回测滑点比例
    '''
    run(strategy_id='strategy_id',
        filename='main.py',
        mode=MODE_BACKTEST,
        token='token_id',
        backtest_start_time='2017-07-01 08:00:00',
        backtest_end_time='2017-12-31 16:00:00',
        backtest_adjust=ADJUST_PREV,
        backtest_initial_cash=2000000,
```

```
    backtest_commission_ratio=0.0001,
    backtest_slippage_ratio=0.0001)
```

4. 回测结果

设定初始资金 200 万，手续费率为 0.01%，滑点比率为 0.01%。回测结果如图 5–22 所示。

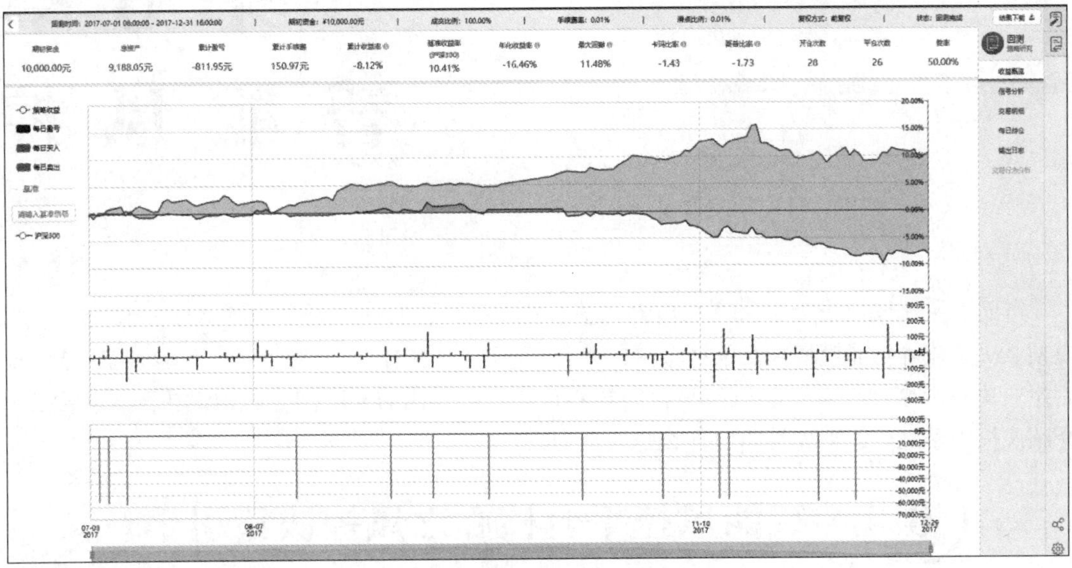

图 5–22　跨期套利回测结果分析

回测期累计收益率 –8.12%，年化收益率为 –16.46%。最大回撤率为 11.48%，胜率为 50.00%。

另外，高频交易是指从那些人们无法利用的极为短暂的市场变化中寻求获利的计算机化交易，比如，某种证券买入价和卖出价差价的微小变化，或者某只股票在不同交易所之间的微小价差。这种交易的速度如此之快，以至于有些交易机构将自己的“服务器群组”安置到了离交易所的计算机很近的地方，以缩短交易指令通过光缆以光速旅行的距离。

习　题　5

1. 量化选股的方法有哪些？利用 Python 源代码分别实现。
2. 统计套利的基本原理是什么？
3. 金融数据有哪些分类？
4. 采集一只股票的交易数据，时间维度 2008—2020 年，存储数据库，分析数据的特征维度，利用 Python 源代码实现。
5. 量化交易策略的手段有哪些？
6. 阿尔法策略的基本原理是什么？利用 Python 源代码实现策略模型。
7. 多因子选股策略的基本原理是什么？利用 Python 源代码实现策略模型。
8. 双均线策略的基本原理是什么？利用 Python 源代码实现策略模型。
9. 跨品种套利的基本原理是什么？利用 Python 源代码实现策略模型。

第 6 章 智能风控

市面上主流风控决策引擎产品包含的核心功能模块，其中主要是规则、评分卡、表达式、模型、决策流等功能模块。互联网金融的兴起，金融科技向传统金融渗透，智能风控平台应运而生。决策引擎担任着智能风控平台的核心角色，在当代的互联网金融浪潮中至关重要，在介绍决策引擎之前，首先要明白什么是大数据风控。

6.1 智能风控平台核心之风控决策引擎

什么是大数据风控？大数据风控即大数据风险控制，是指通过运用大数据构建模型的方法对借款人进行风险控制和风险提示。抽象出来如图 6-1 所示。

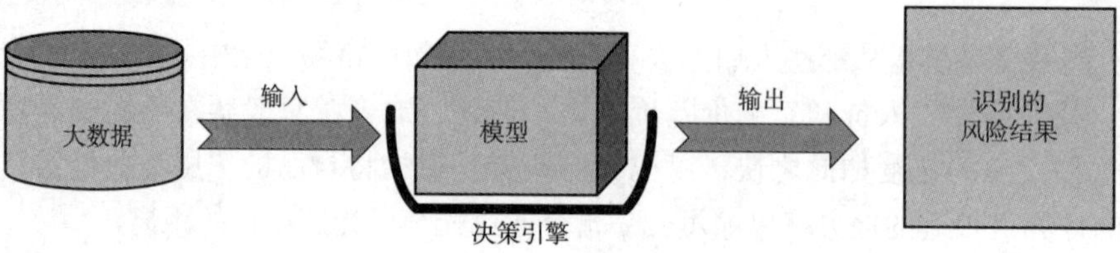

图 6-1 大数据风险控制模型

风控决策引擎作为模型的载体，实际上就是实现大数据风控的工具。

风控决策引擎是对复杂的业务逻辑抽象化剥离出来的业务规则进行不同的分支组合、关联，然后层层规则递进运算，最终输出决策结果的产品。

传统的风控决策引擎主要实现规则的逻辑判断，例如：女厕所的规则可以制定成“性别为女,才能进入,否则不能进入”,因此在数据段输入的人性别为“男”时,则规则判断为不能进入;现在通常使用的风控决策引擎在传统的基础上功能更加丰富，可以实现规则、评分卡、模型、表达式等多种类型的逻辑嵌套，实现层次更加丰富的逻辑运算，满足现在的互联网金融业务要求；高阶的风控决策引擎，是在现有的风控决策引擎上融入了自然语言处理平台、流计算平台等,提升了现有决策引擎的算力和处理时效。这里主要介绍通常使用的风控决策引擎平台，包含的常用功能模块主要有规则、评分卡、模型、表达式、决策流，如图 6-2 所示。

规则模块：规则模块常用的产品实现方式主要有规则集、规则表、规则树。

规则集：规则集分为普通规则、循环规则，普通规则由变量、表达式、条件值、决策结果组成，如图 6-3 所示。

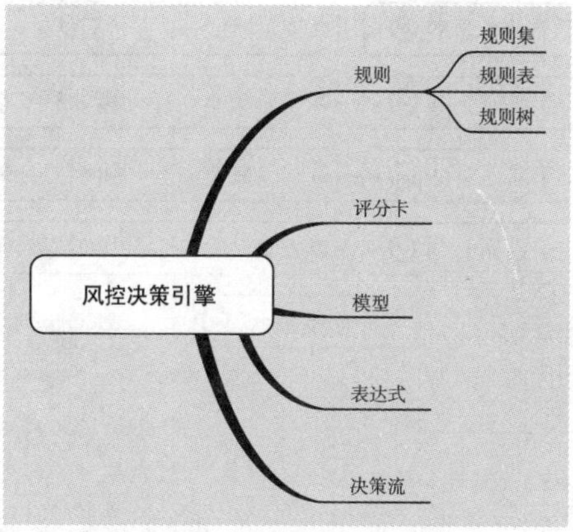

图 6-2 大数据风控决策引擎

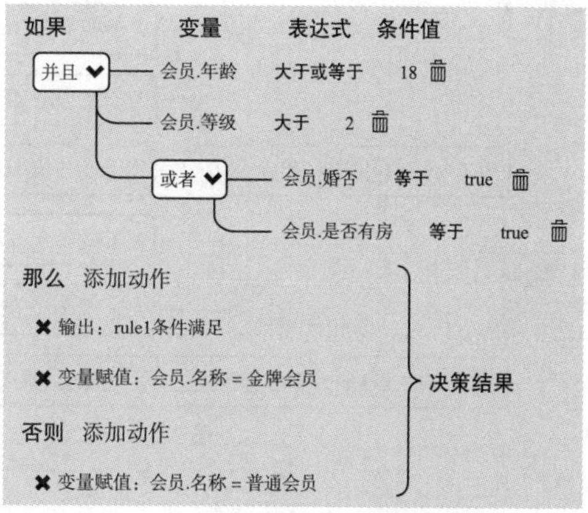

图 6-3 风控决策引擎规则集

变量：会员年龄表示表达式：大于或等于、条件值：18，这只是规则集的一条规则，其中规则与规则之间存在且、或逻辑关系，然后就是决策结果：满足 rule1，输出会员名名称“金牌会员”，不满足输出会员名称“普通会员”。

循环规则：可以对集合对象进行循环的执行规则，一个循环规则可以有一个或者多个循环单元，每个循环单元都是一个普通的规则，定义的方式同普通规则。只是在执行循环规则时，需要添加循环条件，以及循环结束后输出的决策结果，在风控决策引擎中，循环规则运用的较少，这里不做详细的讲解。

规则表：规则表是一种表格形式的规则工具，在处理判断条件较多的时候，决策结果较多的情况时，可以快速定义出决策规则。

规则表分为条件列、决策列，如图 6-4 所示，借款人年龄、借款人是否有驾照、借款人命中黑名单是条件列，决策结果是决策列。

借款人年龄	借款人是有驾照	借款人命中黑名单	决策结果
>=20&&<=55	等于ture	等于ture	C
	等于ture	等于false	A
	等于false	等于ture	D
	等于false	等于false	C
>55&&<20	等于ture	等于ture	E
	等于ture	等于false	E
	等于false	等于ture	E
	等于false	等于false	E

图 6-4 借款人规则表

现在虽然风控决策结果输出的结果类型不要求多样化，但是规则种类、数量很多，采用规则表方案实现规则的决策配置可以更加便捷、清晰。

规则树：规则树是规则集的另一种表现形式，如图 6-5 所示，在展示上更加形象，在风控业务上通过规则树、规则表进行规则的配置可以更加形象、快捷。

其中每条规则的实现方式同普通规则，都由变量、表达式（条件）、条件值、决策结果（变量赋值）构成。

评分卡模块：评分卡是对目标的信息进行分析打分的表达方式，表示此人或此机构由于信用活动的拒付行为所造成损失风险的可能性，评分通常用于对个人或机构的风险管理与评估。评分卡实际也是规则的变形，通常由变量、表达式、条件值、得分四部分组成，如图 6-6 所示，当然评分卡还会有得分的计算方式，例如求和、加权求和等。

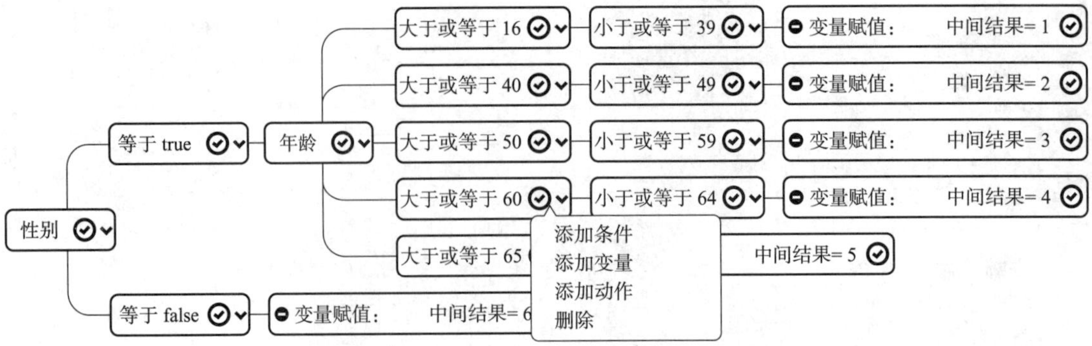

图 6-5 规则树

属性【张三】▾ 变量	条件 表达式+条件值	分值 得分
欺诈分	小于或等于125	0
	大于125并且小于200	1
	大于或等于200并且小于220	2
	大于或等于220并且小于260	3
	大于或等于260并且小于285	4
	大于或等于285并且小于315	5
	大于或等于315并且小于388	6
	大于或等于388并且小于或等于480	7
	大于480	8

图 6-6 评分卡计算

模型模块：通过主观意识借助实体或者虚拟表现构成客观阐述形态结构的一种表达目的的物件，风控决策引擎中使用的模型更多的是数据模型，描述的是目标的行为和特征。模型在决策引擎中，对于决策引擎平台实际是一个已经封装好了的产品，决策引擎只会负责入参变量的配置、出参变量的配置以及模型的调用，所以这个模块的核心主要是考虑模型的类型（py、model）、调用逻辑、入参以及出参变量的配置。

表达式模块：表达式模块主要是规则、评分卡等逻辑判断实现困难时，可以直接通过代码自由编辑实现决策的规则判断，如图 6-7 所示，其中规则的表达式、条件值、决策结果都是通过编码实现，通过这样的方式可以运用于更多小众难实现的决策场景，灵活性更大。表达式模块类似模型模块，规则的入参和出参配置也是重点。

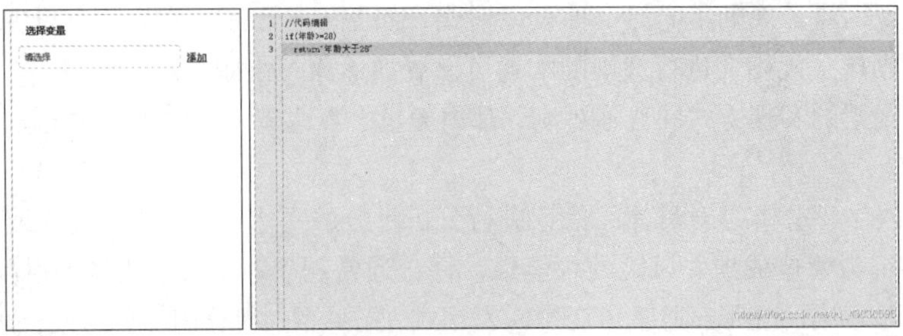

图 6-7 表达式模块

决策流模块：决策流实现整个决策引擎的工作流配置，用来对已有的规则、评分卡、模型、表达式进行执行顺序的编排，清晰直观地实现大型、复杂的风控规则。决策流核心的构成包含开始节点、规则 / 评分卡 / 模型等已封装好的规则包节点、决策节点、分支节点、聚合节点，如图 6-8 所示。

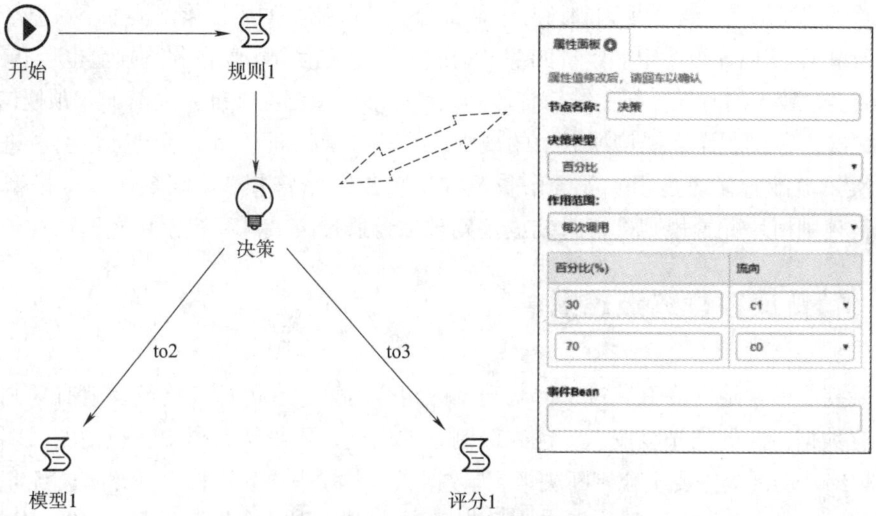

图 6-8　决策流模块

开始节点为一个决策流开始的地方，决策流程必须有始有终且必须以开始节点作为开始；规则包节点，实际就是用来添加之前在规则、评分卡、模型、表达式中已经创建好的规则产品；决策节点是在决策时，根据为决策节点下流出连接配置的条件来决定究竟应该走哪条连接的节点，所以根据这一特性，决策节点下流出连接至少要有两条，否则决策节点就没有意义了；分支节点实现规则流多条并行的节点，通过这个节点，可以根据当前节点下流出连线数量，将当前规则流实现拆分成若干条子的规则流实例并行运行；聚合节点用来聚合由分支节点拆分出来的多个子的规则流，实现多条规则流的汇合；有始有终，决策流程的结束，一般是伴随着决策总、分的流程的执行，执行到最后节点自动结束，输出决策结果。

决策引擎除了以上核心功能模块以外，实际上为了风控决策引擎灵活多变，能够实现尽可能多的风控业务场景，通常会实现规则、评分卡、表达的相互嵌套调用，这样可以更好应对不同的风控业务场景。以上只是对风控决策引擎做了简要的介绍，其中的规则、评分卡等功能在风控业务复杂的情况下还可以对规则和评分卡进行产品升级，实现复杂规则、复杂评分卡的决策能力。实际应用中的产品只靠风控决策引擎是远远不够的，风控决策引擎的应用还会搭配指标平台、接口管理平台、风控报告等产品一同服务于风控业务。

6.1.1 信贷风控

大数据风控，大数据输入决策引擎通过规则、评分卡、模型、表达式、决策流等功能模块就能输出理想的风控结果了吗？实际业务中的风控流程依靠这几个功能模块是无法完全达到风控目的，成熟的风控方案有一套严谨的策略体系，风控决策引擎要结合风控策略体系，最终才能达到风险控制的目标。

大数据风控通用流程主要为贷前、贷中、贷后全信贷生命周期风控，分别对应的评分卡有A卡（application score card）申请评分卡、B卡（behavior score card）行为评分卡、C卡（collection score card）催收评分卡。评分卡的开发需要丰富的数据支撑，在信贷业务初期由于数据不充分，则不具备评分卡的开发条件，这时就会选择规则判断进行初期的风控。

信贷通用风控都是包含了规则和评分卡两部分，贷前流行的风控策略流如下：基于准入、反欺诈（黑名单）、信用评级、定额定价四部分构成，具体的信贷场景在此基础上也会有部分调整，在自有存量客户较大的时候，新上线信贷产品之前很多厂家都会在准入之前加入预授信策略。

无论是准入、反欺诈、授信评级中的规则还是评分卡，通常都是通过决策引擎进行逻辑判断，其中决策流配置模块是用来配置信贷风控策略流，评分卡模块配置评分卡模型进行封装成规则包，规则模块配置规则进行封装成规则包，再通过决策流配置模块配置风控流程。

6.1.2 信贷风控优先级规则

信贷风控流程就是决策引擎对于传入数据的组合运算，有风控策略流程就有规则的优先级运算也就有数据传入的优先级概念，优先级制定的原则主要是从数据源、规则的强弱（强规则命中直接拒绝、弱规则需要组合判断决策）、数据成本、效率、数据积累等方面进行考虑。

① 自有数据源对应的规则优于三方数据源对应的规则，自有数据源在接口请求、性能、价格等方面都优于三方数据源，如自有的黑名单库数据，命中黑名单规则可以直接拒绝。

② 强规则（强规则命中直接拒绝）优于弱规则（弱规则需要组合判断决策），很多决策引擎的性能伴随着规则数量的增加下降，考虑更好地利用决策引擎的资源，强规则决策优于弱规则决策。例如命中前可拒绝这种强规则，应该优于命中多头借贷且命中逾期3次拒绝这种组合的弱规则。

③ 低成本数据对应的规则优于高成本数据对应的规则，大数据风控数据的费用在整个智能风控中占据着较重的比例，在制定风控策略流程的时候，低成本规则优于高成本规则。三方数据服务主要由查得、查询两种计费模式，其中查得是指三方数据返回有结果进行计费；查询是指请求三方数据，不管三方数据是否返回结果就进行计费，因此查得对应的规则优于查询对应的规则。

④ 效率高的规则优于效率低的规则，有些规则比如规则甲只需要一个接口A就能做出决策，而规则乙则需要三个接口B/C/E才能做出决策，因为接口的请求需要时间，这时候就需要考虑规则效率，效率高的优于效率低的规则。

⑤ 需要积累数据的规则优于无需积累数据的规则，在模型冷启动的时候，有些变量作为后期模型潜在核心变量，需要尽可能多地收集这些数据，此时需要积累数据的规则优于无需积累数据的规则。

以上的优先级原则不都是固定不变的，很多规则优先级的制定都是基于几个原则的综合考虑。

6.1.3 信贷风控决策流程

有规则的优先级原则，对于风控决策引擎在决策运算时的功能要求是，能够对于决策流程命中拒绝结果后实现决策流程的决策中断以及决策继续，决策流程不仅可以在大的决策流上实现决策流程开关，而且也可以对小的支流某条规则实现决策流程的开关。

数据接入优先级确认，传入决策引擎进行规则、评分卡、模型的决策，此时还需考虑数据缺失时，数据缺失太多，规则、评分卡等的风控也会失灵，那此情形下的决策引擎应该怎么处理呢？

通常规则类的策略，在命中数据缺失的时候，可以在规则中配置决策结果直接输出缺失的结果。但是评分卡类的策略，如果在数据缺失时通过配置其得分，最后计算总得分，依据总分进行评分卡的结果决策，这样很难保证评分卡的效果。例如评分卡中的变量丰富的时候，其中核心变量是不能允许缺失，但是如果决策引擎没有对应的判断机制，在核心变量缺失时，其他变量没有缺失同时其他变量的得分较高，此时拉高了整体的评分卡的得分，最后的得分做出决策为通过，实际该客户因为核心变量缺失需要通过人工审核，因此在这种情形下并不能准确地判断客户的征信情况。那么决策引擎应该怎么去解决这个问题呢？

设计决策引擎产品下到规则集、评分卡的每一条决策判断，上到规则包、模型包的决策判断都需要进行数据信息值的计算，在决策引擎中的规则、评分卡配置上需要具备信息值的配置、信息值的阈值配置以及信息值的决策结果配置等。决策引擎在进行规则判断的时候，首先应该计算的是信息值，然后再进行策略的运算，通过对缺失值的管控，实现更精准的风控效果。

6.1.4 信贷风控模型策略

决策引擎主要的用户是模型策略人员，风控策略伴随着业务的发生，会进行不断的调整、迭代，同时不同的业务场景所使用的模型策略也是不同的，因此决策引擎还需要满足模型版本管理、模型对比的功能，可以更方便用户配置操作、支撑更多的业务场景。

模型的优化、迭代是需要丰富的历史数据作为支撑，这里的历史数据可以分为两部分：一是传入决策引擎的元数据，二是决策引擎计算出来的结果数据，包含规则、评分卡等数据。数据在传入决策引擎进行计算后需要对元数据和结果数据进行存储，这里的存储也会存在两种方式：一是缓存，这样可以避免同一个客户在规定的时间内重复调用三方数据，造成不必要的成本浪费；二是存储所有的风控数据，便于后期模型的调优、迭代，同时也可以用于贷中、贷后的管理。数据存储的功能，更多的规划在决策引擎的配套产品接口管理平台中，在后面决策引擎配套产品介绍中会详细介绍。

实际业务中，风控的结果输出，不仅仅只是“通过”“拒绝”“人工审核”，还会有很多详细的内容，包含触发的规则、预警的规则等，这就要求需要一个详细的风控报告输出，以备人工审核的人员获取数据，这也是决策引擎配套的风控报告产品。

6.2 智能风控平台核心之策略模型

风控报告功能模块的作用是呈现风险决策结果、风险明细内容，方便风控审核人员使用。

模型监控功能模块的作用是对策略、模型的实时分析统计，方便策略、模型的异常洞察和迭代优化。接口管理功能模块是决策引擎的数据传输管道，不管是数据的输入和输出都是通过接口管理功能模块实现。

下面会对风控报告、模型监控、接口管理三个功能模块分别进行介绍。

6.2.1 风控报告

风控报告的产品目的是提供给风控业务人员查看详细的风险内容，对象主要包含反欺诈人员、风险审批人员、模型人员、策略人员等。

风控决策引擎的规则、评分卡、表达式主要用于数据的决策计算，风控决策引擎每完成一次决策就会输出相应的决策结果，通常这些决策结果都是简单的判断结果，目前市场上决策结果主流划分有“通过、拒绝、人工审核”。风控人员对于风险的洞察如果只是基于决策结果还远远不够，风控报告承载的详细风险也是风险审核的重点。

风控报告是除接口外，决策引擎对外输出结果的另一渠道。风控报告的核心是服务风控业务，本质是展示风险内容。充分考虑风控报告使用的业务场景，风险内容的展示只是基础，还涉及报告的下载以及风险内容脱敏、变更。

风险内容根据不同的数据来源渠道通常分为业务信息、三方信息、决策信息、名单信息、关系网络信息，根据智能风控策略模块分为产品信息、个人信息、准入信息、黑名单信息、反欺诈信息、评级信息、额度价格信息、风险监控信息、催收评级信息、盈利预测信息等。

拿市场上最常用的风控报告内容的布局来说，通常风控报告的顶部是产品信息、基本信息，然后是根据风控策略流程的顺序分布的决策信息，包括规则、模型的结果信息，最后是根据策略模块显示的原始详细信息即原数据信息，如图 6-9 所示。

风控报告记录的是客户的个人隐私信息，因此在信息的展示时需要充分地考虑数据的安全性，如身份证号码、手机号码等身份标识数据展示时应该脱敏处理；风控报告主要用于内部风控人员对风险的审核，因此通常限制风控报告在内网使用;风控报告的使用对象包含模型人员、策略人员、反欺诈人员、审核人员甚至是业务人员，不同角色关注的风险内容不同，并且规则和模型等详细内容也是属于高度机密信息，因此在对风险报告内容展示的时候还需要充分考虑决策引擎内容的脱敏，通常会在报告和原始内容中间制定一层映射，并且对内容模块划分数据权限。

业务中风控报告可能需要打印出纸质文档或者生成电子文档进行传递，因此有些场景也会涉及风险报告的打印和导出。

6.2.2 模型监控

模型监控的产品目的是为模型人员和策略人员提供模型和规则的实时分析、监控以及为后续模型和规则的迭代优化提供数据支撑。规则、模型上线后相关人员需要对其进行高频地分析检查，以便于精准地判断新规则和模型的影响。

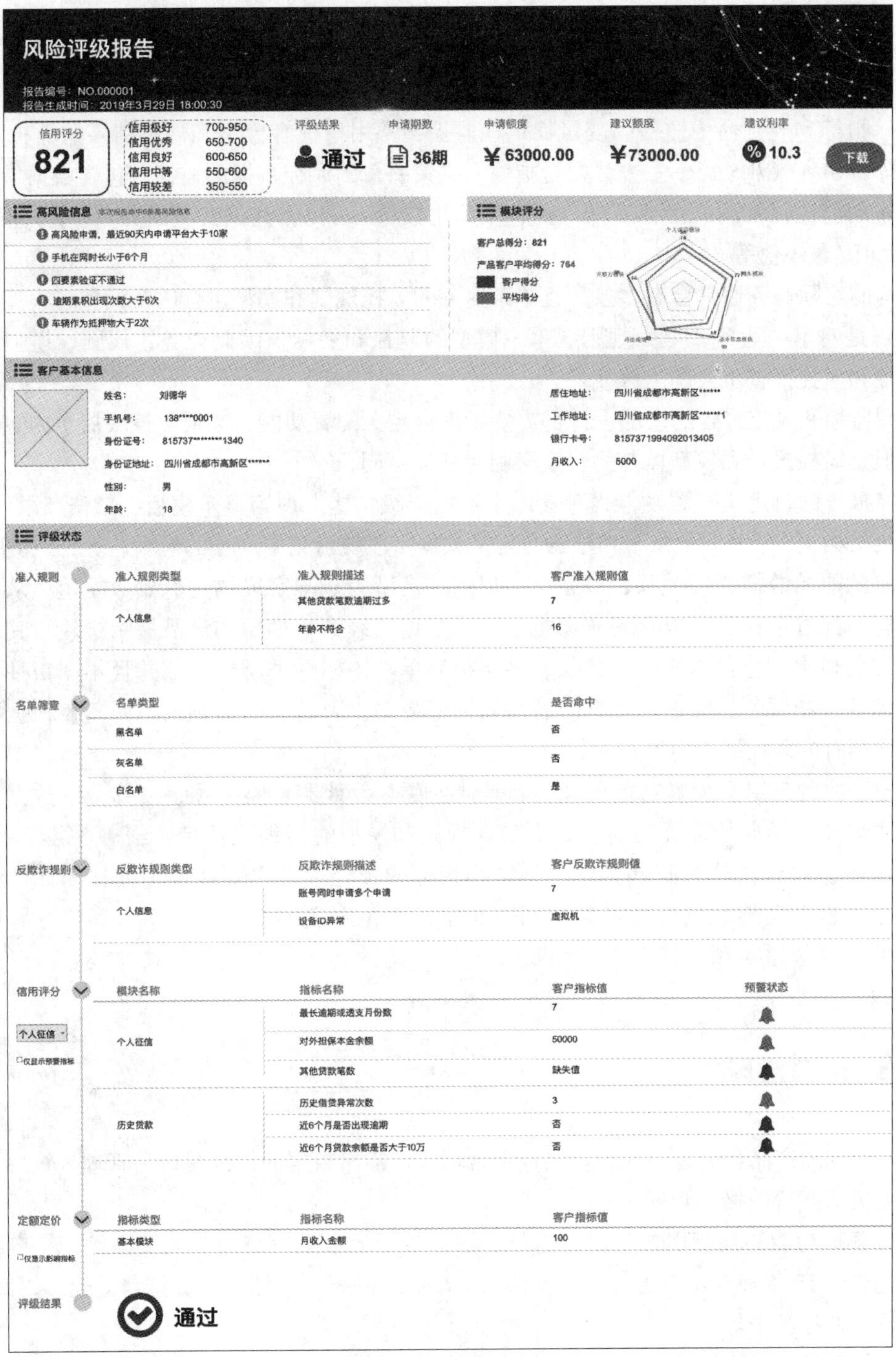

图 6-9　风控报告内容

模型监控的核心是业务，其本质是通过模型监控了解规则和模型对业务的影响。模型监控主要分为业务、模型内容、数据三方面的监控：业务是指业务流程的监控，包含通过率、转化率、人数与金额的数量以及占比的监控，常用指标有准入、黑名单、反欺诈、信用评级的通过率 /

拒绝率/基比/环比，审核、核准、拨贷的金额/件数/占比/基比/环比等；模型内容是指对规则和模型的结果、命中情况、稳定性的监控，包含决策结果分布监控、规则和模型结果分布监控、指标和规则命中监控、变量稳定性监控，常用指标有模型和规则结果的分布/占比/混淆矩阵/PSI/AUC/KS 等；三方数据是指输入决策引擎的风控数据的监控，包含数据借口稳定性、异常的监控，常用的指标有借口的有效调用数量/占比，数据变量的分布/缺失值/平均值/最大值/最小值等。

机构的实际业务通常会有多条并且单条业务的风控规则和模型也会时常调整，模型监控和风控报告是对单一业务、单一规则、单一模型的监控和展示，因此业务、规则、模型的变动模型监控和风控报告也会随之改变。

模型监控和风控报告的产品设计都需要考虑自定义配置功能，以便监控或展示内容的灵活变动，但是风控报告和模型监控的自定义配置功能不同。

风控报告的自定义配置功能设计核心是数据层级结构、内容显示模板、数据权限三部分。数据层级结构至少有三层，从最顶层的自定义数据字段映射到中间层的规则、模型、指标字段，再到底层的原始数据逐级关联，以指标、规则、模型为基础字段锚定原始数据值，从而实现报告内容的配置字典表；内容现实模板是给予数据层级结构抽象的产品展示模块，其承载了报告内容的显示，包含本文框、形状、多层级表单、图标等类型组件，并且不同组件都具有各自的属性，如颜色、文字、边框的编辑属性；数据权限是上文提到的不同角色根据配置字典表确认拥有的风控报告内容查看权限。

模型监控的自定义配置功能设计核心是数据源、设计器、监控预警三部分。数据源比较简单，主要是囊括监控需要的所有数据包含规则和模型的结果、变量明细、业务流程状态、借贷明细等；设计器分为两部分，一是监控指标的预处理，主要涉及函数自动计算结果的图表显示，以及监控数据分析结果的图表显示，二是图表的颜色、文字、形状等属性编辑功能；监控预警是对预警风险触达解决人员的方案设计，包含短信、邮件、电话以即及时通信等方式。

6.2.3 接口管理

接口管理的产品目的是实现智能风控平台输入、输出数据的标准化统一管理，核心是建设能够自主灵活配置的接口管理平台。

接口管理功能的核心用户是研发人员，根据市场上金融信贷业务的共同性，接口管理的常用功能包含 IP 管理、接口配置、自动测试、Mock server、文档管理、接口适配、码值管理、流量管理、监控预警等。

接口管理是用于智能风控平台接口接入和输出的管理，但是接口管理在智能风控平台中是如何运作的?

在整个智能风控平台中接口管理串联起了指标管理、决策引擎、业务系统、三方数据。决策引擎系统执行决策计算的数据来源于业务系统渠道、三方数据渠道、自有平台渠道等多种渠道。

每一次的风险决策，接口的请求调用顺序基本都是首先进行 API1 请求，再进行 API2 请求，然后接口管理系统把 API1 传入的数据和 API2 返回的数据进行统一整合后，再进行 API3 请求，最后决策引擎系统拿到接口管理系统传入的数据进行决策计算，输出的结果再返回到接口管理系统，接口管理系统再将结果返回给业务系统。

其中的核心系统逻辑是接口管理系统准备数据传给决策引擎系统，接口管理系统是如何知道决策引擎系统需要哪些数据的呢？这就不得不提到指标管理系统的作用，决策引擎系统决策的规则或者模型基于指标配置，指标管理系统的指标同数据源接口的具体字段关联，接口管理系统就能够通过读取决策引擎系统配置好的指标自动识别、定位具体需要提供的数据项，从而接口管理系统能够实现风险决策数据入参项的准备。

以上核心系统逻辑已经是之前提到的成熟完善的系统产品，接口管理也是作为单独的系统进行建设，但是接口管理无论是单独的系统还是融合在决策引擎中的功能模块，其核心系统逻辑并不会发生改变。

接口管理的功能涉及的产品内容较多，全面的接口管理会被单独打造成一个系统平台，具有一个成熟完善的产品体系。由于内容较多，这里只选取接口管理的核心功能，即接口配置、接口适配进行介绍。

1. 接口配置

接口配置功能负责前端和后端接口的基本信息、AppKey、接口参数、访问路径、存储路径等的配置。

其中前端基本信息是指 API1 的信息，包括接口 ID、接口名称、缓存机制等，后端基本信息是指 API3 的信息，包括后端名称、请求地址、请求类型、请求方式等；AppKey 是接口请求的密钥，三方应用通过接口访问路径和请求密钥来实现智能风控平台的调用，只有路径和密钥都正确请求才会成功。

接口参数分为请求参数和返回参数，参数根据常用接口格式通常分为 header 和 body 两部分；访问路径就是接口的访问地址，通常以 http 或者 https 的类型提供，接口需要联调，因此产品设计之初需要考虑到正式和测试环境的兼容与切换。

存储路径是指接口与数据库应用如（MongDB、Kafka、MySQL 等）的设置关系，接口输入、输出数据都需要进行存储落档，因此对应的数据库应用的配置必不可少，不同的应用之间产品的属性不同，如数据库地址、用户名、密码等信息，具体内容请自行查阅熟悉。

2. 接口适配

接口适配实际也是接口配置的一部分，但是作为信贷业务的接口管理核心功能，有必要单独介绍接口适配。

接口适配在接口管理中主要解决智能风控平台核心逻辑中 API2 的自动化调用，产品方案是适配功能映射 API1 中的传入参数到 API2 中作为 API2 的请求参数，接口管理根据预先配置好的映射逻辑实现 API2 接口的自动调用。

不管是接口配置还是接口适配，产品设计都会涉及的重点功能是字段的映射和接口请求转发，把 API1 的请求转化为 API2 的请求再转化为 API3 的请求，最终实现多个功能模块或者多个系统的相互联动。

6.3 智能风控平台核心之指标管理

现在主流的风控决策引擎核心功能模块如图 6-10 所示。

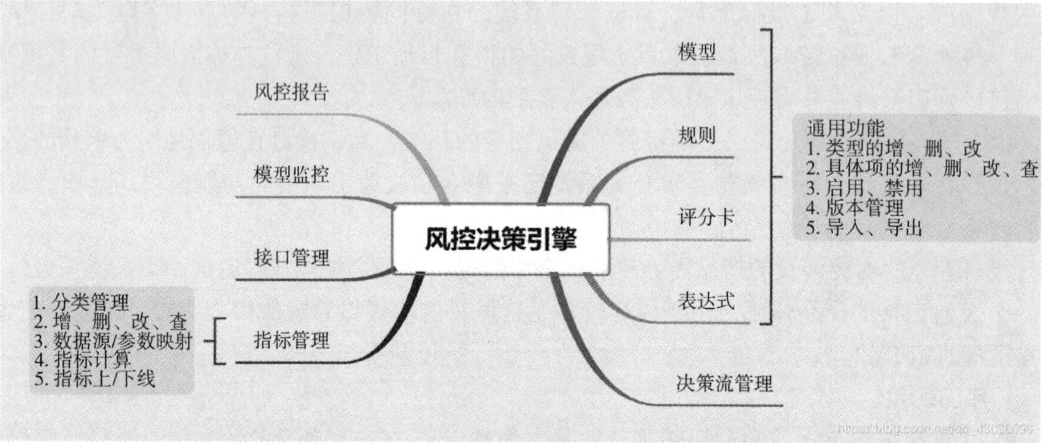

图 6-10 风控决策引擎核心功能模块

除了模型、规则、评分卡、表达式、决策流管理功能模块，还需要指标管理、接口管理、模型监控、风控报告等模块的辅助支撑，风控决策引擎才能在实际的业务中运行。下面会对指标管理模块做一个详尽解读，在介绍指标管理模块前首先要理解什么是变量、什么是指标？

什么是变量？变量来源于数学，是计算机语言中能储存计算结果或能表示值的抽象概念，变量让你能够把程序中准备使用的每一段数据都赋给一个简短、易于记忆的名字，通俗地理解成某一类值抽象后所赋予的名字，例如接口文档中的参数就是变量。

什么是指标？衡量目标的方法，预期中打算达到的指数、规格、标准，一般用数据表示。风控指标可以理解是对于风险因子（风险因子是促使或引起风险事件发生的条件，以及风险事件发生时，致使损失增加、扩大的条件）的定性描述。

变量和指标的区别是什么？变量和指标在风控的作用上其实没有区别，在业务解读上指标具有业务属性，变量基本不带业务属性，在数量变得多的时候，指标更加利于管理。

决策引擎常说的通过变量配置规则，或者通过指标配置规则，实际上意思是相同的。指标管理模块的打造，对变量赋予了更多的业务属性，使其更加利于管理、更加成体系，利于对风控业务的解读。

风控指标贯穿整个信贷生命周期，指标也是风控决策引擎进行运算的最小维度，在智能风控平台核心之风控决策引擎（一）中介绍了规则的组成包含了变量、表达式、条件值、决策结果四部分，其中的变量就是指标。信贷风控中常用的指标如表 6-1 所示。

表 6-1　信贷风控指标

指标编号	指标类型	指标名称	指标代码	数据来源	接口名称	数据表 / 原始字段	参数值	指标注释	是否上线
CREDIT_BE1	信贷行为	信贷申请状态	ap_state	*** 信贷行为数据	信贷行为详情（netloan）	state apply	1（是），0（否）		
CREDIT_BE2		信贷申请次数	ap_allnum		信贷行为详情（netloan）	num apply	数值：贷款申请总次数		
CREDIT_BE3		信贷通过状态	pa_state		信贷行为详情（netloan）	state pass	1（是），0（否）		
CREDIT_BE4		信贷通过次数	pa_allnum		信贷行为详情（netloan）	num pass	数值：贷款通过总次数		
CREDIT_BE5		信贷驳回状态	re_state		信贷行为详情（netloan）	state rejection	1（是），0（否）		
CREDIT_BE6		信贷驳回次数	re_allnum		信贷行为详情（netloan）	num rejection	数值：贷款驳回总次数		
CREDIT_BE7		信贷还款状态	ba_state		信贷行为详情（netloan）	state back	1（是），0（否）		
CREDIT_BE8		信贷还款次数	ba_allnum		信贷行为详情（netloan）	num back	数值：贷款还款总次数		
CREDIT_BE9		信贷逾期状态	ov_state		信贷行为详情（netloan）	state over	1（是），0（否）		
CREDIT_BE10		信贷逾期次数	ov_allnum		信贷行为详情（netloan）	num over	数值：贷款逾期总次数		

不同的信贷场景使用的指标不同，一个成熟的指标池需要支撑很多信贷业务场景，因此会有成百上千的指标，此时就需要一个完善的指标管理模块进行体系的管理。

指标管理模块的核心功能点主要是增、删、改、查、分类管理、数据源 / 参数映射、指标计算、上 / 下线，如图 6-11 所示。

图 6-11　指标管理模块核心功能

1. 指标分类

成百上千的指标数量众多，利用指标模块可实现指标分类的管理，指标分类没有具体的方法，但是比较常见的有以下方式。

有的按照信贷场景划分，例如：现金贷、消费分期、汽车分期、房抵贷等。

有的按照业务场景划分，例如：贷前、贷中、贷后。

有的按照风控策略流程划分，例如：准入、反欺诈、信用评级、贷后监控。

有的按照数据属性、类型划分，例如:互联网行为、社交关系、黑名单、基本信息等划分。

目前主流的指标类型是按照数据属性、类型划分，这样利于指标在业务上的扩展性。

2. 指标的增、删、改、查

指标管理模块肯定是需要实现指标的新增、修改、编辑、查询、删除等功能，如图 6-11 中的线下维护的指标是需要添加到风控决策引擎系统中，其中需要格外注意指标的唯一性识别编号，机器是通过每个指标的唯一编号识别指标，一般编号都是由机器默认生成，指标的线上线下维护通过编号进行确认。

指标的数据源 / 参数映射：风控指标都会对应数据源的参数，可能是一对一也可能是一对多的关系，在指标生成的时候需要绑定其对应的数据源参数，这样规则运行的时候才能定位具体的参数，获取到参数下的值。

3. 指标的计算

如果指标的映射是一对多的关系，最终规则判断的数据实际上是一对多指标处理后的参数。

例如表 6-1 中的逾期次数类指标，可能对应的是一个接口下的多个逾期状态次数的统计，就需要对多个状态进行累加，此时指标就需要对映射的参数进行计算，其中计算的表达式可以根据自有指标情形进行内置，同时还应满足脚本形式的编辑。

4. 指标的上 / 下线

风控目标就是对风险的管控，指标创建后不能直接使用，一般是需要重复的检查，确保指标的正确性后才能进行使用，所以指标需要实现上 / 下线功能，来应对风控业务应急事项的处理。

指标还有一个固有的属性，根据指标的值可以将指标划分为连续性指标（指标值是连续的数值）、离散型指标（指标值是枚举型），这两种类型的区分主要是影响到规则的计算。

以上就是指标管理模块核心的功能点介绍，指标管理在产品层面不管是定义成功能模块，还是定义成平台，其实际的作用都是支撑风控决策引擎的运算。

5. 复杂规则表

在智能风控平台核心之风控决策引擎（一）中讲到了普通规则表的实现原理，复杂规则表与普通规则表相比，复杂规则表的条件由纵向和横向两个维度决定，而普通规则表的条件只由纵向维度决定。

但在普通规则表的动作部分可以是三种类型，分别是赋值、输出和执行方式，而在复杂规则表中动作部分就是纵向和横向两个维度交叉后的单元格的值，然后对这些值统一进行批量执行设置，如表 6-2 所示。

表 6-2　复杂规则表

纵向规则	横向规则	借款人命中黑名单　等于 true		借款人命中黑名单　等于 false	
		借款人命中失信等于 true	借款人命中失信等于 false	借款人命中失信等于 true	借款人命中失信等于 false
借款人年龄 >=20&&<=55	借款人是否有驾照等于 true	D	D	B	A
	借款人是否有驾照等于 false	D	C	C	B
借款人年龄 >55&&<20		E	E	D	C
		E	D	E	D

唯一确定一个值，所以它更加简单，也更为直观，相同类型的复杂规则表实现的是多维逻辑规则，如果换成普通规则表来定义，那将大大增加定义的复杂度。

6. 复杂评分卡

普通评分卡针对某个对象的一些属性值进行评分，但只能针对单个对象属性进行条件判断，如果需要对多个对象属性进行条件叠加判断，那么普通评分卡就无法实现了。复杂评分卡就能很好地解决这个问题，它可以实现评分时多条件叠加判断，进而使得评分卡的功能更加完善和强大，如表 6-3 所示。

表 6-3　复杂评分卡

申　请　人	申　请　人	分　　值
欺诈分 小于或等于 125	性别等于男	1
	性别等于女	2
欺诈分 大于 125 并且小于 200		3
		4
欺诈分大于或等于 200 并且小于 220		5
		6
欺诈分小于 130		7
		8
欺诈分大于或等于 130 并且小于 150		9
		10

相比普通评分卡不同的地方在于，复杂评分卡的条件列可以有多列，可以通过“插入条件列”项来增加条件列，对每个条件列都可以选择不同的对象与之绑定，每个条件列下条件单元格中又可以选择对应的对象属性，再配置相关的条件，这样每个分值的条件计算就可以形成多条件叠加效果，从而大大增加评分卡定义的灵活性，满足多变业务需求。

6.4　评分卡模型

6.4.1　评分卡模型的背景知识

风控顾名思义就是风险控制，指风险管理者采取各种措施和方法，消灭或减少风险事件发生的各种可能性，或风险事件发生时造成的损失。

1. 什么是信用风险

信用风险是交易对手未能履行约定契约中的义务而造成经济损失的风险，即受信人不能履行还本付息的责任而使授信人的预期收益与实际收益发生偏离的可能性，它是金融风险的主要类型。

2. 金融交易过程中相关概念

违约概率（probability of default, PD）指借款人在未来一定时期内发生违约的可能性。这个说法包含了两个方面，一是单一借款人违约的概率，另一个就是某个信用等级所有借款人的违约概率。《巴塞尔新资本协议》要求“实施内部评级法”的商业银行评估各信用等级借款人的违约概率。常用方法有：历史违约经验、统计模型、外部评级映射。

违约条件下的损失率（loss given default，LGD），债务人一旦违约将给债权人造成的资产损失的比例，即损失的严重程度。

LGD=1－回收率，回收率 = 回收金额 / 放宽金额，此处的回收金额指该账户违约，宣告无法偿债后，因拍卖担保品，强制执行借款人存款或其他催收方式所得回之金额。因此，通常除非有担保品，回收比率大部分非常低。也就是说违约损失率之大小，会取决于担保品的特性。

违约风险下的敞口暴露（Exposure at Default，EAD），顾名思义，刻画的是违约发生时债务的敞口，这里有几个要素值得注意。

① 违约发生时的敞口，不是之前，也不是之后，不是到期时，也不是债务发行时的敞口。为什么这很重要，因为敞口在大多数情况下都不是一个随时间不变的常量，而经常是一个随着时间和市场情况而变化的变量。比如按揭贷款，违约发生的时间越晚，EAD 就越小，因为未偿付本金随着时间而降低。EAD 降低的原因，可能是确定的时变因素，也可以是随机因素。再比如场外衍生品，其敞口每日都随着衍生品和抵押品的市场价值的变化而变化，因此 EAD 是一个复杂的随机过程。

② 敞口的度量。不同于 LGD，EAD 可以用面值刻画，也可以表达为一个参考基数（如初始敞口）的百分比。后者在建模时较为方便，可以用类似 LGD 的方法来处理。

风险权重资产（risk-weighted assets，RWA），是对银行的资产加以分类，根据不同类别资产的风险性质确定不同的风险系数，以这种风险系数为权重求得的资产，银行业的总资产有很多资产是 0 风险权重的，比如国债，有很多风险权重则很高。这个要看每个银行的资产负债结构的配置，一般来说风险权重高的收益也更高。

期望损失（Expected Loss，EL），是商业银行预期在特定时期内资产可能遭受的平均损失。

3. M 相关概念

M0：最后缴款日的第二天到下一个账单日。

M1：M0 的延续，即在未还款的第二个账单日到第二次账单的最后缴款日之间。

M2：M1 的延续，即在未还款的第三个账单日到第三次账单的最后缴款日之间。

M3：M2 的延续，即在未还款的第四个账单日到第五次账单的最后缴款日之间。

6.4.2 信用评分卡

1. 什么是信用评分卡

信用评分卡模型是最常见的金融风控手段之一，它是指根据客户的各种属性和行为数据，利用一定的信用评分模型，对客户进行信用评分，据此决定是否给予授信以及授信的额度和利率，从而识别和减少在金融交易中存在的交易风险。

2. 信用评分卡分类

评分卡模型在金融领域不同的业务阶段体现的方式和功能也不一样。按照借贷用户的借贷时间，评分卡模型可以划分为以下三种。

贷前：申请评分卡（Application score card），又称为 A 卡，用于评估借款人的风险水平，从而决定是否放款。

贷中：行为评分卡（Behavior score card），又称为 B 卡，根据借款人的还款行为来预测借款人的风险变化。

贷后：催收评分卡（Collection score card），又称为 C 卡，针对已经出现不良的贷款，评估其回收的可能性。

这三种评分卡在算法上区别不大，主要区别在于数据方面。其中 A 卡和另外两者的区别会更大一些，因为构建 A 卡时无法使用借款人的还款行为数据（贷款还没放，哪来的还款行为），因此 A 卡相对于后两者更简单一些，相应地准确性也会差一些。

3. 信用申请评分卡模型的相关概念

（1）观察期和表现期

观察期：搜集变量、特征的时间窗口，通常 3 年以内，如图 6-12 所示。

表现期：搜集是否触发坏样本定义的窗口，通常 6 个月 ~ 1 年，如图 6-12 所示。

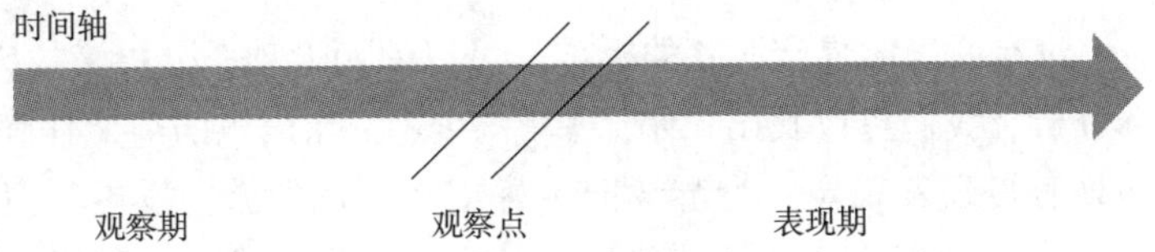

图 6-12　观察期和表现期

（2）坏样本的定义

在开始建模之前，首先要根据模型的使用场景，明确模型的目标变量，即“这个模型要预测或者分类什么”。

例如做一个申请评分卡 A 卡。A 卡预测的是用户在申请通过以后发生不良行为的概率，不同的业务规则和业务场景，对不良行为的定义可能略有不同，它可以是“出现逾期”，也可以是逾期超过 15 天等。

在风控场景下，一般把目标变量命名为“bad”，如果一条样本的 bad 等于 1，就表示这条样本出现了不良行为，属于“坏”样本；bad 等于 0，表示这是一条“好”样本。

确定坏样本的标准：bad 的确定往往需要根据业务上的需求去判定，比如银行业目前通用的风险评级标准是贷款五级分类，它是指 1998 年 5 月起，中国人民银行参照国际惯例，结合中国国情，制定《贷款分类指导原则》，要求商业银行依据借款人的实际还款能力进行贷款质量的五级分类，即按风险程度将贷款划分为五类：正常、关注、次级、可疑、损失，后三种为不良贷款。现有项目要预测“关注”类客户转为“不良”客户的概率，“不良”表示逾期超过 60 天，因此，一条数据定为坏样本的标准就是 overdue > 60 days。

如果没有一个指定的标准来定义坏样本，常用这两种方法：滚动率分析和 vintage 分析。

（3）面板数据

在日常业务开展的过程中，用户、产品规则和市场环境都是不断变化的。我们往往从数据库获得的数据是以面板数据 (Panel Data) 的形式展现的。

什么是面板数据？以用户行为为例，从某一个用户开始借贷起，他会留下一连串的还款行为数据。这种数据属于时间序列数据；不同用户在同一个时间节点的数据则称为横截面数据。我们把时间序列数据和横截面的特性结合起来，即不同用户在一段时间长度上的一系列数据，这个就是面板数据（时间序列 – 截面数据），如图 6–13 所示。

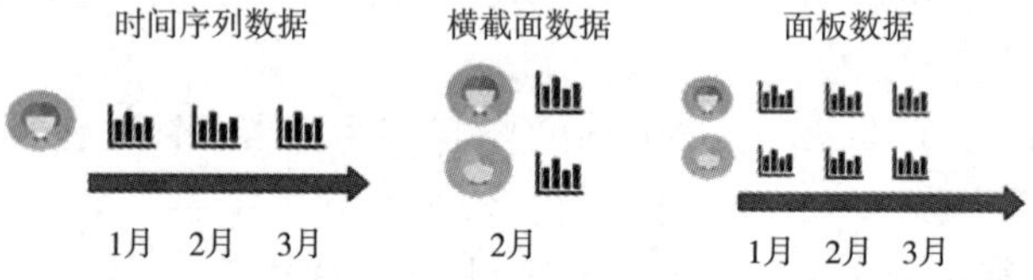

图 6–13 面板数据

那么问题来了。以贷款为例，一个贷款产品的用户肯定不止两个人。当用户很多的时候，每个人发生借贷的时间也不一样。用户甲可能是 5 月放款，而用户乙可能是 8 月才放款。这种面板数据在时间轴上通常不是“对齐”的，如果直接开始分析，那么就会忽略时间这一因素产生的影响,这显然是不够合理的。这种情况下应该如何处理呢？需要在时间轴上“对齐”用户，即将不同时间点发生的用户行为按照其生命周期进行对齐。

（4）滚动率分析——定好坏标准

如果业务层面上没有明确的界定 bad 的标准，可以使用滚动率分析来找出一个合理的 bad 定义。利用滚动率分析，我们可以找出一个“临界状态”，当用户的逾期程度未达到这个临界状态时，用户的逾期程度还不稳定，会继续向更好或者更坏的方向发展，而当用户的逾期程度达到临界状态时，用户大概率只会继续往更坏的方向发展。把这个临界状态找出来，并作为 bad 定义，这样就不会“冤枉”那些会变好的用户。

滚动率分析该怎么做？结合图 6–14 来看。

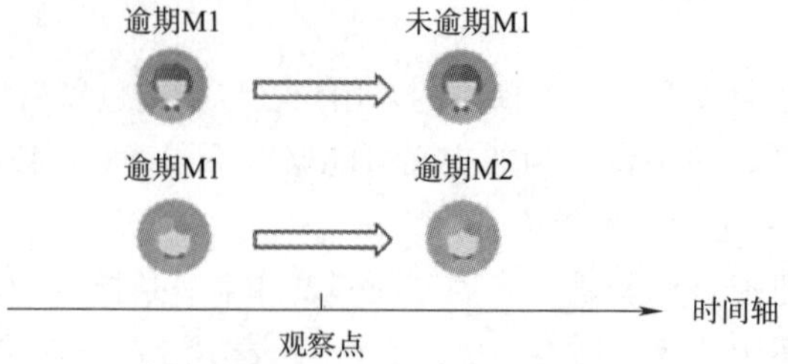

图 6–14 观察点

首先，当拿到一批借贷和还款行为数据后，在贷款发生的过程中设置一个观察点，然后计算观察点之前一段时间内，所有用户的最大逾期程度，再计算观察点之后一段时间内这批用户的最大逾期程度。

如果用户往好的方向发展，那么他的最大逾期程度一定是下降的；反之，如果用户的最大逾期程度不变，或者进一步上升了，那么这个用户是往坏的方向发展的。滚动率其实就是计算用户从一个逾期程度"滚动"到另一个逾期程度的比率。

假设有一款小额分期产品，一次性放款，然后分 6 期按周等额还款。这块产品发放的时间范围为 2015 年 1 月到 2015 年 8 月。它的首逾率较高，但大部分首逾用户（到期后首日即出现逾期）后续都会归还。如果直接用是否首逾来作为 bad 定义会显得过于宽泛，这样训练出来的模型的准入要求过高，会流失大量的用户。因此，需要适当放宽 bad 定义。应该放宽到什么程度呢？这就需要用滚动率分析来决定。

由于产品期限较短，因此以 7 天为间隔定义逾期周期。未逾期的用户定义为 W0，逾期 1 ~ 7 天的定义为 W1（Week），逾期 8 ~ 14 天的定义为 W2，以此类推。逾期超过 28 天的定义为 W4+。在拿到历史数据以后，首先设置一个观察点，观察用户在该点前一段时间内的最坏逾期阶段，并追踪其在观察点后一段时间向其他逾期阶段发展的情况。这里设 2015 年 5 月 1 日为观察点，先计算出在 5 月 1 日之前放款的这批用户在 5 月 1 日时，每个月账户的还款情况，并取其中逾期最长的一期作为他的逾期阶段；然后计算同一批用户在 5 月 1 日之后 4 个月内的最大逾期阶段；最后通过数据透视表对数据进行汇总，如表 6-4 所示。

表 6-4　逾期阶段数据透视表

逾期阶段	W0	W1	W2	W3	W4	W4+
W0	89.0%	6.5%	1.8%	2.3%	0.4%	0.0%
W1	34.0%	43.5%	16.7%	4.5%	0.9%	0.4%
W2	12.3%	40.0%	29.6%	14.1%	2.7%	1.3%
W3	3.5%	5.5%	5.5%	47.4%	21.8%	16.4%
W4	1.7%	0.3%	1.1%	18.9%	32.0%	46.0%
W4+	1.3%	1.3%	11.9%	25.8%	25.2%	34.4%

表 6-4 中的行名代表这批用户在观察点之前的最大逾期阶段，列名代表在观察点之后的最大逾期阶段。W1 行与 W0 列对应的单元格为 34%，表示观察点之前最大逾期阶段为 W1 的用户中，有 34% 的人在观察点之后转为 W0，以此类推。那么问题来了，该如何用这张表找出临界状态并定义 bad 呢？

看表 6-4 中的 W3 行，这行中 W0、W1 和 W2 对应的数字分别是 3.5%、5.5% 和 5.5%。这表示在观察点之前逾期状态为 W3 的用户，在观察点之后转移到 W0、W1 和 W2 的概率是 14.5%（前面三个概率求和）。即 14.5% 的人转回了更低的逾期状态。用同样的方法可以计算出观察点之前 W1 和 W2 用户转移到更低逾期状态的概率，分别是 34% 和 52.3%(12.3%+40%)，远高于 14.5%。这意味着用户在达到 W3 以后，就很难转回更低的逾期状态了。因此，我们把 W2 与 W3 的边界值，即逾期超过 14 天，确定为 bad 的标准。所有逾期天数 >14 的样本都标记为 bad。

在实际工作当中，滚动率分析往往要设置多个观察点，然后综合考虑各观察点的表现来确定最终的临界状态和好坏标准。每个观察点往前、往后观察多久也需要结合具体情况进行判断。

确定了样本的好坏标准以后，还有一个问题有待解决。还要确定表现期的长度，这时就要引入 Vintage 分析。

Vintage 意为葡萄酒酿造的年份，由于每年不同的天气、温度、湿度等情况，随着年份的不同，葡萄酒的品质也会有不同的表现。因此，人们会以葡萄采摘的年份来标识葡萄酒，进而对葡萄酒的品质加以区分。

这一思想在金融信贷领域有什么用途呢？其实就是在前面说到的“对齐”不同时期样本，将所有样本的同一个生命周期进行对比。

利用 Vintage 分析，可以确定模型表现期的长度。在日常的信贷业务中，一个客户的好坏往往需要一定的时间才能充分确认。要有一个明确的表现期，来确定究竟追溯多长时间内的 bad 行为。

可能会觉得这一点和滚动率的动机好像很类似。其实 Vintage 和滚动率侧重的方向不一样。就按揭贷款、金融分期产品来说，滚动率分析确定的是“每一期还款逾期多久算是触发坏定义”，而 Vintage 分析确定的是“这个客户至少发生过多少期才能明确他的好坏”。

下面用一个很简单的例子来看懂 Vintage 分析。假设现在有一款按月分期还款的信贷产品，用滚动率分析得出 bad 标准为 M1+（逾期超过 30 天），在 2018 年统计到如表 6-5 所示的数据。

表 6-5　分期还款的信贷产品数据

期数	1	2	3	4	5	6	7	8	9	10	11	12
201701	0.0%	1.7%	3.5%	4.4%	5.8%	7.6%	8.6%	9.0%	9.1%	9.1%	9.1%	9.1%
201702	0.0%	2.7%	4.6%	6.8%	8.3%	10.1%	11.3%	11.5%	11.5%	11.7%	11.7%	11.8%
201703	0.0%	2.0%	4.9%	6.9%	8.8%	9.8%	10.2%	10.2%	10.2%	10.2%	10.2%	10.2%
201704	0.0%	1.9%	3.8%	5.9%	6.5%	8.1%	8.7%	9.4%	9.5%	9.7%	9.7%	9.7%
201705	0.0%	2.3%	4.3%	5.2%	6.9%	9.1%	9.7%	10.4%	10.6%	10.6%	10.6%	10.7%
201706	0.0%	1.6%	4.0%	4.9%	7.1%	8.8%	10.2%	10.3%	10.5%	10.5%	10.5%	10.5%

表中的每一行代表一个客户群。201701 代表的是 2017 年 1 月到期并开始还款的所有合同；每一列代表合同到期后的第 N 个月，1 表示第 0 ~ 30 天，2 表示第 31 ~ 60 天，以此类推。单元格中的百分比表示该客群在该期逾期 M1+ 的占比。这里计算的是累计逾期率，即在第一期逾期 M1+ 的合同即使还清了，在后续各期统计 M1+ 合同数时，仍将其包含在内。

通过表 6-5 的形式，把不同时间段到期的合同进行了“对齐”。不管这些合同是什么时候到期的，第一列的数据都表示它们到期后第一期的逾期状况。利用表 6-5 中的数据，绘制出了图 6-15。

结合图表可以发现，在到期并还款 7 期以后，累计逾期率的变化已经非常微小了。因此可以认为，一个合同在还款 7 期以后基本上是稳定的。该“坏”的在前 6 期都“坏”过了，“好”的在后续阶段大概率仍然不会“坏”。

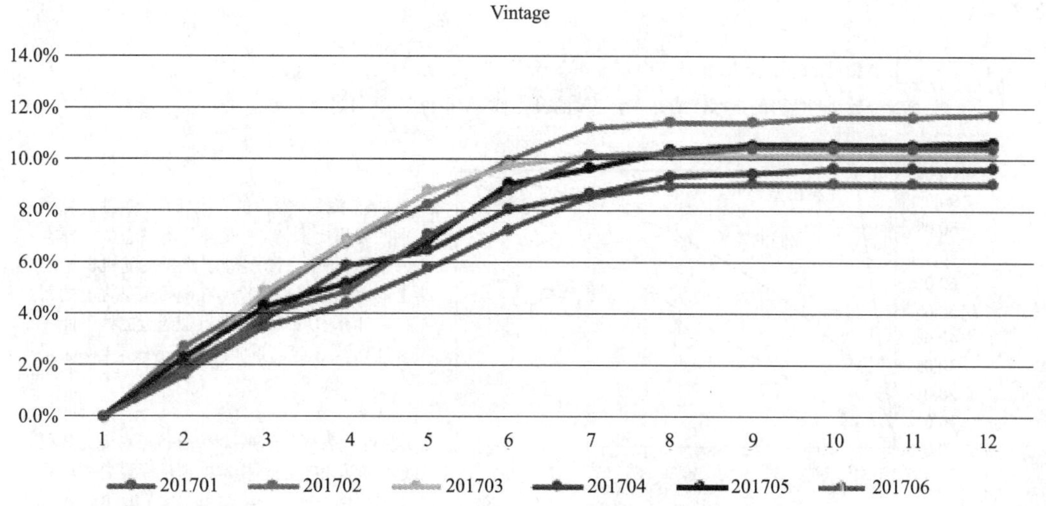

图 6-15　分期还款的 Vintage 分析

因此，把表现期定为 6 期。又因为产品是按月还款的，所以表现期实际上就是 6 个月。当一个合同到期并开始还款后，至少需要 6 个月的时间才能对其进行理由充分的好坏判定。如果在 6 个月内，其中有任意一期的逾期时间超过了 30 天（即 M1+)，则可以将这个合同标记为坏样本，反之则为好样本。

至此，可以在业务方未给出明确目标的时候，确定出哪些样本是好样本，哪些样本是坏样本了。

6.4.3　评分卡模型开发步骤

评分卡模型系统需要分为 3 个阶段，第一阶段是立项，第二阶段是数据准备与预处理，第三阶段是模型构建。

① 立项。

② 数据准备与预处理：准备数据；明确目标变量；特征工程。

③ 模型构建。

训练模型时，需要将输入的数据集划分为训练集和测试集两部分。在算法选择方面，通常使用二分类逻辑回归。逻辑回归的好处是可以输出概率值，这个概率值可以通过一定的运算转化为评分卡分数。

而且逻辑回归的解释性要好于 GBDT 等集成算法，它可以直观地看到每一个变量对预测结果的影响大小。在模型实现方面，可以直接使用 Python 第三方库 sklearn 或 statsmodel 中的 LogisticRegression 方法。

④ 模型评估。

常用的指标有 AR（见图 6-16）、KS（见图 6-17）、PSI（见图 6-18）、Kendall' Tau（见图 6-19）、Migration Matrix（见图 6-20）、AUC 值和 Gini 系数等。

在申请评分卡模型中，通常情况下 KS 一般取值范围在 25 ~ 45 之间。如果低于 25，说明模型的区分度太低，分类不准确；如果高于 45，则模型可能存在过拟合，对新样本的预测能力不一定会好。

□ AR (Accuracy Ratio)

衡量分数预测能力的指标，需要一个完整的表现期。取值位于-1～1之间。

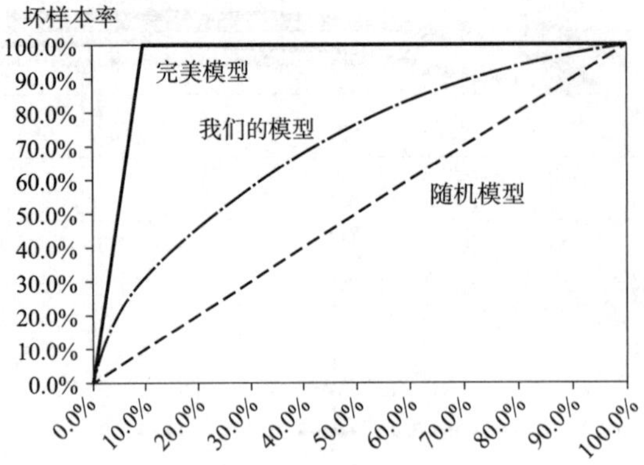

先把样本按分数由低到高排序，X轴是总样本的累积比例，Y轴是坏样本占总的坏样本的累积比例。AR就等于模型在随机模型之上的面积除以理想模型在随机模型之上的面积。计算中可以用梯形近似逼近曲线下面积来计算，AR越高说明模型区分效果越好。

x_k，y_k 代表分数的第 k 个分位点对应的累积总样本及相应的坏样本的比例。设总的坏样本的比例为B_0，令（x_k，y_k）=（0，0）

$$\mathrm{AR}=\frac{\sum_{k=1}^{10}\frac{1}{2}\left(x_k-x_{k-1}\right)\left(y_k+y_{k-1}\right)-\frac{1}{2}}{\frac{1}{2}\left(1-B_0\right)}$$

图 6-16　AR 模型图

□ KS (Kolmogorov-Smirnov)

衡量分数区分能力的指标

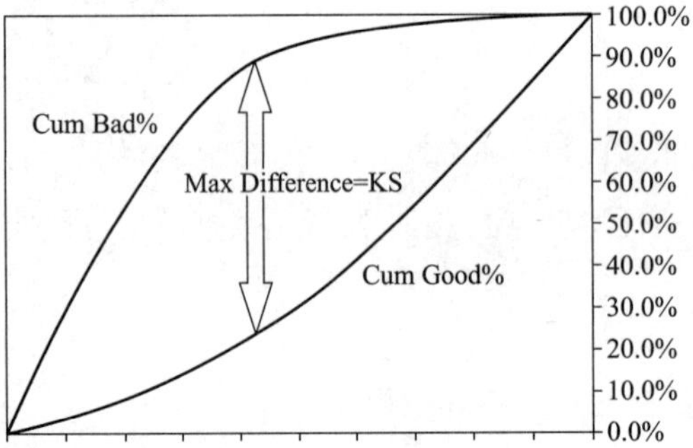

把样本按分数由低到高排序，X轴是总样本累积比例，Y轴是累积好、坏样本分别占总的好、坏样本的比例，两条曲线在Y轴方向上的相差最大值即KS。KS越大说明模型的区分能力越好。

Bad_k 和 Good_k 分别为分数累积到第 k 个分位点的坏样本个数和好样本个数，KS计算公式是：

$$\mathrm{KS}=\max\left\{\frac{\mathrm{Bad}_k}{\mathrm{Bad}_{\mathrm{total}}}-\frac{\mathrm{Good}_k}{\mathrm{Good}_{\mathrm{total}}}\right\}$$

图 6-17　KS 模型图

至此，完成了一个申请评分卡的模型开发。在开发完成后，往往还需要配合工程人员完成上线部署。作为建模人员，需要提供的是入模变量的来源、计算逻辑和模型输出的评分卡。模型上线以后，还需要对上线后的模型进行观察和验证，并根据业务的发展对模型进行调整甚至重新训练。

□ PSI (Population Stability Index)

衡量分数稳定性的指标

令 R_i 是现在样本中第 i 个组占总样本的百分比，B_i 是模型开发时第 i 个分组占总样本的百分比。
PSI取值越小说明分数的分布随时间变化越小。

$$\mathrm{PSI}=\sum_i\left(R_i-B_i\right)\times\ln\left(R_i/B_i\right)$$

图 6-18　PSI 模型

□ Kendall's Tau

正确有效的评分卡模型中，低分段的实际逾期率应该严格大于高分段的实际逾期率。我们将分数从低到高划分为10组，每组的实际逾期率记作 $r_1, r_2, \ldots, r_{10}$。对所有的（r_i, r_j）的组合，如果 $r_i<r_j$ 且 $i<j$ 或者 $r_i>r_j$ 且 $i>j$，则记作一个discordant pair，否则记作concordant pair。

Kendall's Tau的计算公式为：

$$r=\frac{(\text{number of concordant pairs})-(\text{number of discordant pairs})}{n(n-1)/2}$$

Kendall's Tau越接近1或者等于1，说明逾期率在分数上的单调下降性越明显，反之说明分数的变化与逾期率的变化的一致性得不到保证。

图 6-19 Kendall's Tau 模型

□ Migration Matrix

迁移矩阵是衡量分数迁移的指标，对相同的人群，观察在相邻两次监控日期（一周）分数的迁移变化。迁移矩阵中元素 M_{jk} 代表上次监控日期分数在 j 组中的人群在当前迁移到第 k 组的概率。实际计算中可把分数平均分成10组，计算这十组之间的迁移矩阵。

		Jan' 2017					
		350～450	451～550	551～650	651～750	751～850	851～950
Jul' 2016	350～450	85.00%	5.00%	5.00%	1.00%	0.80%	3.20%
	451～550	5.00%	75.00%	5.00%	10.00%	2.00%	3.00%
	551～650	4.00%	15.00%	70.00%	5.00%	3.00%	3.00%
	651～750	6.00%	6.00%	5.00%	75.00%	5.00%	3.00%
	751～850	4.00%	3.00%	3.00%	15.00%	65.00%	10.00%
	851～950	3.00%	7.00%	2.00%	3.00%	5.00%	80.00%

图 6-20 Migration Matrix

6.5 信用卡评分模型实例

6.5.1 个人信贷信用评分案例

1. 数据准备

目标：完成一个评分卡，通过预测某人在未来两年内将会经历财务危机的可能性来提高信用评分效果，帮助贷款人做出最好的决策。

准备：基于个人信贷的场景，确定违约的定义。根据新的 Basel II Capital Accord（巴塞尔二资本协议），规定逾期 90 天算作违约。在判别指标上，选择使用历史最大违约天数。

2. 数据的获取与整合

数据来源：数据来自 Kaggle，cs-training.csv 文件，其中包括了 15 万条信用相关数据。下载地址：https://www.kaggle.com/c/GiveMeSomeCredit/data。

3. 数据描述

数据属于个人消费类贷款，只考虑评分卡最终实施时能够使用到的数据，应从如下一些方面获取数据（如表 6-6 所示）。

表 6-6　原始变量

变　量　名	变量类型	变 量 描 述
SeriousDlqin2yrs	y/n	超过 90 天或更糟糕的逾期拖欠
RevolvingUtilizationOfUnsecuredLines	percentage	无担保放款的循环利用：除了不动产和像车贷那样除以信用额度总和的无分期付款债务的信用卡和个人信用额度总额
Age	integer	借款人当时的年龄
NumberOfTime30-59DaysPastDueNotWorse	integer	35 ~ 59 天逾期但不糟糕的次数
DebtRatio	percentage	负债比率
MonthlyIncome	real	月收入
NumberOfOpenCreditLinesAndLoans	integer	开放信贷和贷款数量，开放式贷款（分期付款如汽车贷款或抵押贷款）和信贷（如信用卡）的数量
NumberOfTimes90DaysLate	integer	
90 天逾期次数：借款者有 90 天或更高逾期次数		
NumbeRealEstateLoansOrLines	integer	不动产贷款或额度数量：抵押贷款和不动产放款包括房屋净值信用额度

基本属性：包括了借贷人当时的年龄。

偿还能力：包括借贷人的月收入、负债比率。

信用往来：两年内 35 ~ 59 天逾期次数，两年内 60 ~ 89 天逾期次数，两年内 90 天或高于 90 天逾期次数。

财产状况：包括开放式信贷和贷款数量、不动产贷款或额度数量。

贷款属性：暂无。

其他因素：包括借贷人的家庭数量（不包括本人在内）。

时间窗口：自变量的观察窗口为过去两年，因变量表现窗口为未来两年。

4. 数据处理

① 导入数据。

导入从 kaggle 下载 cs-training.csv 文件，去除原始变量中的顺序变量，即第一列的 X 变量。并将原始变量重命名，将需要预测的响应变量 SeriousDlqin2yrs 变量重命名为 y，其余自变量重命名为 x1 - x10。

```
> #导入数据集
>traindata<-read.csv('C:\\Users\\yitian.z\\Desktop\\MachineLearning\\dataset\\kaggle\\cs-training.csv')
> #去除第一列X变量
> traindata <- traindata[,-1]
> # class(traindata)
> #对数据集变量进行重命名
>names(traindata)<- c("y", "x1" ,"x2", "x3", "x4", "x5", "x6", "x7", "x8", "x9", "x10")
```

② 缺失值分析及处理。

在得到数据集后，需要观测数据的分布情况，因为很多的模型对缺失值敏感，因此观察是否有缺失值是其中的一个很重要的步骤。在正式分析开始之前，可以先通过图形观测字段的缺失值情况，有一个直观的感受。

```
> library(VIM)
> #缺失值部分可视化展示
> matrixplot(traindata)
```

利用 matrixplot 函数对缺失值部分进行可视化展示，图中浅色表示值小，深色表示值大，而默认缺失值为红色。因此可以看到 x5 变量和 x10 变量，即 Monthly Income 变量和 Number of Dependents 变量存在缺失值，如图 6-21 所示。

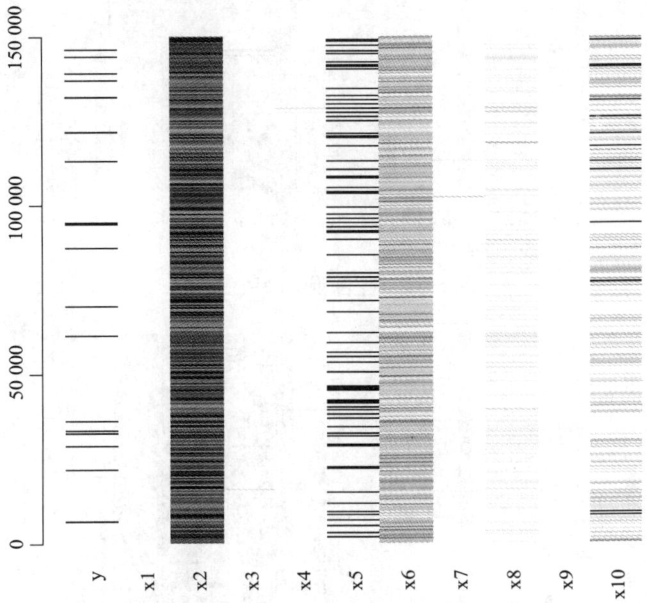

图 6-21　缺失值分析

```
>#install.packages("mice")
>library(mice)
>md.pattern(traindata)
```

具体缺失值的情况如表 6-7 所示，Monthly Income 列共有缺失值 29 731 个，Number of Dependents 有 3 924 个。

表 6-7　缺失值情况表

	y	x1	x2	x3	x4	x6	x7	x8	x9	x10	x5	
120 269	1	1	1	1	1	1	1	1	1	1	1	0
25 807	1	1	1	1	1	1	1	1	1	1	0	1
3 924	1	1	1	1	1	1	1	1	1	0	0	2
	0	0	0	0	0	0	0	0	0	3 924	29 731	33 655

③ 图像观测缺失值的分布，如图 6-22 所示。

```
>aggr(traindata, prop = FALSE, numbers=TRUE)
>aggr(traindata, prop = TRUE, numbers=TRUE)#用比例代替了计数
```

④ 用比例代替左侧的数值，如图 6-23 所示。

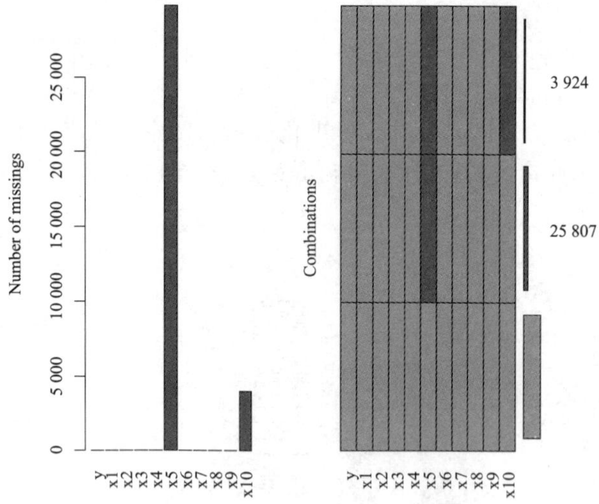

图 6-22　图像观测缺失值分布

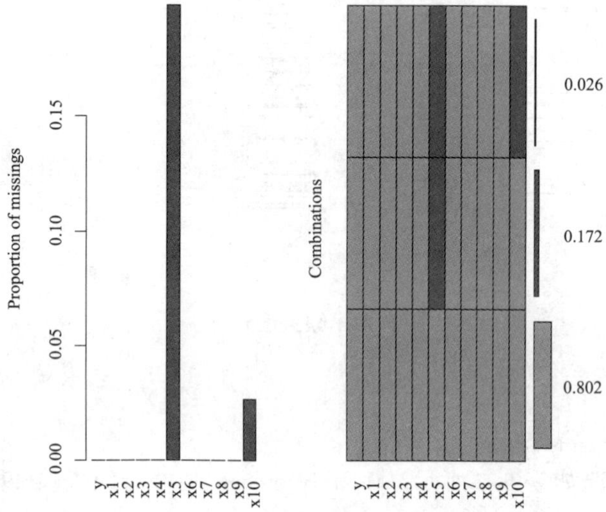

图 6-23　比例代替左侧的图像观测缺失值

使用 marginplot() 函数可以生成一幅散点图，在图形边界显示两个变量的缺失值信息，如图 6-24 所示。

```
>#在图形边界展示两个变量的缺失值信息
>marginplot(traindata, pch = c(20), col = c("darkgray","red","blue"))
```

在处理缺失值之前，查看 MonthIncome 变量的箱线，如图 6-25 所示。

```
>boxplot(traindata$x5, data=boxplot.stats(traindata))
```

对于缺失值的处理方法很多，例如基于聚类的方法，基于回归的方法，基于均值的方法，其中最简单的就是直接移除，但是在本例中因为缺失值所占的比例较高，直接移除会损失大量的观测值，因此并不是最合适的方法。在这里，使用 KNN 方法对缺失值进行填补。

```
>library(DMwR)
>#knnImputation
```

```
>traindata<-knnImputation(traindata,k=10,meth = "weighAvg")
```

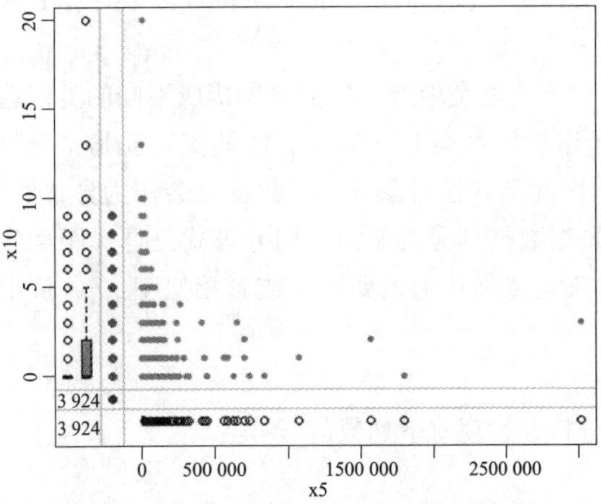

图 6-24　两个变量的缺失值散点图

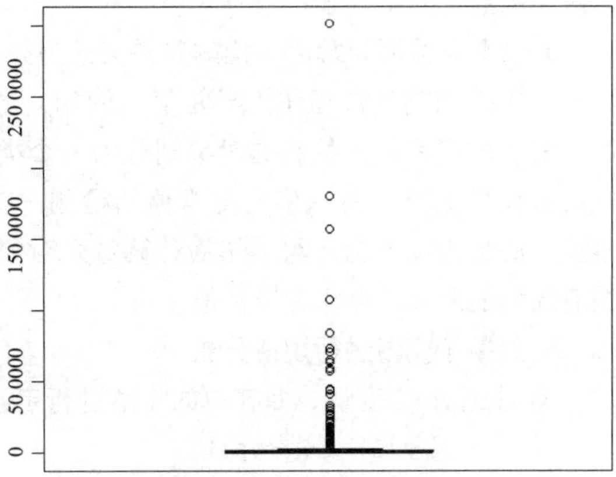

图 6-25　缺失值变量箱线图

对缺失值进行处理之后，再次观测数据集中的缺失值分布，如图 6-26 所示。

```
>#处理缺失值后，缺失值部分可视化展示
>matrixplot(traindata)
```

⑤ 异常值分析及处理。

单变量异常值检测：在 R 语言中使用函数 boxplot.stats() 可以实现单变量检测，该函数根据返回的统计数据生成箱线图。在上述函数的返回结果中，有一个参数 out，它是由异常值组成的列表。更明确地说就是里面列出了箱线图中箱须线外面的数据点。比如我们可以查看月收入分布，第一幅图为没有删除异常值的箱线图。第二幅箱线图删除异常值后，可以发现月收入主要集中分布在 3 000 ~ 8 000。但是在这份分析报告中，因为我们对业务尚不熟悉，不好将大于 8 000 的数据直接归为异常值，因此对该变量未做处理。

图 6-26　缺失值数据集中分布

使用 LOF（局部异常因子）检测异常值：LOF 是一种基于密度识别异常值的算法。算法实现是：将一个点的局部密度与分布在它周围的点的密度相比较，如果前者明显比后者小，那么这个点相对于周围的点来说就处于一个相对比较稀疏的区域，这就表明该点是一个异常值。LOF 算法的缺点是它只对数值型数据有效。包 DMwR 和包 dprep 中的 lofactor() 可以计算 LOF 算法中的局部异常因子。

通过聚类检测异常值：检测异常值的另外一种方式就是聚类。先把数据聚成不同的类，选择不属于任何类的数据作为异常值。例如，基于密度的聚类 DBSCAN 算法的实现就是将与数据稠密区域紧密相连的数据对象划分为一个类，因此与其他对象分离的数据就会作为异常值。也可以使用 K 均值算法实现异常值的检测。首先把数据划分为 k 组，划分方式是选择距离各自簇中心最近的点为一组；然后计算每个对象和对应的簇中心的距离（或者相似度），并挑出拥有最大的距离的点作为异常值。

5. 对单个变量进行定量分析

① 首先对 x2 变量，即客户的年龄进行定量分析，发现有下列数值。

```
>#对age变量进行定量分析
>unique(traindata$x2)
 [1]  45  40  38  30  49  74  57  39  27  51  46  76  64  78  53  43  25
32  58  50  69  24  28  62  42  75  26  52  41  81  31  68  70  73  29  55
35  72
[39]  60  67  36  56  37  66  83  34  44  48  61  80  47  59  77  63  54
33  79  65  86  92  23  87  71  22  90  97  84  82  91  89  85  88  21  93
96  99
[77]  94  95 101  98 103 102 107 105   0 109
```

② 可以看到年龄中存在 0 值，显然是异常值，予以剔除。

```
>#去除单个变量：age数据中的0值
>traindata <- traindata[-which(traindata$x2 == 0),]
>unique(traindata$x2)
 [1]  45  40  38  30  49  74  57  39  27  51  46  76  64  78  53  43  25
32  58  50  69  24  28  62  42  75  26  52  41  81  31  68  70  73  29  55
35  72
[39]  60  67  36  56  37  66  83  34  44  48  61  80  47  59  77  63  54
33  79  65  86  92  23  87  71  22  90  97  84  82  91  89  85  88  21  93
96  99
[77]  94  95 101  98 103 102 107 105 109
```

而对于 x3、x7、x9 三个变量的箱线图可以看出，均存在异常值，且由 unique 函数可以得知均存在 96、98 两个异常值，因此予以剔除。同时会发现，剔除其中一个变量的 96、98 两个异常值，其他变量的 96、98 的异常值也会相应被剔除。

绘制 x3、x7、x9 的箱线图，如图 6-27 所示。

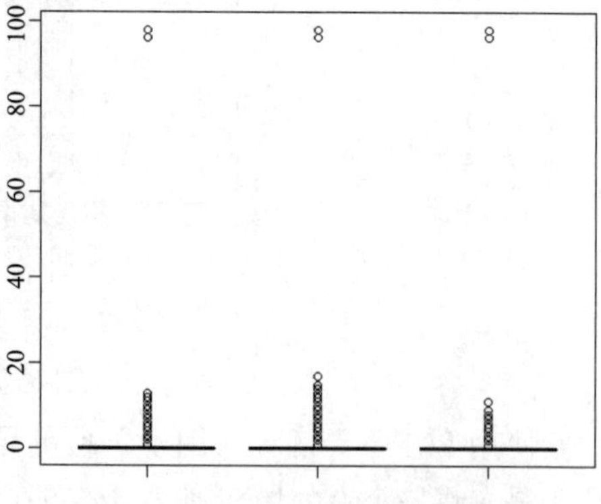

图 6-27　三个变量的箱线图

```
>boxplot(traindata$x3, traindata$x7,
traindata$x9, data = traindata)
>#去除这三个变量中的离群点
>unique(traindata$x3)
```

```
 [1]  2  0  1  3  4  5  7 10  6 98 12  8  9 96 13 11
>unique(traindata$x7)
 [1]  0  1  3  2  5  4 98 10  9  6  7  8 15 96 11 13 14 17 12
>unique(traindata$x9)
 [1]  0  1  2  5  3 98  4  6  7  8 96 11  9
>traindata <- traindata[-which(traindata$x3==96), ]
>traindata <- traindata[-which(traindata$x3==98), ]
>#再次查看上述变量
>unique(traindata$x3)
 [1]  2  0  1  3  4  5  7 10  6 12  8  9 13 11
>unique(traindata$x7)
 [1]  0  1  3  2  5  4 10  9  6  7  8 15 11 13 14 17 12
>unique(traindata$x9)
 [1]  0  1  2  5  3  4  6  7  8 11  9
```

6. 变量分析

首先可以简单地观测一下部分变量的分布情况，例如 age 变量，如图 6-28 所示。

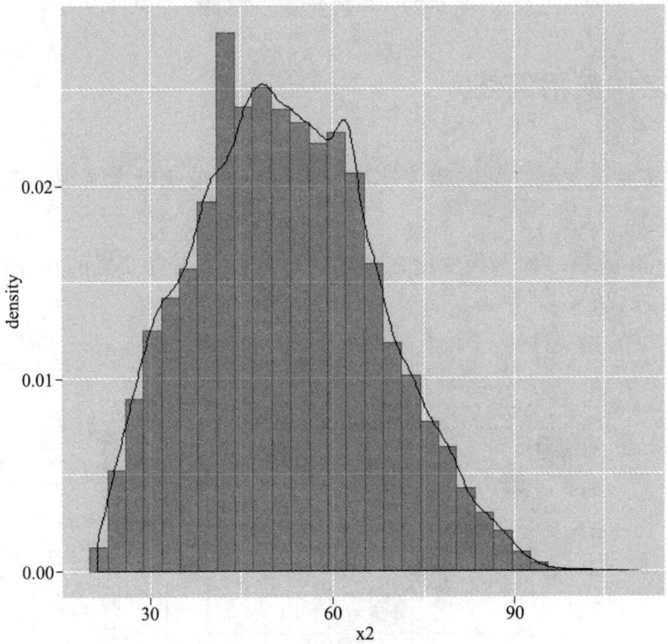

图 6-28　部分变量分布

```
>library(ggplot2)
>#查看部分变量的分布，age
>ggplot(traindata, aes(x=x2, y=..density..)),geom_histogram(fill="blue",
colour= "grey60", size=0.2, alpha=0.2) ,geom_density()
```

可以看到年龄变量大致呈正态分布，符合统计分析的假设。再比如月收入变量，也可以做图观测，如图 6-29 所示。Month Income 变量也呈现正态分布，符合统计分析的需要。

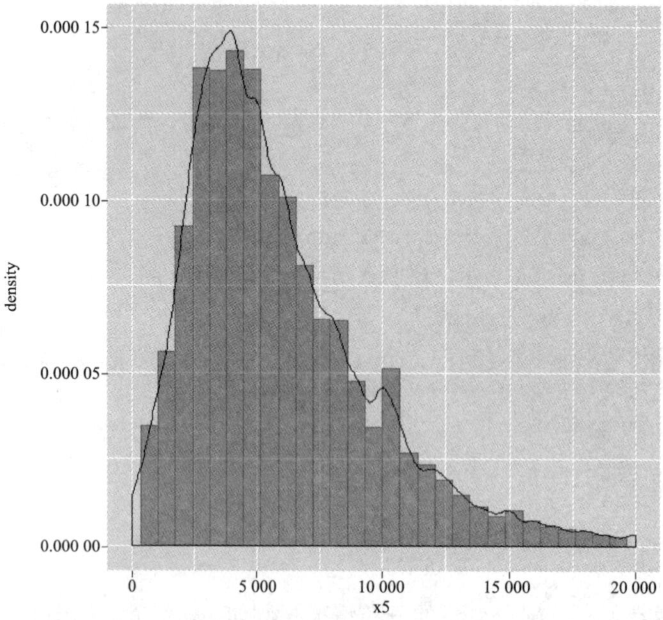

图 6-29　年龄变量正态分布

6.5.2　变量之间的相关性

建模之前首先需要对变量之间的相关性进行检测，如果变量之间相关性显著，会影响模型的预测效果。

下面通过 corrplot 函数，画出各变量之间，包括应变量与自变量的相关性。

```
>library(corrplot)
>#绘制各个变量的相关性矩阵图像，如图 6-30 所示。
```

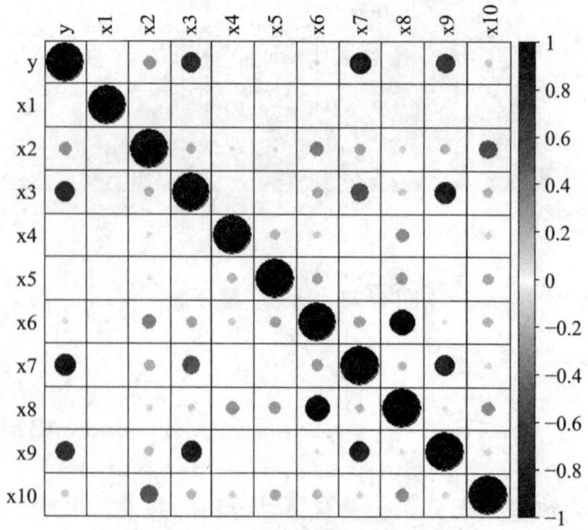

图 6-30　变量之间相关性矩阵图像

```
>cor1 <- cor(traindata[, 1:11])
>corrplot(cor1)
```

>\# 相关性用数字表示，如图 6-31 所示。

```
>corrplot(cor1, method = "number")
```

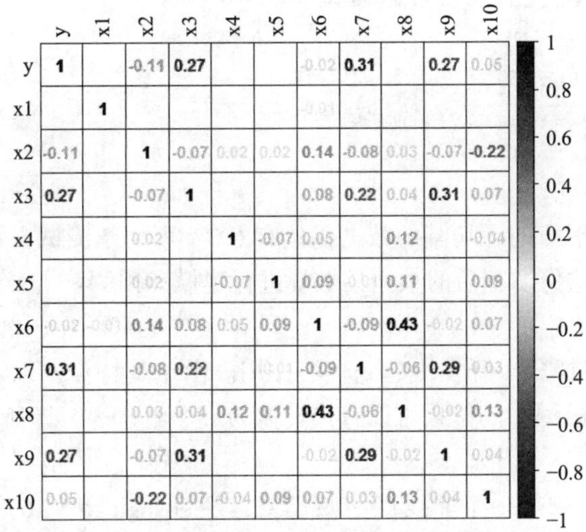

图 6-31　变量之间相关性数字表示

由图 6-31 可以看出，各变量之间的相关性非常小。

1. 多重共线性

其实 Logistic 回归同样需要检测多重共线性问题，不过此处由于各变量之间的相关性较小，可以初步判断不存在多重共线性的问题，在建模后还可以用 VIF（方差膨胀因子）来检测多重共线性问题。如果存在多重共线性，即有可能存在两个变量之间高度相关，需要做降维或者剔除处理。

① 切分数据集。

```
>table(traindata$y)
     0       1
139851    9879
```

由上述数据可以看出，对于响应变量 SeriousDlqin2yrs，存在明显的类失衡问题，SeriousDlqin2yrs 等于 1 的观测值为 9879，仅为所有观测值的 6.6%。因此需要对非平衡数据进行处理，在这里可以采用 SMOTE 算法，用 R 对稀有事件进行超级采样。

② createDataPartition（数据分割功能）函数将数据随机分成相同的两份。

```
>#使用SMOTE算法，用R对数据随机分成相同的两份
>#使用caret包中的createDataPartition（数据分割功能）函数
>#对数据随机分成相同的两份
>#install.packages("caret")
>library(caret)
>set.seed(1234)
>splitIndex <- createDataPartition(traindata$y, time=1, p=0.5, list =
FALSE)
```

```
>train <- traindata[splitIndex,]
>test <- traindata[-splitIndex,]
```

③ 对于分割后的训练集和测试集均有 74 865 个数据，分类结果的平衡性如下：

```
>#显示分类结果的平衡性
>prop.table(table(train$y)) #训练集
         0          1
0.93314633  0.06685367
> prop.table(table(test$y)) #测试集
         0          1
0.93489615   0.06510385
```

两者的分类结果是平衡的，切割的数据仍然有 6.6% 可用于测试，数据集仍然处于良好的水平。因此，可以采用这份切割后的数据集继续进行建模和预测。

2. Logistic 回归

Logistic 回归在信用评分卡开发中起到核心作用。由于其特点，以及对自变量进行证据权重转换（WOE），Logistic 回归的结果可以直接转换为一个汇总表，即所谓的标准评分卡格式。

① 基本公式。

Logistic 回归模型本身是一个非线性回归模型，经过 logit 转换（连接函数）将相应变量 Y 和线性自变量相联系，得到一个线性的形式，使用线性回归模型对参数进行估计，所以 Logistic 回归模型是一个广义线性回归模型。

考虑具有 n 个独立变量的向量 $x=(x_1, x_2,\cdots,x_n)$，设条件概率 $P(y=1|x)=p$ 为根据观测量相对于某事件 x 发生的概率。Logistic 回归模型可以表示为：

$$P(y=1|x)=\pi(x)=\frac{1}{1+e^{-g(x)}}$$

$f(x)=\dfrac{1}{1+e^{-x}}$ 称为 Logistic 函数。$g(x)=\omega_0+\omega_1x_1+\cdots+\omega_nx_n$，那么在 x 条件下 y 不发生的概率为：

$$P(y=0|x)=\pi(x)=1-P(y=1|x)=\pi(x)=1-\frac{1}{1+e^{-g(x)}}=\frac{1}{1+e^{g(x)}}$$

所以，这个比值称为事件的发生比（the odds of experiencing an event），简记为 odds，对 odds 取对数得到：

$$\ln\left(\frac{p}{1-p}\right)=g(x)=\omega_0+\omega_1x_1+\cdots+\omega_nx_n$$

② 建立模型。

首先使用 glm 函数对所有变量建立 Logistic 回归模型，模型如下：

```
>#建立所有变量Logistic回归模型
>fit <- glm(y~., train, family = "binomial")
>summary(fit)
Call:
glm(formula = y ~ ., family = "binomial", data = train)
```

```
Deviance Residuals:
    Min        1Q    Median       3Q       Max
-4.6144     -0.3399  -0.2772    -0.2240    3.6997
Coefficients:
              Estimate Std. Error z value Pr(>|z|)
(Intercept) -1.812e+00  6.411e-02 -28.268  < 2e-16 ***
x1          -1.846e-05  8.972e-05  -0.206 0.836948
x2          -2.861e-02  1.276e-03 -22.428  < 2e-16 ***
x3           5.767e-01  1.564e-02  36.867  < 2e-16 ***
x4          -2.321e-05  1.538e-05  -1.509 0.131224
x5          -1.355e-05  3.845e-06  -3.524 0.000425 ***
x6          -2.769e-03  3.798e-03  -0.729 0.466051
x7           8.468e-01  2.429e-02  34.855  < 2e-16 ***
x8           8.620e-02  1.599e-02   5.393 6.94e-08 ***
x9           8.294e-01  3.338e-02  24.848  < 2e-16 ***
x10          5.126e-02  1.388e-02   3.694 0.000221 ***
---
Signif. codes:  0 '***' 0.001 '**' 0.01 '*' 0.05 '.' 0.1 ' ' 1
(Dispersion parameter for binomial family taken to be 1)
    Null deviance: 36747  on 74864  degrees of freedom
Residual deviance: 29793  on 74854  degrees of freedom
AIC: 29815
Number of Fisher Scoring iterations: 6
```

可以看出，利用全变量建立回归模型拟合的效果并不是很好，其中 x1, x4, x6 三个变量未能通过“显著性检验”，再次直接剔除这三个变量，用剩余的变量重新建立回归模型，或者更新原有的回归模型：

```
>#建立剩余变量Logistic回归模型
>fit2 <- update(fit, y~.-x1-x4-x6)
>#same as:
>#fit2<-glm(y~x2+x3+x5+x7+x8+x9+x10,train,family = "binomial")
> summary(fit2)
Call:
glm(formula = y ~ x2 + x3 + x5 + x7 + x8 + x9 + x10, family = "binomial",
data = train)
Deviance Residuals:
    Min       1Q    Median       3Q       Max
-4.6223  -0.3402  -0.2777  -0.2239   3.5868
Coefficients:
              Estimate Std. Error z value Pr(>|z|)
(Intercept) -1.825e+00  6.320e-02 -28.873  < 2e-16 ***
x2          -2.894e-02  1.252e-03 -23.120  < 2e-16 ***
x3           5.742e-01  1.544e-02  37.187  < 2e-16 ***
x5          -1.185e-05  3.513e-06  -3.373 0.000744 ***
```

```
x7          8.500e-01  2.401e-02  35.397  < 2e-16 ***
x8          7.494e-02  1.420e-02   5.276 1.32e-07 ***
x9          8.306e-01  3.338e-02  24.883  < 2e-16 ***
x10         5.169e-02  1.386e-02   3.730 0.000192 ***
---
Signif. Codes: 0 '***' 0.001 '**' 0.01 '*' 0.05 '.' 0.1 ' ' 1
(Dispersion parameter for binomial family taken to be 1)
Null deviance: 36747 on 74864 degrees of freedom
Residual deviance: 29797 on 74857 degrees of freedom
AIC: 29813
Number of Fisher Scoring iterations: 6
```

第二个回归模型中的所有变量都通过了显著性检验，AIC 值（赤池信息准则）更小，所有模型的拟合效果更好些。

③ 模型评估。

通常一个二值分类器可以通过 ROC（receiver operating characteristic）曲线和 AUC 值来评价优劣。很多二元分类器会产生一个概率预测值，而非仅仅是 0 ~ 1 预测值。我们可以使用某个临界点（例如 0.5），以划分哪些预测为 1，哪些预测为 0。得到二元预测后，可以构建一个混淆矩阵来评价二元分类器的预测效果。

所有的训练数据都会落入这个矩阵中（见图 6-32），而对角线上的数字代表了预测正确的数目，即 True Positive + True Nagative。同时可以相应地算出 TPR（真正率或称为灵敏度）和 TNR(真负率或称为特异度)。主观上希望这两个指标越大越好,但可惜两者是此消彼长的关系。除了分类器的训练参数，临界点的选择，也会大大地影响 TPR 和 TNR。有时可以根据具体问题和需要，来选择具体的临界点。

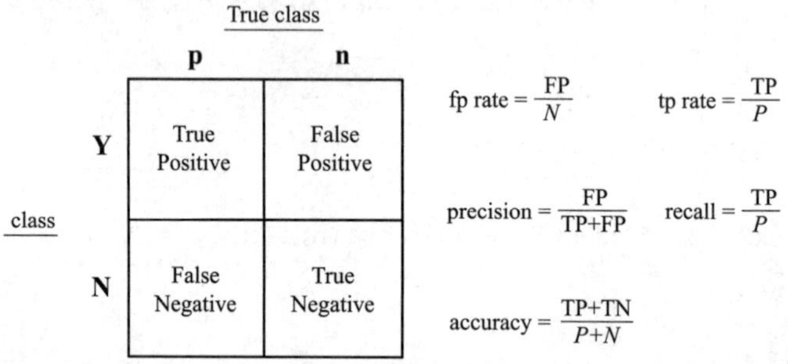

图 6-32　训练数据矩阵

如果选择一系列的临界点，就会得到一系列的 TPR 和 TNR，将这些值对应起来的点连接起来，就构成了 ROC 曲线。ROC 曲线可以清楚地了解这个分类器的性能表现，还能方便比较不同分类器的性能。在绘制 ROC 曲线的时候，习惯上使用 1-TNR 作为横坐标即 FPR（false positive rate），TPR 作为纵坐标，这就形成了 ROC 曲线。

而 AUC（area under curve）被定义成 ROC 曲线下的面积，显然这个面积的数值不会 >1，又由于 ROC 曲线一般处于 y=x 这条直线上方，所以 AUC 的取值范围在 0.5 到 1 之间。使用 AUC 值作为评价标准是因为很多时候 ROC 曲线并不能清晰地说明哪个分类器的效果更好，而作为一个数值，对应 AUC 更大的分类器的效果更好。

6.5.3 验证模型的正确性

下面首先利用模型对 test 数据进行预测，生成概率预测值：

```
#检验模型的正确性
#利用模型对test数据进行预测，生成概率预测值
pre<-predict(fit2, test)
#在R中，使用pROC包可以方便比较两个分类器
#install.packages("pROC")
library(pROC)
```

在 R 中，可以利用 pROC 包，它能方便比较这两个分类器，还能自动标识出最优的临界点，如图 6-33 所示看起来也比较漂亮。在图 6-33 中最优点 FPR=1-TNR=0.845，TPR=0.638，AUC 值为 0.812，说明这个模型的预测效果还是不错的，正确率较高。

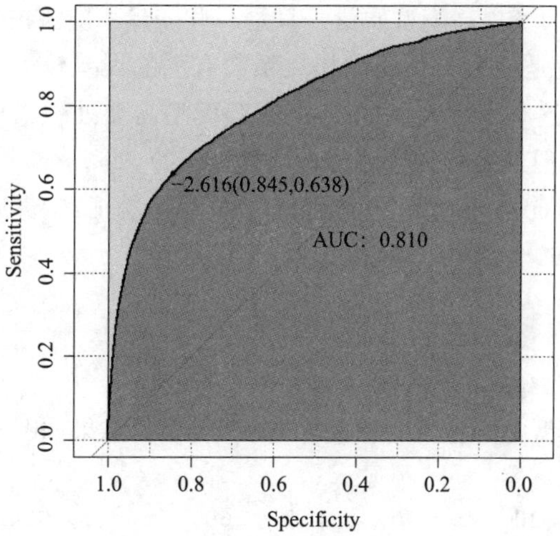

图 6-33 分类器

```
>modelroc <- roc(test$y, pre)
>plot(modelroc,print.auc=TRUE,auc.polygon=TRUE,grid=c(0.1,0.2), grid.col=c("green", "red"),max.auc.polygon=TRUE, auc.polygon.col="skyblue",print.thres=TRUE)
Call:
roc.default(response = test$y, predictor = pre)
Data: pre in 69991 controls (test$y 0) < 4874 cases (test$y 1).
Area under the curve: 0.8102
>modelroc <- roc(test$y, pre)
>plot(modelroc,print.auc=TRUE,auc.polygon=TRUE,grid=c(0.1,0.2),grid.col=c("green", "red"),max.auc.polygon=TRUE, auc.polygon.col="skyblue",print.thres=TRUE)
Call:
roc.default(response = test$y, predictor = pre)
```

```
Data: pre in 69991 controls (test$y 0) < 4874 cases (test$y 1).
Area under the curve: 0.8102
>modelroc <- roc(test$y, pre)
>plot(modelroc,print.auc=TRUE,auc.polygon=TRUE,grid=c(0.1,0.2), grid.col=c("green", "red"),max.auc.polygon=TRUE, auc.polygon.col="skyblue",print.thres=TRUE)
Call:
roc.default(response = test$y, predictor = pre)
Data: pre in 69991 controls (test$y 0) < 4874 cases (test$y 1).
Area under the curve: 0.8102
```

6.5.4 WOE 转换

证据权重（weight of evidence）转换可以将 Logistic 回归模型转变为标准评分卡格式。引入 WOE 转换的目的不是为了提高模型质量，只是一些变量不应该被纳入模型，这或者是因为它们不能增加模型值，或是因为与其模型相关系数有关的误差较大。其实建立标准信用卡也可以不采用 WOE 转换。这种情况下，Logistic 回归模型需要处理大量的自变量，尽管这样会增加建模程序的复杂性，但最终得到的评分卡都是一样的。

用 WOE(x) 替换 x，WOE()=ln(违约 / 总违约)/(正常 / 总正常)。通过上述的 Logistic 回归，剔除了 x1, x4, x6 三个变量，对剩下的变量进行 WOE 转换。

进行分箱：

age变量x2:

```
>#将Logistic回归模型转换成标准评分卡格式
>#对当前 Logistic 模型中的各个变量进行 WOE 转换，结果如图 6-34 所示。
>#进行分箱：age（x2）
>cutx2 <- c(-Inf, 30, 35, 40, 50, 55, 60, 65, 75, Inf)
>plot(cut(train$x2, cutx2))
```

Number of Time 30–59 Days Past Due Not Worse 变量（x3）:，结果如图 6-35 所示。

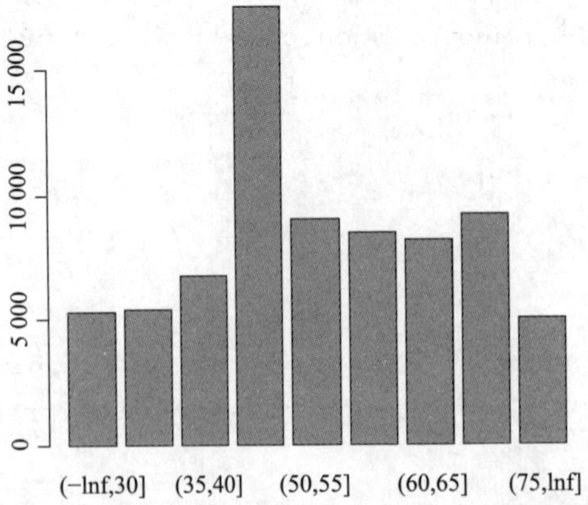

图 6-34 Logistic 回归模型 WOE 转换分箱

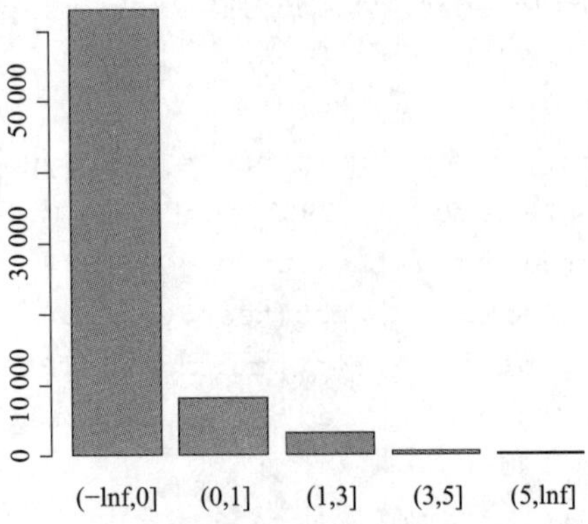

图 6-35 Logistic 回归模型 WOE 转换分箱

```
>cutx3 <- c(-Inf, 0, 1, 3, 5, Inf)
>plot(cut(train$x3, cutx3))
```

Monthly Income 变量（x5）：结果如图 6-36 所示。

```
>cutx5<- c(-Inf, 1000, 2000, 3000, 4000, 5000, 6000, 7500, 9500, 12000, Inf)
>plot(cut(train$x5, cutx5))
```

Number of Times 90 Days Late 变量（x7）：结果如图 6-37 所示。

```
>cutx7 <- c(-Inf, 0, 1, 3, 5, 10, Inf)
>plot(cut(train$x7, cutx7))
```

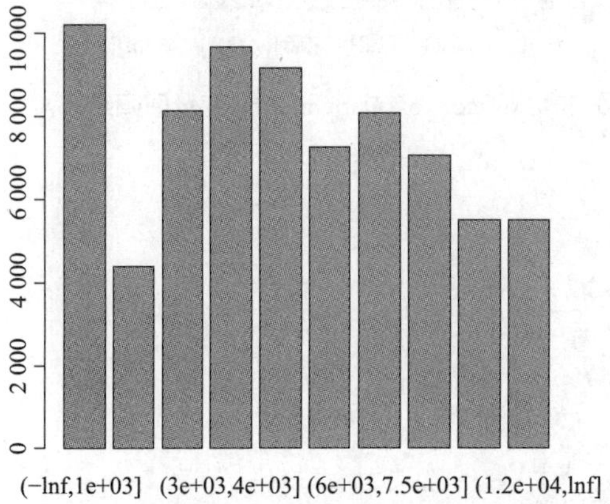

图 6-36　Monthly Income 变量回归结果

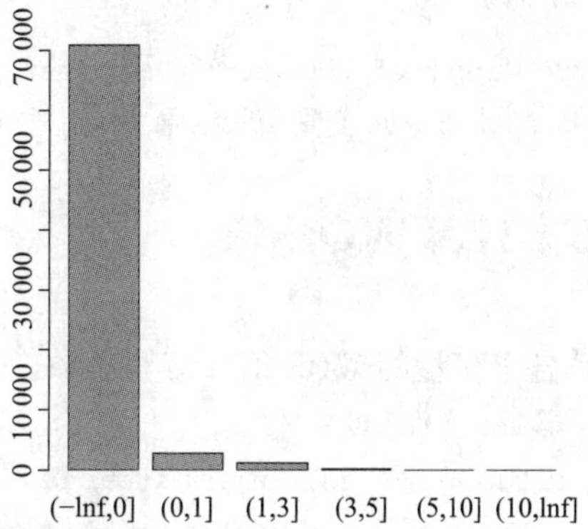

图 6-37　Number of Times 90 Days Late 变量回归结果

Number Real Estate Loans or Lines 变量（x8）：结果如图 6-38 所示。

```
>cutx8 <- c(-Inf, 0, 1, 2, 3, 5, Inf)
>plot(cut(train$x8, cutx8))
```

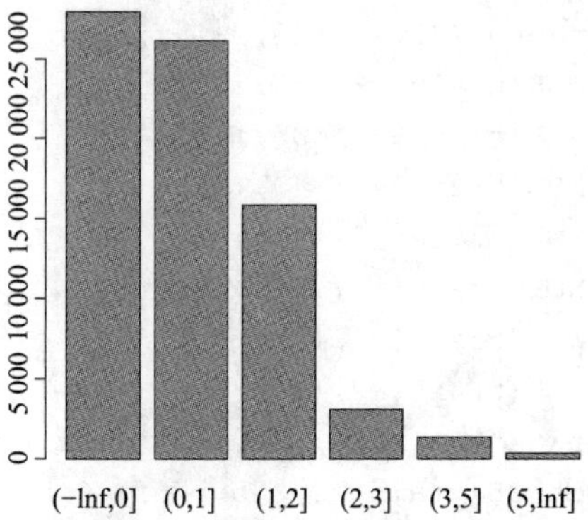

图 6-38　Number Real Estate Loans or Lines 变量回归结果

Number of Time 60-89 Days Past Due Not Worse 变量（x9）：结果如图 6-39 所示。

```
>cutx9 <- c(-Inf, 0, 1, 3, 5, Inf)
>plot(cut(train$x9, cutx9))
```

Number of Dependents 变量（x10）：结果如图 6-40 所示。

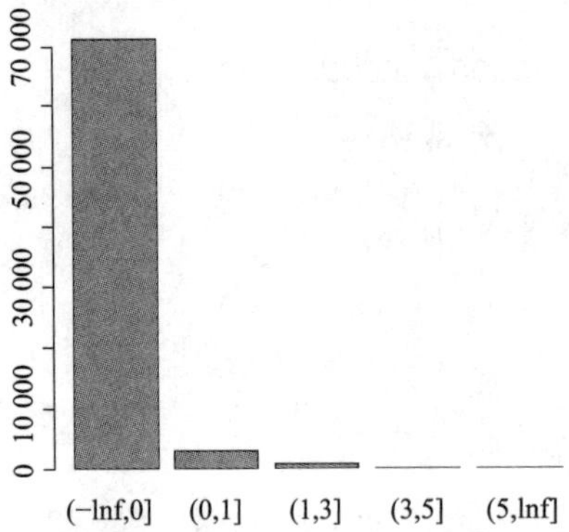

图 6-39　Number of Time 60-89 Days Past Due Not Worse 变量回归结果

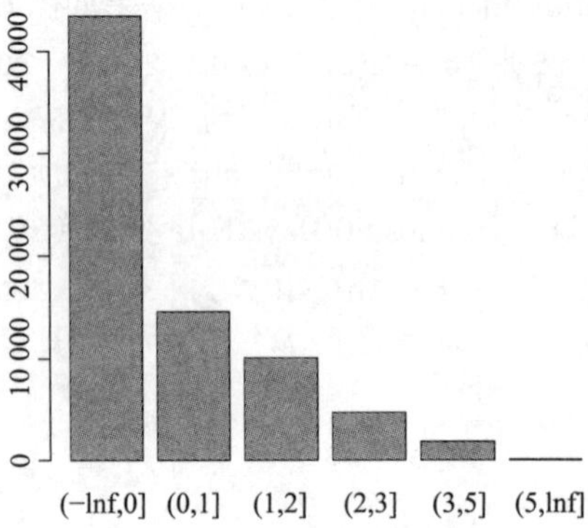

图 6-40　Number of Dependents 变量回归结果

6.5.5　计算 WOE 值

计算各个变量的 WOE 值，编写函数。

```
>#计算woe值的函数
>totalgood <- as.numeric(table(train$y))[1]
>totalbad <- as.numeric(table(train$y))[2]
>getWOE <- function(a, p, q) {Good <- as.numeric(table(train$y[a>p & a<=q]))[1] Bad <- as.numeric(table(train$y[a>p & a<=q]))[2] WOE <- log((Bad/totalbad)/(Good/totalgood), base=exp (1) )
>return(WOE)
```

1. age 变量（x2）

```
>#计算变量age的Woe值
>Agelessthan30.WOE <- getWOE(train$x2, -Inf, 30)
>Age30to35.WOE <- getWOE(train$x2, 30, 35)
>Age35to40.WOE <- getWOE(train$x2, 35, 40)
>Age40to45.WOE <- getWOE(train$x2, 40, 45)
>Age45to50.WOE <- getWOE(train$x2, 45, 50)
>Age50to55.WOE <- getWOE(train$x2, 50, 55)
>Age55to60.WOE <- getWOE(train$x2, 55, 60)
>Age60to65.WOE <- getWOE(train$x2, 60, 65)
> Age65to75.WOE <- getWOE(train$x2, 65, 75)
>Agemorethan.WOE <- getWOE(train$x2, 75, Inf)
>age.WOE<-c(Agelessthan30.WOE,Age30to35.WOE,ge35to40.WOE,Age40to45.WOE, Age45to50.WOE,Age50to55.WOE,Age55to60.WOE,Age60to65.WOE,Age65to75.WOE,Agemorethan.WOE)
>age.WOE
[1]0.57432879 0.52063157 0.34283924 0.24251193 0.22039521 0.07194294 -0.25643603  -0.55868003  -0.94144504  -1.28914527
```

2. Number of time 30–59 Days Past Due Not Worse 变量（x3）

```
>#计算x3：NumberOfTime30-59DaysPastDueNotWorse变量的woe值
>Worselessthan0.WOE <- getWOE(train$x3, -Inf, 0)
>Worse0to1.WOE <- getWOE(train$x3, 0, 1)
>Worse1to3.WOE <- getWOE(train$x3, 1, 3)
>Worse3to5.WOE <- getWOE(train$x3, 3, 5)
>Worsemorethan5.WOE <- getWOE(train$x3, 5, Inf)
>worse.WOE<-c(Worselessthan0.WOE,Worse0to1.WOE,Worse1to3.WOE,Worse3to5.
WOE,Worsemorethan5.WOE)
>worse.WOE
[1] -0.5324915  0.9106018  1.7645290  2.4432903  2.5682332
```

3. Monthly Income 变量（x5）

```
>#计算x5：MonthlyIncome变量的woe值
>Incomelessthan1000.WOE <- getWOE(train$x5, -Inf, 1000)
>Income1000to2000.WOE <- getWOE(train$x5, 1000, 2000)
>Income2000to3000.WOE <- getWOE(train$x5, 2000, 3000)
>Income3000to4000.WOE <- getWOE(train$x5, 3000, 4000)
>Income4000to5000.WOE <- getWOE(train$x5, 4000, 5000)
>Income5000to6000.WOE <- getWOE(train$x5, 5000, 6000)
>Income6000to7500.WOE <- getWOE(train$x5, 6000, 7500)
>Income7500to9500.WOE <- getWOE(train$x5, 7500, 9500)
>Income9500to12000.WOE <- getWOE(train$x5, 9500, 12000)
>Incomemorethan12000.WOE <- getWOE(train$x5, 12000, Inf)
>Income.WOE<-c(Incomelessthan1000.WOE,Income1000to2000.WOE,Income2000to3000.
WOE,Income3000to4000.WOE,Income4000to5000.WOE,Income5000to6000.WOE,Income6000to7500.
WOE,Income7500to9500.WOE,Income9500to12000.WOE,Incomemorethan12000.WOE)
>Income.WOE
[1]-1.128862326   0.448960482   0.312423080   0.350846777   0.247782295
0.114417168  -0.001808106  -0.237224039  -0.389158800  -0.462438653
```

4. Number of Times 90 Days Late 变量（x7）

```
>#计算x7：NumberOfTimes90DaysLate变量的woe值
>Latelessthan0.WOE <- getWOE(train$x7, -Inf, 0)
>Late0to1.WOE <- getWOE(train$x7, 0, 1)
>Late1to3.WOE <- getWOE(train$x7, 1, 3)
>Late3to5.WOE <- getWOE(train$x7, 3, 5)
>Late5to10.WOE <- getWOE(train$x7, 5, 10)
>Latemorethan10.WOE <- getWOE(train$x7, 10, Inf)
>Late.WOE<-c(Latelessthan0.WOE,Late0to1.WOE,Late1to3.WOE,Late3to5.
WOE,Late5to10.WOE,Latemorethan10.WOE)
>Late.WOE
[1]-0.3694044  1.9400973  2.7294448  3.3090003  3.3852925  2.3483738
```

5. Number Real Estate Loans or Lines 变量（x8）

```
>#计算x8：NumberRealEstateLoansOrLines的woe值
```

```
>Reallessthan0.WOE <- getWOE(train$x8, -Inf, 0)
>Real0to1.WOE <- getWOE(train$x8, 0, 1)
>Real1to2.WOE <- getWOE(train$x8, 1, 2)
>Real2to3.WOE <- getWOE(train$x8, 2, 3)
>Real3to5.WOE <- getWOE(train$x8, 3, 5)
>Realmorethan5.WOE <- getWOE(train$x8, 5, Inf)
>Real.WOE<-c(Reallessthan0.WOE,Real0to1.WOE,Real1to2.WOE,Real2to3.WOE,Real3to5.WOE,Realmorethan5.WOE)
>Real.WOE
[1]0.21490691  -0.24386987  -0.15568385  0.02906876  0.41685234
1.12192809
```

6. Number of Time 60–89 Days Past Due Not Worse 变量（x9）

```
>#计算x9：NumberOfTime60-89DaysPastDueNotWorse的woe值
>Worse2lessthan0.WOE <- getWOE(train$x9, -Inf, 0)
>Worse20to1.WOE <- getWOE(train$x9, 0, 1)
>Worse21to3.WOE <- getWOE(train$x9, 1, 3)
>Worse23to5.WOE <- getWOE(train$x9, 3, 5)
>Worse2morethan5.WOE <- getWOE(train$x9, 5, Inf)
>worse2.WOE<-c(Worse2lessthan0.WOE,Worse20to1.WOE,Worse21to3.WOE,Worse23to5.WOE,Worse2morethan5.WOE)
>worse2.WOE
[1]-0.2784605  1.8329078  2.7775343  3.5805174  3.4469860
```

7. Number of Dependents 变量（x10）

```
>#计算x10：NumberOfDependents的woe值
>Deplessthan0.WOE <- getWOE(train$x10, -Inf, 0)
>Dep0to1.WOE <- getWOE(train$x10, 0, 1)
>Dep1to2.WOE <- getWOE(train$x10, 1, 2)
>Dep2to3.WOE <- getWOE(train$x10, 2, 3)
>Dep3to5.WOE <- getWOE(train$x10, 3, 5)
>Depmorethan5.WOE <- getWOE(train$x10, 5, Inf)
>Dep.WOE<-c(Deplessthan0.WOE,Dep0to1.WOE,Dep1to2.WOE,Dep2to3.WOE,Dep3to5.WOE,Depmorethan5.WOE)
>Dep.WOE
[1]-0.15525081  0.08669961  0.19618098  0.33162486  0.40469824
0.76425365
```

6.5.6 对变量进行 WOE 变换

1. age 变量（x2）

```
>#x2
>tmp.age<-0
>for(i in 1 : nrow(train)) {
+   if(train$x2[i] <= 30)
```

```
+     tmp.age[i] <- Agelessthan30.WOE
+   else if(train$x2[i] <= 35)
+     tmp.age[i] <- Age30to35.WOE
+   else if(train$x2[i] <= 40)
+     tmp.age[i] <- Age35to40.WOE
+   else if(train$x2[i] <= 45)
+     tmp.age[i] <- Age40to45.WOE
+   else if(train$x2[i] <= 50)
+     tmp.age[i] <- Age45to50.WOE
+   else if(train$x2[i] <= 55)
+     tmp.age[i] <- Age50to55.WOE
+   else if(train$x2[i] <= 60)
+     tmp.age[i] <- Age55to60.WOE
+   else if(train$x2[i] <= 65)
+     tmp.age[i] <- Age60to65.WOE
+   else if(train$x2[i] <= 75)
+     tmp.age[i] <- Age65to75.WOE
+   else
+     tmp.age[i] <- Agemorethan.WOE
+   }
> table(tmp.age)
tmp.age
   -1.2891452711972  -0.941445039519045  -0.558680027962495
-0.256436029353835 0.0719429392949312  0.220395209955515  0.242511934081286
0.342839240194068
5063         9196          8180          8472
9009         9465          8008          6784
  0.52063156705216  0.574328792863984
             5390               5298
> tmp.age[1:10]
 [1]0.34283924  0.57432879  0.34283924  0.57432879  0.07194294  0.22039521
0.07194294  0.24251193  0.34283924  0.52063157
>train$x2[1:10]
[1]38 30 39 30 51 46 53 43 39 32
```

2. Number of Time 30-59 Days Past Due Not Worse 变量（x3）

```
>#x3
>tmp.worse <- 0
>for(i in 1 : nrow(train)) {
+   if(train$x3[i] <= 0)
+     tmp.worse[i] <- Worselessthan0.WOE
+   else if(train$x3[i] <= 1)
+     tmp.worse[i] <- Worse0to1.WOE
+   else if(train$x3[i] <= 3)
```

```
+     tmp.worse[i] <- Worse1to3.WOE
+   else if(train$x3[i] <= 5)
+     tmp.worse[i] <- Worse3to5.WOE
+   else
+     tmp.worse[i] <- Worsemorethan5.WOE
+   }
>table(tmp.worse)
tmp.worse
-0.53249146131578 0.910601840444591  1.76452904024992  2.44329031065646
2.56823323027274
62948          8077          3160          562          118
> tmp.worse[1:10]
[1]0.9106018 -0.5324915 -0.5324915 -0.5324915 -0.5324915 -0.5324915
-0.5324915 -0.5324915 -0.5324915 -0.5324915
>train$x3[1:10]
[1] 1 0 0 0 0 0 0 0 0 0
```

3. Month Income 变量（x5）

```
># x5
>tmp.income <- 0
>for(i in 1 : nrow(train)) {
+   if(train$x5[i] <= 1000)
+     tmp.income[i] <- Incomelessthan1000.WOE
+   else if(train$x5[i] <= 2000)
+     tmp.income[i] <- Income1000to2000.WOE
+   else if(train$x5[i] <= 3000)
+     tmp.income[i] <- Income2000to3000.WOE
+   else if(train$x5[i] <= 4000)
+     tmp.income[i] <- Income3000to4000.WOE
+   else if(train$x5[i] <= 5000)
+     tmp.income[i] <- Income4000to5000.WOE
+   else if(train$x5[i] <= 6000)
+     tmp.income[i] <- Income5000to6000.WOE
+   else if(train$x5[i] <= 7500)
+     tmp.income[i] <- Income6000to7500.WOE
+   else if(train$x5[i] <= 9500)
+     tmp.income[i] <- Income7500to9500.WOE
+   else if(train$x5[i] <= 12000)
+     tmp.income[i] <- Income9500to12000.WOE
+   else
+     tmp.income[i] <- Incomemorethan12000.WOE
+   }
>table(tmp.income)
tmp.income
```

```
-1.12886232582259    -0.462438653207328       -0.389158799506996
-0.237224038650003   -0.00180810632297072     0.114417167554772
0.247782294610166
10201            5490             5486            7048
8076             7249             9147
0.312423079500641    0.350846777249291     0.448960482499888
            8118                 9680                  4370
>tmp.income[1:10]
[1]0.350846777  0.350846777  0.350846777  0.312423080 -0.001808106
-0.462438653  -0.237224039  0.350846777  0.312423080  -0.237224039
>train$x5[1:10]
[1]3042  3300  3500  2500  6501 12454  8800  3280  2500  7916
```

4. Number of Time 90 Days Past Due Not Worse 变量（x7）

```
>#x7
>tmp.Late <- 0
>for(i in 1 : nrow(train)) {
+   if(train$x7[i] <= 0)
+     tmp.Late[i] <- Latelessthan0.WOE
+   else if(train$x7[i] <= 1)
+     tmp.Late[i] <- Late0to1.WOE
+   else if(train$x7[i] <= 3)
+     tmp.Late[i] <- Late1to3.WOE
+   else if(train$x7[i] <= 5)
+     tmp.Late[i] <- Late3to5.WOE
+   else if(train$x7[i] <= 10)
+     tmp.Late[i] <- Late5to10.WOE
+   else
+     tmp.Late[i] <- Latemorethan10.WOE
+                   }
>table(tmp.Late)
tmp.Late
-0.369404425455224  1.94009728631401  2.34837375415972
2.72944477623793    3.30900029985393  3.38529247382249
70793    2669    7    1093    222   81
>tmp.Late[1:10]
[1]1.9400973  -0.3694044  -0.3694044  -0.3694044  -0.3694044  -0.3694044
-0.3694044  -0.3694044  -0.3694044  -0.3694044
>train$x7[1:10]
[1] 1 0 0 0 0 0 0 0 0 0
```

5. Number Real Estate Loans or Lines 变量（x8）

```
>#x8
>tmp.real <- 0
>for(i in 1 : nrow(train)) {
```

```
+   if(train$x8[i] <= 0)
+     tmp.real[i] <- Reallessthan0.WOE
+   else if(train$x8[i] <= 1)
+     tmp.real[i] <- Real0to1.WOE
+   else if(train$x8[i] <= 2)
+     tmp.real[i] <- Real1to2.WOE
+   else if(train$x8[i] <= 3)
+     tmp.real[i] <- Real2to3.WOE
+   else if(train$x8[i] <= 5)
+     tmp.real[i] <- Real3to5.WOE
+   else
+     tmp.real[i] <- Realmorethan5.WOE
+                     }
> table(tmp.real)
tmp.real
-0.243869874062293  -0.155683851792327  0.0290687559545721
0.214906905417014  0.416852342556507  1.12192809398173
26150    15890    3130    27901    1428    366
>tmp.real[1:10]
[1]0.2149069  0.2149069  0.2149069  0.2149069 -0.1556839 -0.1556839
0.2149069 -0.2438699  0.2149069  0.2149069
>train$x8[1:10]
[1]0 0 0 0 2 2 0 1 0 0
```

6. Number of Time 60.89 Days Past Due Not Worse 变量（x9）

```
>#x9
>tmp.worse2 <- 0
>for(i in 1 : nrow(train)) {
+   if(train$x9[i] <= 0)
+     tmp.worse2[i] <- Worse2lessthan0.WOE
+   else if(train$x9[i] <= 1)
+     tmp.worse2[i] <- Worse20to1.WOE
+   else if(train$x9[i] <= 3)
+     tmp.worse2[i] <- Worse21to3.WOE
+   else if(train$x9[i] <= 5)
+     tmp.worse2[i] <- Worse23to5.WOE
+   else
+     tmp.worse2[i] <- Worse2morethan5.WOE
+   }
>table(tmp.worse2)
tmp.worse2
-0.278460464730538  1.83290775083723  2.77753428092856  3.44698604282783
3.58051743545235
71150    2919    708    13    75
```

```
>tmp.worse2[1:10]
[1]-0.2784605  -0.2784605  -0.2784605  -0.2784605  -0.2784605  -0.2784605
-0.2784605  -0.2784605  -0.2784605  -0.2784605
>train$x9[1:10]
[1] 0 0 0 0 0 0 0 0 0 0
```

7. Number of Dependents 变量（x10）

```
>#x10
>tmp.dep <- 0
>for(i in 1 : nrow(train)) {
+   if(train$x10[i] <= 0)
+     tmp.dep[i] <- Deplessthan0.WOE
+   else if(train$x10[i] <= 1)
+     tmp.dep[i] <- Dep0to1.WOE
+   else if(train$x10[i] <= 2)
+     tmp.dep[i] <- Dep1to2.WOE
+   else if(train$x10[i] <= 3)
+     tmp.dep[i] <- Dep2to3.WOE
+   else if(train$x10[i] <= 5)
+     tmp.dep[i] <- Dep3to5.WOE
+   else
+     tmp.dep[i] <- Depmorethan5.WOE
+   }
> table(tmp.dep)
tmp.dep
-0.155250809857344  0.0866996065110081  0.196180980387687
0.331624863227172   0.404698242905824   0.76425364970991
43498    14544    10102    4771    1815    135
>tmp.dep[1:10]
[1]-0.1552508  -0.1552508  -0.1552508  -0.1552508  0.1961810  0.1961810
-0.1552508  0.1961810  -0.1552508  -0.1552508
>train$x10[1:10]
[1] 0 0 0 0 2 2 0 2 0 0
```

6.5.7 WOE Dataframe 构建

1. 构建 WOE Dataframe

```
>trainWOE<-cbind.data.frame(tmp.age,
+                             tmp.income,
+                             tmp.worse,
+                             tmp.Late,
+                             tmp.real,
+                             tmp.worse2,
+                             tmp.dep)
```

2. 评分卡的创建和实施

标准评分卡采用的格式是评分卡中的每一个变量都遵循一系列 if-then 法则，变量的值决定了该变量所分配的分值，总分就是各个变量分值的和。

回归模型建模：因为数据中“1”表示的是违约，直接建模表示的是“发生违约的概率”，log(odds) 即为“坏好比”。为了更符合逻辑，分数越高，信用越好，所以就调换“1”和“0”，使建模预测结果为“不发生违约的概率”，最后 log(odds) 即表示“好坏比”。

```
>#逻辑回归建模
>trainWOE$y <- 1 - train$y
>glm.fit <- glm(y ~ ., data = trainWOE, family = binomial(link = logit))
>summary(glm.fit)
Call:
glm(formula = y ~ ., family = binomial(link = logit), data = trainWOE)
Deviance Residuals:
    Min        1Q    Median       3Q       Max
-3.1791    0.1926   0.2483       0.3236   2.4823
Coefficients:
            Estimate Std. Error z value Pr(>|z|)
(Intercept)  2.60869    0.01726 151.148  < 2e-16 ***
tmp.age     -0.69434    0.03599 -19.291  < 2e-16 ***
tmp.income  -0.74529    0.04235 -17.599  < 2e-16 ***
tmp.worse   -0.67189    0.01783 -37.685  < 2e-16 ***
tmp.Late    -0.64627    0.01583 -40.833  < 2e-16 ***
tmp.real    -0.63421    0.07105  -8.926  < 2e-16 ***
tmp.worse2  -0.48638    0.01963 -24.773  < 2e-16 ***
tmp.dep     -0.36456    0.08883  -4.104 4.06e-05 ***
---
Signif. Codes: 0 '***' 0.001 '**' 0.01 '*' 0.05 '.' 0.1 ' ' 1
(Dispersion parameter for binomial family taken to be 1)
    Null deviance: 36747  on 74864  degrees of freedom
Residual deviance: 28561  on 74857  degrees of freedom
AIC: 28577
Number of Fisher Scoring iterations: 6
>coe <- -(glm.fit$coefficients) ### 这里取了负号！！！！
>#coe <- (glm.fit$coefficients)
>coe
(Intercept)      tmp.age  tmp.income    tmp.worse      tmp.Late      tmp.real
tmp.worse2      tmp.dep
-2.6086889  0.6943365  0.7452904  0.6718923  0.6462748  0.6342062
0.4863836   0.3645583
```

个人总评分 = 基础分 + 各部分得分。

基础分为：

```
># 计算参数
```

```
>p <- 20/log (2)
>q <- 600 - 20*log(15)/log (2)
># 个人总评分 = 基础分 + 各部分得分
># 基础分为
>base <- q + p * as.numeric(coe[1])
>base
[1] 446.5913
```

3. 对各个变量进行打分

① age 变量（x2）。

```
># x2
>Agelessthan30.SCORE <- p * as.numeric(coe[2]) * Agelessthan30.WOE
>Age30to35.SCORE <- p * as.numeric(coe[2]) * Age30to35.WOE
>Age35to40.SCORE <- p * as.numeric(coe[2]) * Age35to40.WOE
>Age40to45.SCORE <- p * as.numeric(coe[2]) * Age40to45.WOE
>Age45to50.SCORE <- p * as.numeric(coe[2]) * Age45to50.WOE
>Age50to55.SCORE <- p * as.numeric(coe[2]) * Age50to55.WOE
>Age55to60.SCORE <- p * as.numeric(coe[2]) * Age55to60.WOE
>Age60to65.SCORE <- p * as.numeric(coe[2]) * Age60to65.WOE
>Age65to75.SCORE <- p * as.numeric(coe[2]) * Age65to75.WOE
>Agemorethan75.SCORE <- p * as.numeric(coe[2]) * Agemorethan.WOE
>Age.SCORE<-c(Agelessthan30.SCORE,Age30to35.SCORE,Age35to40.SCORE,Age40to45.SCORE,Age45to50.SCORE,Age50to55.SCORE,Age55to60.SCORE,Age60to65.SCORE,Age65to75.SCORE, Agemorethan75.SCORE)
>Age.SCORE
[1]11.506284  10.430497  6.868549  4.858561  4.415467  1.441328  -5.137520
-11.192772  -18.861207  -25.827143
```

其他变量的计算省略。

② 计算各个变量分箱得分。

为了简化上述各个变量的评分过程，并对结果进行“四舍五入”的处理，编写以下计算评分的函数：

```
>#计算各个变量分箱得分
>?round
>getscore <- function(i, x) {
+   score <- round(p * as.numeric(coe[i]) * x, 0)
+   return(score)
+                          }
```

重新计算各个变量的分箱得分，如下：

③ age 变量（x2）。

```
> # x2
>Agelessthan30.SCORE <- getscore(2, Agelessthan30.WOE)
>Age30to35.SCORE <- getscore(2, Age30to35.WOE)
>Age35to40.SCORE <- getscore(2, Age35to40.WOE)
```

```
>Age40to45.SCORE <- getscore(2, Age40to45.WOE)
>Age45to50.SCORE <- getscore(2, Age45to50.WOE)
>Age50to55.SCORE <- getscore(2, Age50to55.WOE)
>Age55to60.SCORE <- getscore(2, Age55to60.WOE)
>Age60to65.SCORE <- getscore(2, Age60to65.WOE)
>Age65to75.SCORE <- getscore(2, Age65to75.WOE)
>Agemorethan75.SCORE <- getscore(2, Agemorethan.WOE)
>Age.SCORE<-c(Agelessthan30.SCORE,Age30to35.SCORE,Age35to40.SCORE,Age40to45.SCORE,Age45to50.SCORE,Age50to55.SCORE,Age55to60.SCORE,Age60to65.SCORE,Age65to75.SCORE, Agemorethan75.SCORE)
>Age.SCORE
[1]  12  10   7   5   4   1  -5 -11 -19 -26
```

④ Number of Time 30–59 Days Past Due Not Worse 变量（x3）。

```
># x3
>Worselessthan0.SCORE <- getscore(4, Worselessthan0.WOE)
>Worse0to1.SCORE <- getscore(4, Worse0to1.WOE)
>Worse1to3.SCORE <- getscore(4, Worse1to3.WOE)
>Worse3to5.SCORE <- getscore(4, Worse3to5.WOE)
>Worsemorethan5.SCORE <- getscore(4, Worsemorethan5.WOE)
>Worse.SCORE <- c(Worselessthan0.SCORE, Worse0to1.SCORE, Worse1to3.SCORE, Worse3to5.SCORE, Worsemorethan5.SCORE)
> Worse.SCORE
[1] -10  18  34  47  50
```

⑤ MonthlyIncome 变量（x5）。

```
># x5
>Incomelessthan1000.SCORE <- getscore(3, Incomelessthan1000.WOE)
>Income1000to2000.SCORE <- getscore(3, Income1000to2000.WOE)
>Income2000to3000.SCORE <- getscore(3, Income2000to3000.WOE)
>Income3000to4000.SCORE <- getscore(3, Income3000to4000.WOE)
>Income4000to5000.SCORE <- getscore(3, Income4000to5000.WOE)
>Income5000to6000.SCORE <- getscore(3, Income5000to6000.WOE)
>Income6000to7500.SCORE <- getscore(3, Income6000to7500.WOE)
>Income7500to9500.SCORE <- getscore(3, Income7500to9500.WOE)
>Income9500to12000.SCORE <- getscore(3, Income9500to12000.WOE)
>Incomemorethan12000.SCORE <- getscore(3, Incomemorethan12000.WOE)
>Income.SCORE<-c(Incomelessthan1000.SCORE,Income1000to2000.SCORE,Income2000to3000.SCORE,Income3000to4000.SCORE,Income4000to5000.SCORE,Income5000to6000.SCORE,Income6000to7500.SCORE,Income7500to9500.SCORE,Income9500to12000.SCORE,Incomemorethan12000.SCORE)
>Income.SCORE
[1] -24  10   7   8   5   2   0  -5  -8 -10
```

⑥ Number of Times 90 Days Late 变量（x7）。

```
># x7
>Latelessthan0.SCORE <- getscore(5, Latelessthan0.WOE)
>Late0to1.SCORE <- getscore(5, Late0to1.WOE)
```

```
>Late1to3.SCORE <- getscore(5, Late1to3.WOE)
>Late3to5.SCORE <- getscore(5, Late3to5.WOE)
>Late5to10.SCORE <- getscore(5, Late5to10.WOE)
>Latemorethan10.SCORE <- getscore(5, Latemorethan10.WOE)
>Late.SCORE<-c(Latelessthan0.SCORE,Late0to1.SCORE,Late1to3.SCORE,Late3to5.SCORE, Late5to10.SCORE, Latemorethan10.SCORE)
>Late.SCORE
[1] -7 36 51 62 63 44
```

⑦ Number Real Estate Loans or Line 变量（x8）。

```
># x8
>Reallessthan0.SCORE <- getscore(6, Reallessthan0.WOE)
>Real0to1.SCORE <- getscore(6, Real0to1.WOE)
>Real1to2.SCORE <- getscore(6, Real1to2.WOE)
>Real2to3.SCORE <- getscore(6, Real2to3.WOE)
>Real3to5.SCORE <- getscore(6, Real3to5.WOE)
>Realmorethan5.SCORE <- getscore(6, Realmorethan5.WOE)
>Real.SCORE<-c(Reallessthan0.SCORE,Real0to1.SCORE,Real1to2.SCORE,Real2to3.SCORE, Real3to5.SCORE,Realmorethan5.SCORE)
>Real.SCORE
[1] 4 -4 -3  1  8 21
```

⑧ Number of Time 60 ~ 89 Days Past Due Not Worse 变量（x9）。

```
>#x9
>Worse2lessthan0.SCORE <- getscore(7, Worse2lessthan0.WOE)
>Worse20to1.SCORE <- getscore(7, Worse20to1.WOE)
>Worse21to3.SCORE <- getscore(7, Worse21to3.WOE)
>Worse23to5.SCORE <- getscore(7, Worse23to5.WOE)
>Worse2morethan5.SCORE <- getscore(7, Worse2morethan5.WOE)
>Worse2.SCORE<-c(Worse2lessthan0.SCORE,Worse20to1.SCORE,orse21to3.SCORE,Worse23to5.SCORE,Worse2morethan5.SCORE)
>Worse2.SCORE
[1]-4 26 39 50 48
```

⑨ Number of Dependents 变量（x10）。

```
>#x10
>Deplessthan0.SCORE <- getscore(8, Deplessthan0.WOE)
>Dep0to1.SCORE <- getscore(8, Dep0to1.WOE)
>Dep1to2.SCORE <- getscore(8, Dep1to2.WOE)
>Dep2to3.SCORE <- getscore(8, Dep2to3.WOE)
>Dep3to5.SCORE <- getscore(8, Dep3to5.WOE)
>Depmorethan5.SCORE <- getscore(8, Depmorethan5.WOE)
>Dep.SCORE<-c(Deplessthan0.SCORE,Dep0to1.SCORE,Dep1to2.SCORE,Dep2to3.SCORE,Dep3to5.SCORE,Depmorethan5.SCORE)
>Dep.SCORE
[1] -2  1  2  3  4  8
```

最终生成的评分卡如表 6-8 所示。

表 6-8　评分卡

Age	<=30	(30, 35]	(35, 40]	(40, 45]	(45, 50]	(50, 55]	(55, 60]	(60, 65]	(65, 75]	(75, 100]
	12	10	7	5	4	1	–5	–11	–19	–26
Worse	<=0	(0, 1]	(1, 3]	(3, 5]	>5					
	–10	18	34	47	50					
Income	<=1k	(1, 2]	(2, 3]	(3, 4]	(4 , 5]	(5, 6]	(6, 7.5]	(7.5, 9.5]	(9.5 ,12]	>12
	–24	10	7	8	5	2	0	–5	–8	–10
Late	<=0	(0, 1]	(1, 3]	(3, 5]	(5, 10]	>10				
	–7	36	51	62	63	44				
Real	<=0	(0, 1]	(1, 2]	(2, 3]	(3, 5]	>5				
	4	–4	–3	1	8	21				
Worse2	<=0	(0, 1]	(1, 3]	(3, 5]	>5					
	–4	26	39	50	48					
Dep	<=0	(0, 1]	(1, 2]	(2, 3]	(3, 5]	>5				
	–2	1	2	3	4	8				

个人评分计算案例如表 6–9 所示。

表 6–9　个人评分计算案例

Age	38	7
Worse	4	47
Income	1 500	10
Late	2	51
Real	1.5	-3
Worse2	4	50
Dep	1.5	2

所以这个人的信用总评分 = 基础分（base）+ 各个特征分数。

总评分 =446.591 3+7+47+10+51–3+50+2=610.591 3。

习　题　6

1. 智能风控决策引擎的常用功能有哪些？
2. 规则模块的基本原理是什么？
3. 决策流模块的基本原理是什么？
4. 信贷风控优先级规则有哪些？
5. 智能风控指标管理的核心功能有哪些？
6. 信用评分卡模型有哪些类别？
7. 什么是面板数据？采集面板数据，使用 Python 源代码实现。
8. 评分卡模型评估有哪些类别？使用 Python 源代码分别实现。
9. Kaggle 网站下载数据，使用 Python 源代码实现数据导入、缺失值分析、异常值分析。

第7章 智能投顾

资本市场经过近百年的发展沉淀，已经形成了较为完备的产品体系，投资者可以根据自身投资风格及风险偏好，在市场中寻找到相应的投资品种，从而满足其资产保值增值的理财需求。然而受限于能力与精力，业余投资者往往无法凭借自身力量对海量产品和信息进行提炼分析，亟需寻求专业指导，投资顾问服务即基于该背景产生。投资顾问服务的运作模式是运用其拥有的专业知识为投资者选择金融投资产品，提供服务，收集客户风险及收益偏好，通过资产组合配置的方式保障收益并抵御风险，向投资者提供专业的投资需求解决方案。近年来，伴随着科学技术的迅速发展，基于开放的互联网平台，作为大数据和人工智能在金融领域的前沿应用，智能投资顾问服务（robo-advisor，简称智能投顾）逐步进入人们的视野。

7.1 智能投顾概述

智能投顾是金融科技领域的新兴名词，由于各国发展进度、发展特点、理财投资者接受度不同，因而对智能投顾的定义尚未形成共识，部分权威机构与监管机构对智能投顾的概念进行了界定。

美国金融业监管局从观察的视角出发，认为智能投顾是利用尖端创新技术、复杂的互联网算法和程序，借助金融工具，为客户提供专业化投资咨询的服务链，其中资产配置和组合选择是服务链的核心。

美国证券交易委员会在《智能投顾监管指南》中指出：智能投顾是利用大数据、网络智能算法等创新技术，为客户提供全权委托的财富管理服务。

欧盟金融业监管局认为智能投顾服务能够不经过人工介入，基于算法分析，通过机器面向投资者，提供投资组合建议。

1. 智能投顾的“智能化”特点

智能投顾的“智能化”特点主要体现在以下3个方面。

（1）人工介入程度较低

在智能投顾服务过程中，人工介入的程度决定了其智能化服务的方式，目前存在两种智能化服务模式：完全无人工介入模式和部分无人工介入模式。在完全无人工介入模式中，智能投顾投资服务仅提供自动化投顾工具，完全不涉及人工主观判断偏倚及人工澄清内容；

在部分人工介入模式中，智能投顾服务使用智能化工具提供初步投资建议，随后提供部分人工服务，进一步获取投资者信息，并在修正初步投资建议后给出最终建议。

（2）智能化的客户信息判断流程

智能投顾服务通过在线提供客户信息自助录入，依据一定标准对客户进行智能精准细分画像，获得客户类型。欧盟金融业监管局提出，对于合理情形下的智能投顾服务提供的自动化投资建议，如能够被投资者视同基于个人情况生成，均可能被认为是投资顾问的智能化服务。

（3）智能化的投资建议算法逻辑

智能投顾服务运用决策树决策流程，基于智能算法逻辑生成组合投资建议，使用智能化工具实时收集市场变化，依据一定决策流程适时自动调整投资建议，并保持与投资者特征相匹配。

2. 智能投顾的运作优势

智能投顾的运作优势是，合理压降服务成本，将传统模式下提供给极少数高净值客户的精英化服务转变为一种普惠式服务，与传统投资顾问相比具有以下服务优势。

（1）服务管理费用低廉，收费标准清晰

传统投资顾问服务为向客户提供个性化的投资服务，需要使用一对一的人工服务，该服务模式需要消耗大量人工时间与精力。根据市场行情，其服务管理费用的收取比例一般在整体资产管理规模的 1% 左右。智能投顾服务的服务过程由系统自动完成，通过在线提供电子调查问卷，采取菜单式客户自助服务模式，由客户自行完成个人评估并提供投资基础信息，使用智能算法快速、客观地提供个性化的科学投资组合建议，从而合理有效降低服务管理成本。根据各家智能投顾公司的公开信息，智能投顾服务一般向客户收取 0.3% 以下的服务管理费用。

（2）服务流程简单化，服务时间和地点可以自主选择

传统投资顾问服务基于人工服务，其受限于固定的时间和空间，带来较长的服务时耗以及非实时性的数据服务，客户体验较差。智能投顾服务运用大数据、智能算法以及电子化信息传输方式将服务流程进行科学简化，在营销方式、用户评估、资产配置建议提出、智能再平衡、信息沟通以及客户报告生成等方面实现全流程电子化、智能化，并利用众多平台向客户提供 7×24 小时的投资顾问服务，有效提升客户体验。投资门槛降低，服务对象涵盖大众阶层。依据客户资产规模进行分类，目前国内客户可以分为超高净值、高净值、中等净值以及低净值四类。高净值、超高净值人群由于资产配置复杂度较大，需要更为人性化以及丰富多样的标的来满足其理财需求，这类需求的满足往往需要采用传统面对面的投资顾问模式。低净值客户基于服务管理费用支出考量，通常以自主决策为主，往往不会主动寻求投顾服务。中等净值客户在我国具有较大的规模，其受限于传统投顾服务门槛，往往具有投资顾问的意愿，但无法寻找到合适的传统投顾服务，这类客户的投顾服务在国内市场中存在空白。传统投资顾问服务受限于资源的稀缺性，仅为少数超高和高净值客户服务，导致大众阶层所获得的理财投资顾问服务极其有限。智能投顾由于服务方式的便捷性和低成本化，能够实现降低服务门槛，扩大受众群体，提升服务质量，将精英式服务扩展为普惠式服务。

3. 智能投顾的运作机制

目前，主流智能投顾公司的运作流程主要基于马科维茨（harry M.markowitz）提出的投资组合理论，目的是在收益和风险两者中一方既定，寻求另一方最优化的目标下，能够通过投资组

合分散资产投资，降低投资风险，其主要运作流程是通过构建“客户档案创建及分析—资产配置建议—交易执行—智能再平衡—用户画像更新”的运作流程完成智能投顾的交易执行。其主要运作流程如下。

第一步，客户档案创建及分析智能投顾服务为客户提供资产配置建议的前提是通过客户评估了解客户特性并建立客户档案。在信息收集及评估环节的设计中，智能投顾服务基于线上流程，能够较传统投资顾问提供更为流畅快捷的服务，免除了面对面沟通、纸质化单据的填写和烦琐的审批流程，仅需在线填写调查问卷，获得客户年龄、收入、家庭状况、流动资产投资总额、预期收益、风险容忍度等相关信息，并进行分析归纳，实现客户的初步画像。在智能投顾服务中，通常采用线上问卷调查的形式，智能投顾对客户的总体特征建立相对客观的评价，确定客户属性并创建客户档案，对于财务及非财务状况获取详细信息。

第二步，投资配置建议。智能投顾服务基于投资组合理论构建模型，在大类资产配置中，依据不同的投资范围（境内、境外）和投资期限（长线、短线）对投资进行分类配置，结合智能投顾服务基础资产库中的产品建立优化的投资组合。根据用户画像，结合大类资产风险和收益情况，客观选择出与用户偏好相对应的投资组合，为不同风险收益偏好的用户定制个性化资产配置方案。在该环节中，智能投顾基于算法提供快速而有效的资产配置组合，屏蔽了传统投顾中人为干扰，有效避免了人为因素产生的利益冲突和错误等，与传统投顾服务相比，其投资结果更为中立稳定。

第三步，交易执行。智能投顾服务采用大数据分析和机器学习相结合的方式实现对市场的精准判断，从而提高自身的投资效益，吸引更多的客户来源。平台建立筛选标准实现基础资产库构建，并根据客户需求对不同种类的底层资产进行适配，提供投资组合推荐。在交易执行环节，客户资金被转入金融机构开立客户交易账户，并进行第三方托管，智能投顾服务依据客户交易意图代理其发送交易指令，实现产品依指令买入卖出，完成交易过程。

第四步，智能再平衡。资本市场瞬息万变，外部环境与客户特征随时发生变化，智能投顾服务能够据此随时提供资产配置的动态调整。当智能投顾接收到新的信息及事件时，其根据市场变化对资产配置组合进行修正，实现资产配置的智能再平衡，充分提升组合资产收益率，更好满足客户需求。在智能再平衡过程中，智能投顾需要统筹考虑预期收益和调整成本，合理提高客户的综合收益。

第五步，更新用户画像。智能投顾能够随时根据客户认可情况，以及客户财务和非财务信息的变更，对最初设定的客户画像进行实时更新，新的客户画像会对智能投顾服务后续资产配置方案的生成产生影响，并最终在调整过程中实现动态平衡。

通过对智能投顾服务的运作流程分析，我们发现无论何种类型的智能投顾提供服务，其主要核心竞争力均体现在对于投资组合的配置方面。这种能力与智能投顾基于投资逻辑和过往经验累积遴选的基础资产库有着密切的关系。智能投顾服务通过分析市场信息，对各类可选择资产进行特征筛选，构建基础资产库，进而根据马科维茨提出的投资组合理论构建投资组合，满足客户对于资产配置的收益风险需求。因此，如何选择基础资产成为了构建基础资产库的核心步骤。业界一般认为智能投顾业务落地实施的关键点在于如何进行客户风险偏好画像、如何匹配最优投资组合、如何进行再平衡以及相应的风险管控等。

4. 智能投顾的服务过程

目前市场上多家平台都在开发自己的智能投顾体系，以京东系为参考，智能投顾可包含四大块内容：KYC（know your customer）、动态资产配置、金融产品库、投后风险管理。

大数据KYC指利用大数据进行客户画像建模、预测客户属性等。动态资产配置指基于客户画像形成定制化的资产配置策略。金融产品库提供丰富的经分类和梳理的金融资产标的，以备资产配置。投后风控则是非常重要的一个环节，它可以对客户持仓业绩跟踪，随着市场动态行情定期进行调仓，对持仓进行风险管控，为客户提供更多一份保障。

（1）目标客户

传统投顾服务针对高净值客户，通过一对一沟通为其提供资产保值、增值等定制化服务。在定制化资产管理服务中，投资资产种类广泛、结构多样，不仅仅局限于常见的股权、债券、贵金属等金融资产。智能投顾的发展大幅降低了投资服务门槛，利用互联网技术可使用调查问卷在线收集客户基础信息、客户资产和负债水平、收入和支出水平、风险偏好等相关数据，并结合征信数据、互联网社交数据等第三方数据，利用人工智能技术对客户进行真实、准确的客户画像。根据客户画像，智能投顾可计算出满足条件的资产配置方案。因此，智能投顾的发展可以更高效、低成本地服务于中低净值客户，帮助各机构发现长尾客户，拓宽市场。

（2）智能投顾产品形式

智能投顾往往给客户生成一种投资组合，其投资标的包括股票、债券、货币、黄金、基金、ODII（海外投资）和另类投资等。国内目前主要根据客户的风险偏好与投资期限等给出多个基金的投资组合，类似于定制化的FOF（Fund of Fund）产品。

一般在建立投资组合时，要着重考虑基于经济周期的资产配置，确定资产种类、调仓周期，实现资产配置，而非一味追求超额收益。如果是生成定制化的FOF产品，还应考虑基金管理人相关数据。因此，智能投顾建立投资组合策略时使用的关于基金评价的主流指标种类有：收益指标、风险指标、调整收益、业绩特征、业绩排名、基金风格、业绩归因类、基金经理能力类、组合分析类指标等。

（3）智能营销

当下基于人工智能与大数据的智能营销场景不胜枚举，智能推荐算法发展已非常成熟且在丰富的场景中被不断尝试与完善，因此利用智能推荐精准匹配产品与客户，提高客户留存率也是智能投顾体系不可或缺的一部分。

7.2 智能投顾案例

1. 智能投顾发展现状

（1）国外发展现状

在欧美国家，智能投顾行业保持着高速增长的态势，2020年全行业资产管理规模将达到1.6万亿美元。美国公司BetterMent、WealthFront是智能投顾代表，创立于2008年前后，如今已成长为资产管理规模达数十亿美元的新兴互联网投顾平台。从服务流程上看，两家公司基本一致，故以WealthFront为例说明智能投顾关键流程，如图7-1所示。

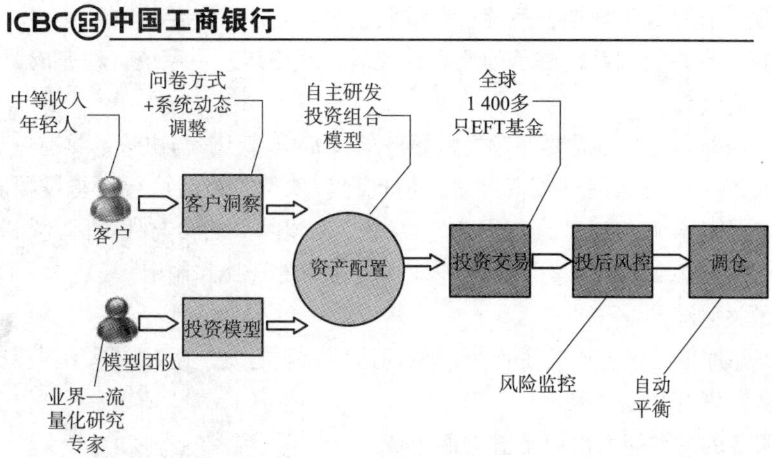

图 7-1　智能投顾关键流程

从图 7-1 可以看出，WealthFront 智能投顾有如下特点。

① 客户洞察。采用问卷方式收集客户的投资目标与约束，支持动态调整投资目标与约束。

② 投资模型与资产配置。系统通过模型计算为客户提供资产配置策略，具体到每只基金的配置比例，年化收益稳定在 2%~6% 之间，但投资策略方法论不公开，客户只是接收并执行。

③ 投资交易。投资品以 ETF 基金为主，涵盖全球 1 400 多支 ETF 基金。

④ 投后风控管理和自动化调仓。基于风控模型建立了再平衡触发机制，由系统对客户持仓实现自动调仓。

（2）国内发展现状

相比于欧美国家，国内智能投顾起步较晚。2014 年，蓝海智能投顾上线，标志着国内首家智能投顾公司的诞生。2016 年，招商银行推出了“摩羯智投”，使其成为国内首家将智能投顾服务于客户资产配置的商业银行。2017 年，嘉实基金、广发证券等证券行业机构犹如雨后春笋般，纷纷推出自己的智能投顾业务。

总体而言，国内智能投顾以基金为主要投资标的，其服务流程与国外基本一致，主要区别在于，因监管差异，国内投顾平台不能进行自动调仓，需由客户根据平台推送的再平衡策略进行手动调仓。

2. 智能投顾服务模式

业界对智能投顾的应用模式大多可归纳为投顾服务产品与顾问咨询两类模式，其中投顾服务产品为主流模式。

（1）投顾服务产品模式

该模式面向欠缺专业投资知识与经验的长尾客户，提供一键购买、一键调仓的智能投顾服务。智能投顾平台给出投资策略（推荐投资组合）后，客户必须按此策略执行，由系统自动完成申购和赎回等操作。该模式的投资策略方法论不公开，对客户而言是一个“黑盒”，客户只能把操作委托给系统处理。该模式服务的主要特点如下。

① 投顾服务请求。客户通过手机银行、网上银行等渠道发起服务请求，系统返回推荐的投资组合。

② 交易执行。客户按推荐的投资组合，通过一键方式完成交易。

③ 风险控制。在存续管理期，系统自动监测投资组合风险，给出调仓建议。

④ 调仓建议。客户收到系统提示的调仓建议后，经确认，由系统自动完成调仓。

（2）顾问咨询模式

该模式面向的群体主要为需要专业投顾服务但又希望自己参与决策、具有一定投资经验的进阶型客户。投顾平台虽然提供投资策略，但也允许调整策略后执行。与投顾服务产品模式的差别是，该模式主要侧重于“顾问咨询”功能，强调客户的参与性。因此，投顾平台要为客户提供投资策略的必要信息，辅助客户完成投资策略的选择和制定。

3. 智能投顾关键能力

智能投顾不是原创技术，而是资产管理机构运用专业能力，通过技术手段提升顾问服务能力、扩大了服务范围的必然结果。

智能投顾服务的关键能力由以下五方面组成。

① 客户洞察能力。采用问卷、行为金融学建模等方法，识别客户真实投资目标和约束。

② 投资组合模型开发能力。该能力依据各类市场信息，对各类投资品的收益率和波动率进行预测，进而根据投资组合理论、构建投资组合模型，为客户资产配置提供支撑。

③ 多元化投资能力。支持各种市场，多种类型投资品交易，满足客户资产配置多元化需求。

④ 风险管控能力。对投资组合风险进行自动监测、识别、预警，实现资产组合模型的自动调优，进而优化客户资产配置。

⑤ 客户交互能力。构建良好数字化互动方式，让客户享受“私人银行”级别的顾问服务。

4. 智能投顾平台建设

智能投顾平台的建设目标是通过财富管理的自动化与智能化，实现高端资产管理的零售化。财富管理自动化是指，建立自主知识产权的投资组合模型和风控模型，为客户提供丰富的可投资品种以及自动交易手段，从而将线下财富与资管能力转为线上服务能力。财富管理智能化是指利用人工智能技术，提升客户交互、客户洞察和投资组合模型开发的智能化水平，增强智能投顾核心竞争力。

（1）财富管理自动化

财富管理自动化实现后，系统根据客户风险偏好和投资目标，自动向客户推送满足其所需的投资组合，以及完成各类交易、风险监测等财富管理步骤。财富管理专家可以利用系统构建投资组合、识别投资风险，更专注于市场预判与资产遴选等高价值工作，大幅提升工作效率，减少重复性劳动。智能投顾关键能力自动化程度应达到如下要求。

① 客户洞察的完全自动化。基于归集的客户数据和模型算法，系统自动识别客户投资目标、风险偏好、投资约束等关键投资诉求，实现千人千面的客户投资需求分析。

② 提升投资组合模型开发的自动化水平。如图 7-2 所示的例子，系统根据外部投研数据形成市场观点，结合专家观点，协助完成投资品的遴选并纳入投资池，最后由资产配置模型算法得到投资组合。这种通过人机结合、系统辅助运算与决策的方式，业务专家能高效地构建满足客户需求的投资组合。

③ 客户交互的完全自动化。智能投顾与客户存在大量交互场景，交互设计要基于易用性、可读性的原则进行构建，实现各种一键式操作，使智能投顾成为“懒人理财”的利器。

④ 风险管控的完全自动化。通过模型自动监测风险，当投资组合风险达到阈值，则触发

再平衡机制，自动提醒客户调仓或者由系统直接完成调仓。

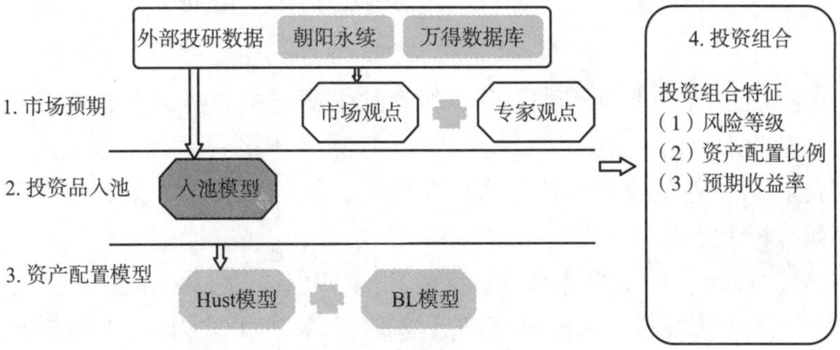

图 7-2　投资组合模型

（2）财富管理智能化

通过人工智能、大数据的有效结合，实现财富管理的智能化。一方面有利于挖掘客户潜在财富管理需求，强化客户黏性，另一方面可以提升资产管理的投资收益，其核心是客户和投资大数据的沉淀积累。我们认为，财富管理智能化主要聚焦在以下三个方面。

① 客户洞察智能化。目标是精准识别客户真实风险承受能力、流动性要求、投资期限，推送符合其要求的投资组合。它主要包括两方面的内容，首先，客户信息归集和沉淀，利用网购信息、社交信息、金融交易行为、信贷数据、问卷和客户画像已有的各类客户标签建立客户信息分析的大数据；其次，通过基于机器学习算法的训练，形成认知客户的投资目标、风险偏好、投资约束的客户洞察模型。

② 投资组合模型开发的智能化。它主要包括投研和投资组合构建两方面，其中投研已应用智能化技术，投资组合构建智能化仍在探索中。如图 7–3 所示，投研智能化采用大数据和机器学习技术，通过对数据获取、信息整合、知识化的技术处理，全面提高传统投研的研究范围、深度和效率，协助投研人员做出市场预测和分析。

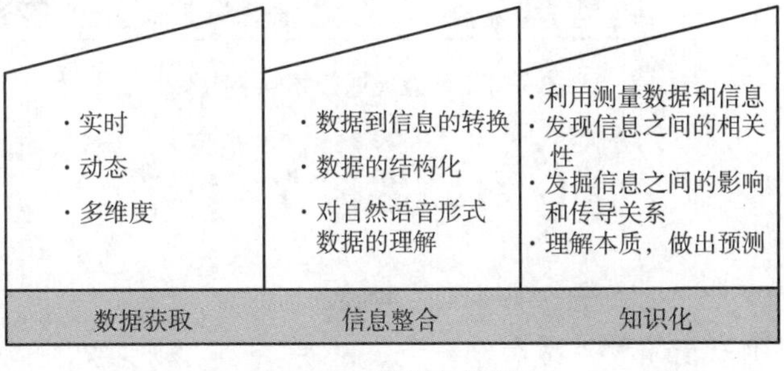

图 7-3　投研智能化

③ 客户交互智能化。引入智能客服，在智能投顾平台中打造“私人银行级别”的理财体验，提升客户黏性。

5. 智能投顾应用与展望

基于以上智能投顾平台建设思路，依托工商银行资管服务能力、海量的客户信息及市场数据，工商银行于 2017 年 7 月份成功投产智能投顾业务系统。投产后，计算机依据客户画像为客户自动配置投资策略、监控市场变化，当触及调仓阈值时，自动为客户实现投资组合的再平衡。

① 总体逻辑功能架构。智能投顾通过手机银行渠道提供对外服务、基于机器学习平台提供模型算法，构建了账户体系、客户洞察、组合产品销售、模型管理、回溯测试、再平衡等核心功能。

② 技术架构。工商银行智能投顾业务系统，数据库采用 MySQl 数据库、应用服务器使用 Was 服务器、设备接入行内 IaaS 及 PaaS 云平台，基础技术平台采用分布式服务框架。分布式服务框架为智能投顾业务系统的构建提供注册中心、服务网关、数据访问等框架级构件，确保系统稳定高效运行（如图 7-4 所示）。

③ 应用效果。智能投顾业务系统上线后，工商银行个人金融部推出自主研发的智能投顾——“AI 投”，该产品属于“智能投顾产品模式”。客户洞察方面，利用海量客户信息，通过人工智能算法，形成客户标签并识别客户真实风险偏好，自动推荐投资组合；投资组合构建方面，综合利用 Black-Litterman、Hurst 等量化模型进行构建；多元化投资方面，目前以基金投资为主，未来逐步扩展到其他标准化投资品；风险管控方面，由再平衡算法自动触发客户调仓的提醒;客户交互方面，目前采用一键方式实现交易下单和调仓，未来拟引入“智能客服”以实现更佳的客户体验。

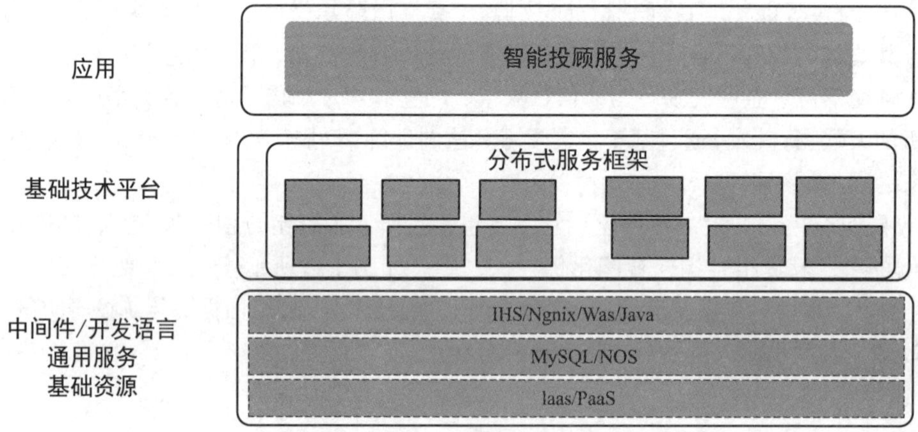

图 7-4 智能投顾技术架构

习 题 7

1. 智能投顾的“智能化”特点主要体现在哪些方面？
2. 智能投顾的运作优势有哪些方面？
3. 智能投顾的运作机制有哪些方面？
4. 智能投顾的服务过程有哪些方面？
5. 智能投顾的服务模式有哪些方面？
6. 智能投顾服务的关键能力有哪些方面？
7. 智能投顾平台的建设目标有哪些方面？
8. 财富管理智能化主要聚焦在哪些方面？
9. 智能投顾的系统架构有哪些功能？

第8章 金融大脑

金融大脑是基于AI、大数据、金融云及区块链等底层技术，提供智能营销、智能风控、智能客服、智能投顾、智能监管等一整套完整的能力体系。由感知引擎和思维引擎构成，感知引擎包括人脸识别、OCR、语音、语义，思维引擎包括联合建模、线上决策、数据抽取。

8.1 金融大脑概述

1. 百度金融大脑概念

2014年2月28日，"2014中国民营经济大家谈"在全国工商联举行。李彦宏首次对外披露，百度正在推进一个名为"百度大脑"的项目，利用计算机技术模拟人脑，已经可以做到2～3岁孩子的智力水平。

2017年5月，依托百度AI和大数据技术，百度金融服务事业群组与贵州政府合作"贵州金融大脑"，首次完整定义并展现了"金融大脑"的场景化解决方案。"贵州金融大脑"是全国首个基于"互联网数据＋政府数据＋地方金融数据"的企业和个人综合金融服务平台，是首个打通了政府、企业、金融机构、互联网数据的中小微企业智能融资撮合平台，已成为百度"金融大脑"输出的标杆和范本，具备可复制性。

2017年5月，百度将技术基因注入百度金融大脑之中，依托百度所拥有的60亿＋日搜索，14款亿级用户App和10亿＋移动设备，可在底层建立十亿身份要素、数十亿全网设备数据、上千亿全网行为数据，拥有覆盖95%+中国网民的大数据能力，推出以人工智能技术为核心的金融行业解决方案，将其定义为百度金融大脑。

百度将百度金融大脑定义为百度的人工智能技术应用于金融行业的整体解决方案。百度金融大脑包括感知引擎和思维引擎两个部分。其中，感知引擎能够实现"听、看、读、说"等感知能力，背后基于百度的语音识别、人脸识别、OCR、自然语言处理、语音合成等AI能力；思维引擎能够实现"学习、分析、预测"能力，其整合了百度的数据、算法及算力优势，提供建模与分析平台，帮助金融机构解决业务问题。

2017年6月，百度金融服务事业群组与中国农业银行达成战略合作，共同建设农行金融大脑以及客户画像、精准营销、客户信用评价、风险监控、智能投顾、智能客服等六个方向的具体应用。2017年11月，双方宣布共建了联合实验室，并完成农行金融大脑一期工程的软硬件搭建及部署，年底完成金融大脑一期在实验室的验收。双方同步对接的项目还有智能掌银、交易反欺诈、信用反欺诈、精准营销、信用分等。AB贷、智能掌银刷脸转账功能等均已上线。

（1）百度百科定义

金融大脑是基于AI、大数据、金融云及区块链等底层技术，提供智能营销、智能风控、智能客服、智能投顾、智能监管等一整套完整的能力体系。由感知引擎和思维引擎构成，感知引擎包括人脸识别、OCR、语音、语义，思维引擎包括联合建模、线上决策、数据抽取。

（2）核心能力

基于大数据、金融云及区块链等技术，“金融大脑”将提供智能营销、智能风控、智能客服、智能投顾、智能监管等一整套完整的能力体系。

（3）底层技术

大数据：多维、海量的底层数据。拥有大数据的公司主要是百度、阿里、腾讯为代表的搜索大数据、电商大数据和社交大数据。

金融云：依托云计算能力的金融科技，为金融机构提供更安全高效的全套金融解决方案。

区块链：区块链透明且不可篡改的特性，在金融领域具有广阔的应用场景。区块链已率先应用于资产证券化过程中，使整个流程更透明，更安全。

（4）主要能力

智能营销：依托大数据，对金融用户进行画像，通过需求响应模型，极大提升获客效率。

身份识别：以人工智能为内核，通过活体识别、图像识别、声纹识别、OCR识别等技术手段，对用户身份进行验证，大幅降低核验成本。

智能风控：通过大数据、算力、算法的结合，搭建反欺诈、信用风险等模型，多维度控制金融机构的信用风险和操作风险，同时避免资产损失。

智能投顾：基于大数据和算法能力，对用户与资产信息进行标签化，精准匹配用户与资产。

智能客服：基于自然语言处理能力和语音识别能力，拓展客服领域的深度和广度，大幅降低服务成本，提升服务体验。

智能监管：通过利用云计算、大数据等新兴数字技术对大量的公开和私有数据实行自动化分析，帮助有需求的金融机构核查是否符合反洗钱、信息披露等监管政策、遵守相关监管制度，具有敏捷、速度、集成和分析四个核心特点。

2. 阿里金融大脑概念

2017年12月，阿里云发布ET金融大脑，是一种具备了智能风控、千人千面、关系网络、智能客服等能力的智能决策金融方案，可辅助银行、证券、保险等金融机构实现对贷款、征信、保险等业务的智能决策及风控监管，大幅降低资损率，提高信用卡等预测准确率，促进金融机构在互联网消费金融、中小微企业金融服务等普惠金融方面的探索。金融机构可通过ET金融大脑快速搭建信息实时流通的大数据中台，构建数字化运营体系、服务治理和自动化运营基础、统一ID、全域行为、全域标签，不断优化、拓展场景应用，承技术启业务，开拓“新金融”商业模式。

通过 ET 金融大脑，阿里云把蚂蚁小贷的 310 能力（三分钟申请，一秒钟放贷，零人工干预）、消费金融场景下的花呗和借呗能力赋能给每一家金融机构，将人工智能融入金融和应用，共同实现普惠金融。

（1）智能风控是恰到好处的风险管控

风控是金融行业的核心，那么风控的核心是什么呢？阿里云给出的答案是：智能风控系统。金融机构可借助智能决策引擎分析用户信用情况，推演企业未来经营状况，更可实时识别账号盗用、身份冒用、网络诈骗等风险，做到精准的信贷决策和风险控制。像《人民的名义》中的大风厂，就可以获得在还款能力范围内的经营性贷款。

基于智能风控系统，ET 金融大脑构建了一整套反欺诈风控体系，不仅能智能管理风险控制，还能优化用户体验。南京银行通过 ET 金融大脑来改善贷款流程，54% 的贷款申请者可免去不必要的人脸核验和视频核身，减少重复验证打扰，提高贷款审批效率，保障良好的用户体验。

（2）千人千面量身定制的金融服务

不同的用户有不同的金融需求和诉求，这方面阿里巴巴的“千人千面”经验十足。ET 金融大脑可以根据产品使用行为特征，结合时间维度预测出客户最合适的金融产品，达到用户体验和商业价值的高度统一。某银行通过 ET 金融大脑，将信用卡激活预测准确率提升了 5 倍，流失预测准确率提升了 7 倍。

同时，ET 金融大脑搭配了智能客服系统，可充分“理解”客户需求，智能监测关键词，弹屏提示最优话术，辅助客服提升能力与效率。通过机器人与客服完成一对一的智能训练，智能客户系统还能“自我学习”，不断升级服务能力，为消费者提供最优体验。

（3）时空关系网络，打开全息金融新视野

时空关系网络是金融机构基于自身用户和业务情况结合 ET 金融大脑的算法建立的信息关系网络，金融机构可化身“福尔摩斯”，分析研判洗钱、欺诈、骗保、关联交易等违法违规行为。比如在保险领域，ET 金融大脑可以及时识别团伙欺诈、联合骗保案件，避免公司资产损失。此外，ET 金融大脑还能对欺诈模式自动识别，自动发现复杂关系网络异常模式，例如资金闭环、网络坍缩、汇聚网络，在营销作弊、反欺诈领域等不断探索，助力金融机构打开全息金融新视野。

（4）中台理念，构建基于大数据能力的金融机构

传统烟囱式开发重复建设浪费技术资源，阿里云的共享中台理念可将全业务流程打通。借助 Aliware 等互联网中间件产品，金融机构可以快速搭建信息实时流通的大数据中台，构建数字化运营体系、服务治理和自动化运营基础、统一 ID、全域行为、全域标签，不断优化、拓展场景应用，承技术启业务，开拓“新金融”商业模式。

在金融行业，广发银行正准备基于这套技术来搭建全行的互联网金融中台系统，同时将全行系统中可以共享的能力抽象沉淀在中台系统，来支撑广发银行未来更快的业务创新。

ET 金融大脑不仅可以部署在云端，也可以部署在本地，搭建可分布式协同的混合云。数据是金融机构的资产，阿里云早在 2015 年就发布了《数据保护倡议书》，承诺绝不会触碰用户数据，我们有责任和义务帮助客户保障数据的私密性、完整性和可用性。此前，阿里金融云通过了全球最严最权威的金融数据安全认证 PCI-DSS、等保四级认证等，可有效保护用户数据安全。

3. 谷歌金融大脑概念

2011 年开始，谷歌启动了“谷歌大脑”计划，计划以谷歌大脑为中枢神经系统，为无人汽车、工厂机器人、智能家居、智能眼镜提供源源不断的数据支持；在国内，百度也在 2014 年 5 月推出“百度大脑”计划。根据李彦宏的说法，“百度大脑”的智商已经达到 2 ~ 3 岁的小孩水平。

事实上，金融领域的发展也开始出现大脑越来越多的相似性，它们具备自己的视觉、听觉、触觉和运用神经系统，拥有自己的记忆神经系统、中枢神经系统、自主神经系统和学习能力。它们用无数的触角去金融、期货、经济等不同领域抓取信息和数据，将获得的信息反射回这些人工智能系统中枢进行筛选和分析，最终得出结论和决策，然后将这些结论和决策通过互联网、微信、社区、新媒体等触角反射给金融领域的机构和从业人员，从而形成一个类似人脑的闭环，如图 8-1 所示，我们称这些类人脑金融闭环系统为金融大脑。

以 Lexicon 为例，它用触角实时地抓取每一个道・琼斯的新闻，寻找使投资者直观了解股市状况的文字线索，然后它将信息以机器可读的格式反射给订阅 Lexicon 服务的程序，它们会进一步地解析收到的信息，再利用最终的数据来支持和引导投资决策。

比特币、余额宝的揭竿而起，“互联网金融”概念在国内迅速蹿红。互联网行业与金融行业的市场化趋势的结合，催生了更多新的机会。在这些机会中，更多人将目光瞄向了 P2P 网络信贷或者各种宝宝。而随着大数据的广泛使用，智能设备的迅速发展，将人工智能与金融结合所构成的金融大脑风暴也正箭在弦上。

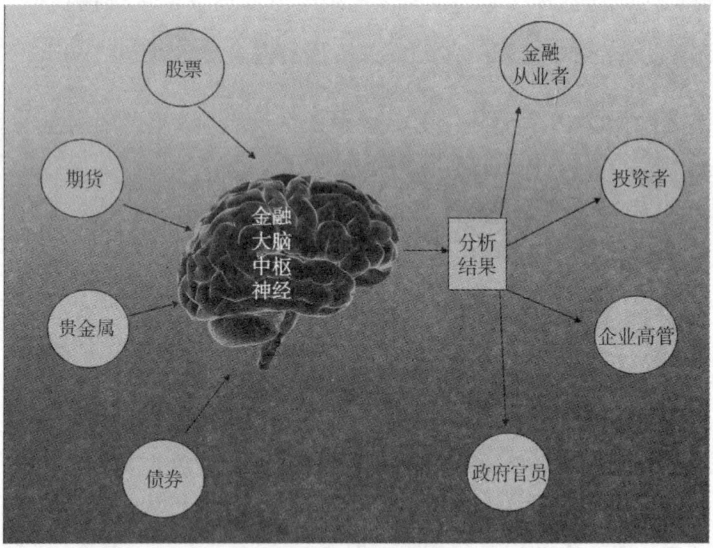

图 8-1 金融大脑

4. 360 金融大脑概念

提起 AI，你会想到钢铁侠的万能管家，还是《黑客帝国》中的“矩阵”？事实上，人工智能正逐渐走进人们的生活。而金融作为人工智能最现实的落地场景之一，也是人工智能渗透最早、最全面的行业。在 AI 技术对金融行业的颠覆性重塑过程中，催生了一系列产品和业务模式的创新。

近日，360 金融发布的新季度财报数据显示，其科技输出利润占比较上季度翻升 10 倍。

在此数据支撑下，360 金融宣布进行科技战略升级，将公司打造成数据驱动、AI 赋能的第三方金融科技平台，随之同步落地的，便是金融大脑系列产品的全线升级。据相关负责人介绍，全新升级的金融大脑更加聚焦机构用户痛点，推出针对银行、互联网金融、小贷公司的差异化服务，并在原有产品的基础上，强化智能营销、反欺诈和信用评估环节产品竞争力及科技内核，秉持“用户核心”理念，助力金融机构提升数字化服务水平。

360 金融大脑：一个核心两步走解题思路。自 2016 年人工智能被总结出算法、算力、数据的三要素之后，360 金融提出了金融科技围绕场景的 AI 四维分析法，而在此科技路径升级的背后，是 360 金融大脑一个核心两步走解题思路，在“用户核心”的理念下，金融大脑遵循两步走部署赋能传统金融业。

第一步，改变风险控制为风险管理打法，将风控手段前置。在风控前置的思路下，360 金融大脑通过人工智能算法、大数据关系图谱和云计算等技术（如图 8-2 所示），在营销广告投放之前，就预判出潜在客户的信用品质，进而进行千人千面的广告投放，既提升了转化，又降低了风险，很好地平衡了营销获客与风险控制的关系，达到了利润的最优化。

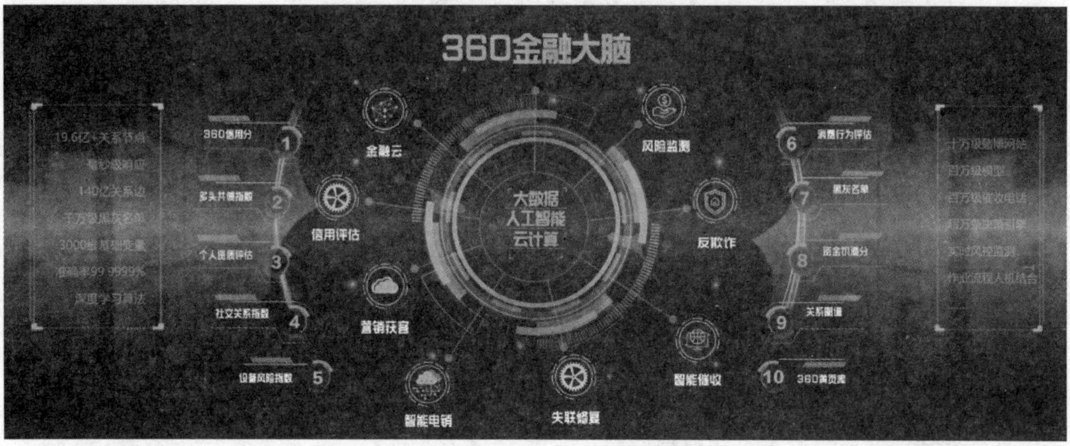

图 8-2　360 金融大脑

第二步，通过提升合作伙伴数字化能力，推进行业智能化进程。针对传统银行信用风险评估和反欺诈数据产品的科技领域短板，360 金融大脑提供标准品调用和联合建模的方式，在辅助合作伙伴数据处理能力的同时，加强信息的智能化处理过程，从而更好地赋能银行科技“内力”提升。

（1）360 金融大脑三大能力

360 金融大脑在“以用户需求为核心”方面所具备的三大能力对读懂用户属性、解决客户痛点起到了决定性作用。三大能力体现为对客户痛点的“感受力”、对客户需求的“理解力”以及保证客户安全前提的“落地力”。金融行业的融合和发展演变至今，产生了符合当下消费拉动实体经济的平衡生态，金融大脑对于 AI 的创新与应用也在此大背景下更具针对性。

相较互联网金融在获客和营销层面的天然优点，传统银行业主要通过线下网点开展，不但精准度低，主动性差，服务半径小，而且营销成本很高。激发数据价值，展开智能化营销，是传统金融机构面临的重要困境。与此同时，不管是星罗棋布的线下服务网点还是线上的网上银行，庞大的机构运转对于运作管理水平的要求非常之高，传统银行业必须背负着历史包袱加速转变。

从早期的金融电子化到如今的金融信息化、智能化，以云计算、大数据、人工智能等一系列新技术与金融的耦合程度在不断加深。对金融科技的利用，是传统银行加强行业洞察，提效增质的必由之路。随着国家战略部署指向性的进一步明确，银行正在努力服务于更多的中小用户。然而传统金融机构对个人信贷风控中用来判断客户信用风险的数据维度不足、技术手段依旧传统，无法有效识别风险成为亟待解决的症结。

（2）全流程科技产品定点“镇痛”

定位于金融行业数据技术大中台的360金融大脑，在产品全流程布局中，规划了高辨识度的市场定位和循序渐进的发展方向。

针对营销获客环节痛点，360金融大脑利用“借贷意愿分”，以评分形式精准量化从个人信息主体点击，到最终动支之间的长流程多个漏斗，匹配具体业务场景可以形成不同的自动化数据产品，将智能风控前置进获客阶段，从而将智能风控扩展至客户全生命周期，并通过精准量化风险，让公司收入、成本、业务规模等多元目标之间实现平衡和优化。

基于360金融自有数据高覆盖率和高准确率的特点，360金融大脑拓宽了风控及反欺诈层面的护城河。通过“资金饥渴分”“360信用分”“黑/灰名单”等产品，在既有海量数据中，延伸关系网络数据价值，深度挖掘客户信息并提炼有效数据构建预测模型，使用机器学习及人工智能领域的先进数据挖掘技术和分析算法，对个人风险状况做出准确的综合评估，对于银行业风控维度缺失、手段传统等弊端进行了有效补充。

在此基础上，360金融大脑新上线的“多头共债指数”“设备风险指数”产品，创新性地开发了设备特征相似性计算模型及风险传播推算算法，实现了通过个体在全平台金融机构各类贷款产品的相关记录及动态负债水平，囊括了多头、共债、异常设备、异常行为等风险因子维度，在保证用户隐私的前提下对数据进行脱敏处理，并利用模型能力和数据展示属性，实现风控前置。

（3）立足当下，面向未来的三级火箭

自创立之日起，360金融稳扎科技定位，坚定不移地在大数据、人工智能领域持续加大投入，通过强大的数据处理能力，发挥AI赋能生态数据的价值。从业务布局来看，360金融大脑并不着急盲目扩张，而是沉下心来打磨自己的“一级火箭”——数据智能产品，力争输出行业内有口皆碑的高精度数据产品和信息服务。

在数据挖掘方面，360金融大脑针对用户个体，积累了超过4 000个基本变量，从中衍生出超过100 000个变量，并且通过预先训练的机器学习模型计算出200个子模型。在数据处理方面，360金融大脑凭借海量数据和高水准的数据处理能力领跑行业。以关系网为例，通过每3秒一次的全网数据刷新，360金融大脑保持了风控系统的底层数据实时全覆盖，目前已积累了20亿关系节点及192亿关系边，日数据处理量近2 TB。

据透露，在一级火箭的基础上，未来360金融大脑还将沿着二级、三级的路径演进。截至2019年二季度末，360金融大脑已先后与中国工商银行、中国光大银行、杭银消费金融等近百家金融机构达成合作。面向未来，金融大脑将持续发挥自身科技赋能行业价值，助力传统金融业数字化转型进程。

8.2　金融大脑项目案例

8.2.1　智慧银行项目

强调效率、精准营销的智慧银行是银行未来发展的关键。作为国内领先的数据智能践行者，袋鼠云以使纷繁复杂的数据可视、可感、可知为使命，根据杭州银行的现状，袋鼠云为其量身定制了数据可视化大屏，平台将银行现有的不同业务板块间数据融合、统一展示，实现实时数据对接，增强银行对其各项业务运行的掌控和对用户画像分析的精准把握。

1. 方案思路

袋鼠云设计师选择了黑色和金色为主色调，符合银行的形象。针对银行的需求，主要设计了数据总览、财务情况、风险详情、渠道分析、用户画像这五大主题，覆盖银行现有的业务需要。在对象为“人”的主题，大屏主视图为人像图像，而在需要宏观监控时，大屏主视图则为地图图形。通过用户数据的分析，可对用户消费行为与特征进行精准的跟踪与分析，通过对银行运营数据进行实时监测，能够显著增强管理运行效率和管理掌控。

2. 项目演示

智慧银行演示如图 8-3 ~图 8-6 所示。

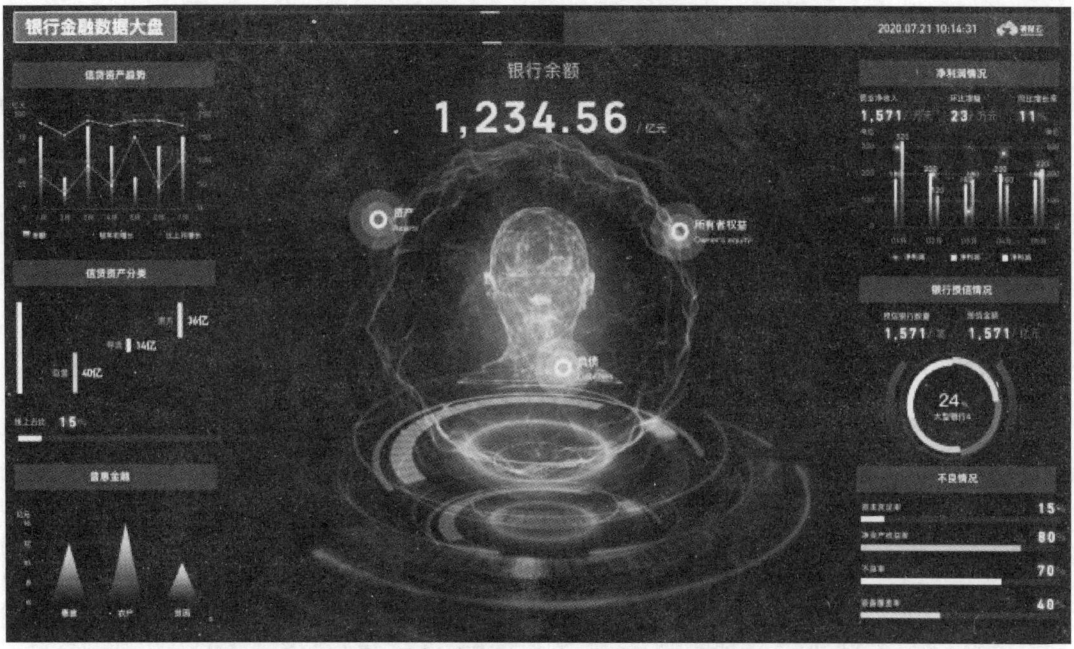

图 8-3　智慧银行演示图二

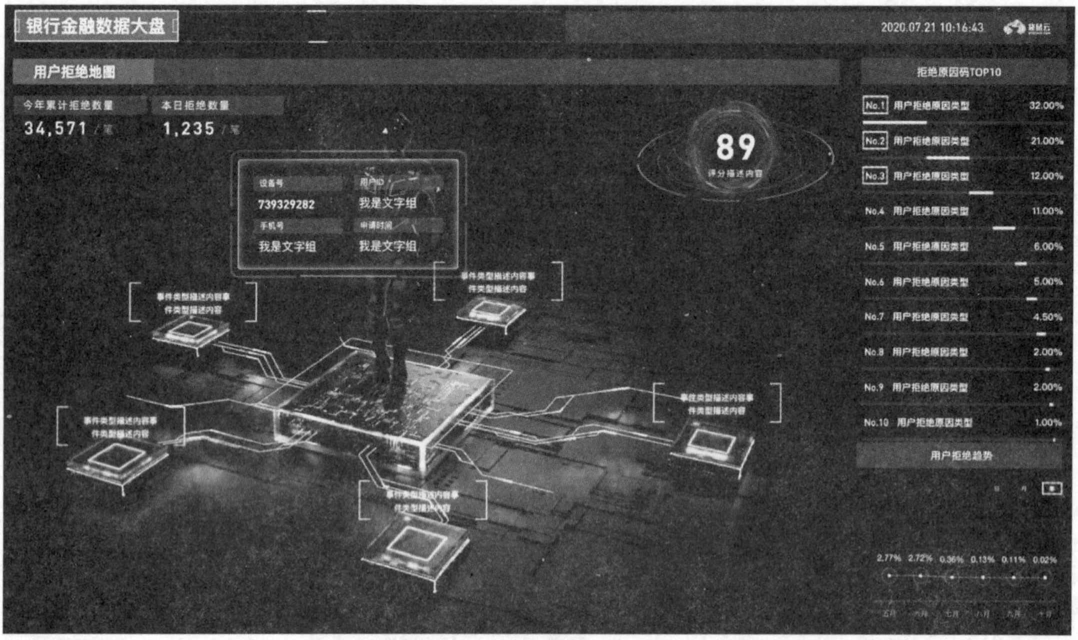

图 8-4　智慧银行演示图三

3. 项目价值

在对银行的数据进行数据可视化后，银行能够显著增强业务运行的掌控，并有据可查地制定更加科学的执行策略。同时银行可以通过数据可视化大屏，更精准地把握用户消费行为与特征、金融风险，进一步完善了对银行用户的精准营销与原有运营体系，有助于为其客户带来更加优质的服务和更好地管理银行各项业务，帮助银行全方位地提升运营及管理能力。

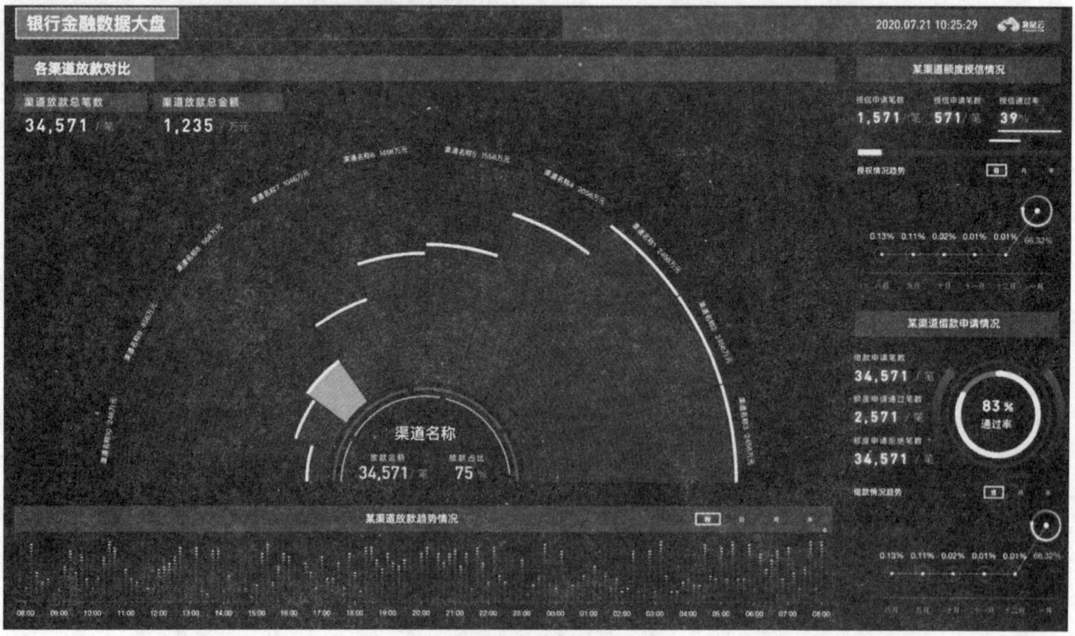

图 8-5　智慧银行演示图四

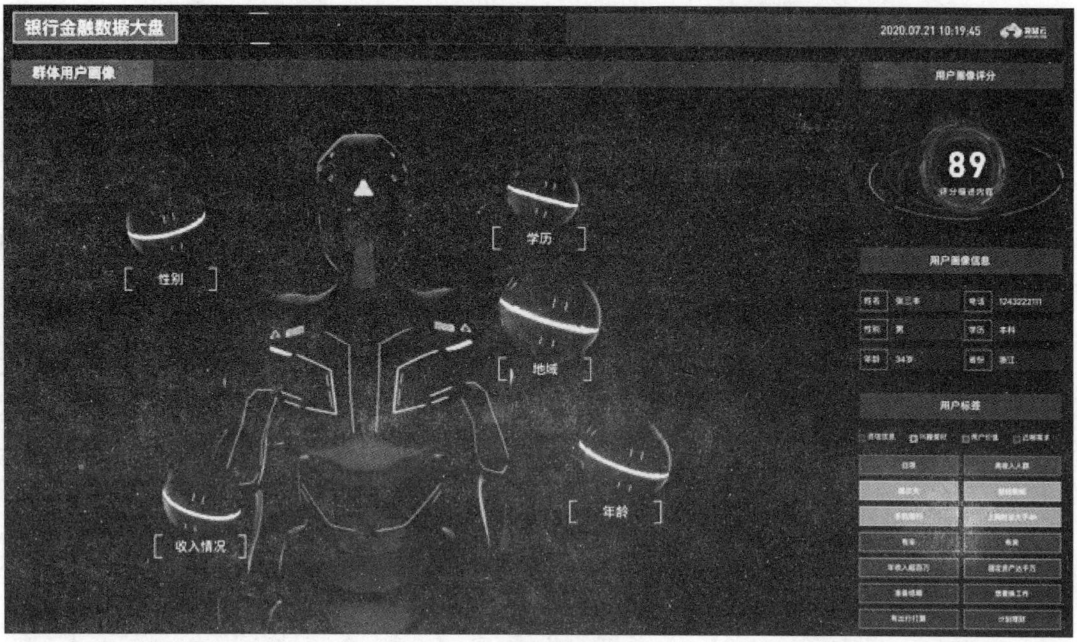

图 8-6　智慧银行演示图五

8.2.2　华为智慧金融大脑

华为联合伙伴发布 AI 金融解决方案，打造智慧金融“最强大脑”。作为一种新的通用目的技术，AI 开始在金融领域百花齐放般地应用，推动金融服务与产品的革命性创新，促进整个金融行业数字化转型不断升级。

金融行业在 AI 领域不断实践，但却面临巨大的挑战，包括：AI 广泛应用与算力资源稀缺的矛盾，AI 算力不足的问题越来越突出；金融行业在 AI 领域逐渐从单点业务场景到营销、风控、运营等诸多业务场景中综合应用，仅仅拥有单点式 AI 技术已经难以满足需求，因此整体规划与企业级 AI 平台布局变得尤为重要；市场供不应求，高端 AI 人才很难下沉到传统金融企业。

AI 和数据驱动，成为使能金融业务创新的核心所在。金融行业需要构建一个面向多样化业务场景、覆盖各类 AI 算法的企业级 AI 平台，方能促成智能金融的全面落地。为应对上述挑战，面向金融行业，华为提供包括算力、开发平台、生态的解决方案。

1. 超强算力 Atlas 平台解决方案

华为 Atlas AI 计算平台，基于华为 N 腾系列 AI 处理器 N 腾 910 和 N 腾 310 等自研 AI 芯片和业界主流异构计算部件，通过 AI 加速模块、加速板卡、智能小站、一体机，基于 ARM 处理器芯片鲲鹏 920 的 TaiShan 服务器等丰富的产品形态，打造面向端、边、云的全场景 AI 基础设施方案，可应用于智能金融等领域。

Atlas500 智能小站解决方案是业界领先集成 AI 处理能力的边缘产品，机顶盒大小即可实现 16 路高清视频处理能力，适用于金融无人智慧网点等广阔的领域。

基于华为强大 AI 算力服务器 G2500，为智慧金融领域提供 OCR 识别 + 人脸认证智能一体机解决方案，涵盖移动开户 / 移动展业 / 移动支付 /P2P 验真 / 等领域。

2. FusionInsight Mind Arts 人工智能开发平台

FusionInsight Mind Arts 人工智能开发平台具备“三快”能力：开发快、训练快、上线快等能力。平台自研 Mindspore 学习框架，并开放集成多种开源框架，支持多厂家算法管理和运行（/Tensorflow /Pytorch /Caffe /MxNet），可满足批量推理和在线推理，支持算法运行加速 30% 以上。

华为已通过云的方式，面向市场提供 Mind Arts 人工智能开发工具平台，华为合作伙伴已通过 Mind Arts 工具平台实现利用实时图计算应用针对贷款申请进行风险识别，特别是团伙欺诈；基于语音转文本 + 智能问答的智能催收业务；基于 OCR 图像文字识别技术，构建保险面单自动识别能力。

3. 华为云上构建 AI 开发者生态社区

提供 AI 模型、API 交易以及数据、竞赛案例等内容共享功能，为高校、企业及开发者提供安全、开放的共享及交易环境，有效连接 AI 开发生态链各参与方，将帮助开发者、合作伙伴加速企业的 AI 应用落地快速形成 AI 方案，未来可以帮助开发者和伙伴实现商业变现。同时，华为云将投入专项激励，鼓励共享 AI 模型。

AI+ 数据驱动整体解决方案使能智慧金融，基于华为强大的 AI 开发平台和算力资源，华为与合作伙伴一起，为金融客户提供 AI 解决方案，使能智慧金融。

AI 声纹验证：华为与声纹应用领域合作伙伴一起，共同打造面向金融业声纹验证系统，助力互金业务创新，解决方案覆盖客服、催收、信审等领域。

AI 图像识别：华为与图像识别领域合作伙伴一起，通过机器视觉技术和商业自动化应用技术，为智慧金融领域提供 OCR 识别 + 人脸认证智能一体机解决方案，涵盖银行 / 证券 / 保险 / 移动支付 /P2P/ 等票据、证件验证领域。业务场景覆盖证件识别、金融票据、发票识别等。

华为企业 BG 金融业务部总裁曹冲表示：“金融机构在 AI 能力建设，智慧金融服务实践中，更要统筹考虑，像人一样，用一个大脑来看、听、说、学、用，通过基于一致架构下的开放 AI 平台，构建强大算力，打造最强金融智慧大脑，全方位支撑智慧金融服务。华为立志于通过端、管、云及其协同建立的开放数字平台，再结合 AI，与开发者、生态合作伙伴一起，围绕金融等关键行业，不断进行客户化创新，参与到全行业数字化的大潮中。”

华为企业业务坚持“平台 +AI+ 生态”战略，与合作伙伴一起为政府和企业客户提供无处不在的连接，无所不及的智能，并通过数字平台协同融合各种新 ICT 技术，支撑客户数字化转型成功。目前，全球 700 多个城市，世界 500 强中已有 211 家，前 100 强中有 48 家企业选择华为作为其数字化转型的伙伴。

8.2.3 金融大脑：当金融遇见 AI 2.0

人工智能（AI）是技术革命和产业转型的核心技术。金融智能作为 AI 2.0 时代新需求之一，引起学术界和工业界广泛关注。在当前充满活力的资本市场中，金融智能展示了快速准确的机器学习能力，可处理复杂数据，并有潜力逐渐成为“金融大脑”。我们对现有金融智能进行总结和综述：首先，论述金融智能概念，阐述其在金融技术领域的地位。其次，介绍金融智能的细分领域，回顾财富管理、风险管理、金融安全、金融智能客服和区块链等领域的最新技术。最后，提出一个称为“金融大脑”（FinBrain）的研究框架，总结了 4 个开放性问题，即可解释的金融代理和因果关系、不确定性下的感知和预测、风险敏感和稳健决策以及多智能体博弈和机制设计。相信这些研究方向可为 AI 2.0 在金融领域的发展奠定基础。

百度与农业银行联合孵化的智能银行战略合作一期竣工，农行“金融大脑”正式发布，双方合作的“金融科技联合创新实验室”正式投产，宣告在四大行中农行已经率先一步将其智能银行战略落地。从提出需求到落地，农行和百度仅用了半年的时间，这个速度很快！其实现如今大型互联网公司均可利用其技术能力，对金融机构赋能。但是百度金融看起来走得更快一些，主要是其底层技术已经比较成熟，后台数字化支撑能力相对较强。

1. 百度金融 AI 开放平台

百度金融为金融机构提供的 AI 解决方案，其底层技术来源于百度大脑——即百度的 AI 开放平台。这个平台覆盖了百度人工智能技术的所有核心产品及服务。其中包括语音识别、活体验证、文字识别 OCR、语音识别、自然语言处理 NLP、语音合成等在内的技术构成了金融大脑感知引擎——该引擎可为银行提供一站式 AI 人工智能服务，帮助银行和客户更好地交互。而金融大脑的感知引擎，普通话识别率超过 97%，中文理解能力世界第一，万分之一误识率下人脸识别的通过率达到 98%，语音合成 MOS 评测 4.41/5 接近自然人声，这些都给人机交互奠定了非常好的基础。通过感知引擎，农业银行可以通过手机掌银 App、柜台智能机器人等方式，为客户办理开户、转账、授权、打印等各种业务。农行金融大脑相当于给智能设备装上了眼睛，让它们能更好地识别客户，极大节省了办理银行业务的人力和时间成本。

2. 百度金融决策引擎

百度金融 AI 技术的另一个应用，在于为智能银行提供了一个金融决策引擎，也可以叫思维引擎。农行和百度合作，也正是看中百度基于行为数据、社交数据等多维度的数据，可以为客户的身份属性、行为偏好、信用评价等进行精准、丰满的画像。在画像的基础上，智能银行可以进行千人千面的营销，并在后端通过建立多头借贷模型、分享判断模型和反钓鱼模型等方式，实现交易和信用的反欺诈。

也就是说，百度金融获客、信用评价的技术，帮助农行极大地拓展了它的业务覆盖人群和业务边界。以前信用空白的人群不敢做，如今有了“金融大脑”可以“认清”客户了；以前有的金融服务不敢提供，现在有了新的风控技术手段，也可以做了。百度金融相当于给农行来了一个点睛之笔，激活了它的大脑。

笔者曾参观某四大银行专设的智能支行，通过一些技术应用，确实能实现用机器替代简单重复的人工服务，降低运营成本。但百度金融大脑的加持，把这种获客能力和服务能力提升了一个量级，运营成本也可以大大降低。内置了百度金融与农行联合的“金融大脑”功能，可以将银行网点许多通用设备直接激活为专业服务设备（你不需要投入很多钱去升级网点的硬件了），甚至客户的一个手机就可以成为银行的一个服务网点，这么想是不是感觉很惊人？当一些银行还在追求开设社区银行更好地服务客户时，通过“金融大脑”，农行的触角就可以达到多个行业领域。

从百度和农行的合作来看，农行所提出的需求，百度金融都有比较详细和详尽的解决方案，在整个市场的金融科技公司里面，百度金融所能提供的产品和服务是最全的，技术能力也是顶尖的。百度金融的技术，拿来后就可以落地形成农行的产品，比如 AB 贷、智能掌银、交易反欺诈、精准营销和信用分。这种技术可适用性极强，正好是金融机构最迫切想要的。也正因为此，截至目前，百度金融已经向 400 多家机构进行了技术输出，为金融机构用户提供了智能金融整体解决方案以及可灵活组合的金融科技产品方案。

3. 百融云创智能风控

数字金融是数字经济的核心产业，数字技术和金融科技将助力中国数字经济新未来。在加速金融科技产业发展的过程中，离不开人工智能对金融场景的创新应用，生态开放和科技转型已成为我国金融行业发展的两大关键词，金融科技企业更是要利用好 AI 技术助力金融机构转型升级。当然，数字经济时代的到来，给风控领域带来了全新的机遇与挑战。

同时，风控能力还是衡量一个金融企业能否健康发展的标尺，而智能风控考验的是技术储备和人员能力的储备，所以企业要能够更好地融合不同平台技术、实现经验互补，完善算法模型，从而提升识别精准度、降低人工成本，打好金融安全持久战，共同构建和谐金融生态。

基于对市场需求及前沿技术的洞察，百融云创在“让金融普惠民众”的使命推动下，制定了帮助金融机构实现智能化转型的战略。据悉，百融云创成立伊始就率先应用 AI 技术、机器学习等技术，其产品和智能风控解决方案可覆盖贷前准入、贷中监控、贷后预警、收益评分、精准营销等全业务领域，通过持续不断地技术创新和科技输出助力银行等传统金融机构构建“AI 金融大脑”，提高业务服务水平。

具体来说，依托人工智能技术，百融云创可以在金融业务全领域提供全生命周期的 AI 风控服务，在贷前准入环节，百融云创 AI 反欺诈技术覆盖语音文字识别、自然语言处理、机器视觉(人脸识别)和知识图谱(关联性分析)等前沿技术，设备指纹、关系图谱等核心反欺诈产品可有效帮助金融机构防范黑产和团伙欺诈，大幅提高了金融机构事前欺诈识别率、欺诈应对效率以及事后欺诈案件挖掘效率。

在贷中监控环节，百融云创提供的号码状态核查，可以及时对联系异常的信息进行预警。同时，也可以根据原有策略对贷款客户进行策略重审，关注风险变化情况，将风险前置，提前对接后续策略。此外,还可以利用贷款客户的历史数据和行为特征等制定贷中行为评分模型，对客户划分风险等级，实行不同的贷中风险管控措施。

在贷后管理环节，百融云创自主研发的智能语音机器人“百小融”，支持多轮的精准回答交互，并拥有高准确率语音识别及语义理解。使用百融智能语音机器人，可以替代绝大部分人工触达工作量，而且客户在通话时的感知与真人几乎一样，为原有流程节省了大量的成本。

未来，百融云创也将持续深化人工智能和大数据在金融领域的应用，结合市场需求不断推出新的产品和服务，全方位助力金融机构智能化风控体系建设。

8.2.4 中国建设银行智慧金融大脑

1. “建行大脑”构建思路

“建行大脑”基于对建行各个业务条线和客户渠道的全面感知，通过大数据技术挖掘建行与客户（不仅包含对私客户，还包含与客户发生联系的优秀第三方公司）的数据资产，以企业级逻辑（一家银行）向客户提供智慧的金融和非金融服务。它的核心是一整套可以并行处理大数据的数据挖掘引擎。

IT 系统不是“建行大脑”的全部，“建行大脑”还包含大量运维机制，这一机制由银行业务领域专家、高素质的 IT 工程师、高级数据分析专家和大规模集中运营的人员共同组成。前台部门通过新兴技术和工具更全面、更方便、更有效地获取客户信息，从而在敏锐洞察客户需求的基础上提供合适的产品和服务，保证服务的高效性和良好的客户体验；中后台部门通过业务流程整合、优化使银行的资本和流动性管理处于可控状态，达到风险与收益的平衡，并通过业务支持设施快速、灵活地响应前台部门。

2. "建行大脑"构建步骤

可以分三步走：人工、半自动、人工管控下的全自动。

一是人工。人工搭建模型，预先筛选设定好推荐的产品和服务，待客户与银行任何渠道交互时呈现，通过客户的反馈逐渐调优推荐的内容。

① 对于确定的客户诉求，可以采用基于规则或者协作的过滤，建行已在这方面取得一定实际成效。例如在新版个人网银中，客户做笔转账交易之后，往往愿意再做一笔查询，通过基于规则的过滤，网银页面向客户展示查询功能的图标。在新版互联网网站的基金频道提供"量身精选"功能，已经具备基于协作过滤的雏形，让相似的客户购买同类型的金融产品。

② 对于不确定的客户诉求，可以采用基于规则的过滤，如客户问建行"小微"贵金属交易费率，往往更可能对"小微"里的"微黄金"感兴趣。或者采用基于协作的过滤，如相似的客户更倾向聊另一方面业务，也可以采用基于内容的过滤，如客户咨询"小微"基金申购，那么客户可能对同属基金业务的基金定投也会感兴趣。

二是半自动。在这种半自动的方式下，系统自动构建对客户的反馈模型，但与上面一样，不直接向客户展现，而是经建行操作员审核或者干预后，再向客户展现。

三是人工管控下的全自动。在这种方式下，系统自动构建对客户的反馈模型，直接向客户展现，但建行操作员可以实时监督自动推荐的效果、预警发现问题、随时变更甚至中断银客交互过程。

3. 构建"建行大脑"的重点内容

"建行大脑"涵盖的内容覆盖方方面面，包括已有的传统银行业务，也包含大量新型银行业态。限于个人经历和背景，本文难以穷尽所有可能，仅以智能交互、智能运营、智能研发、智能创新、智能创业、智能渠道等内容为重点展开讨论，殷切希望有更多同事能够投入到相关思考、研究与实践中。

（1）银行与客户之间的智能交互

① 银行与人的交互更加自然。

"建行大脑"很多功能都依赖于对客户在银行里留存的数据进行挖掘，这些数据来源起初是由客户自己用笔填在纸质表格里的信息，再由银行员工录入到 IT 系统中，后来逐渐进化为客户在网络上的键盘敲击或鼠标点击行为，随着移动时代的到来，手指触摸和滑动也汇入到银行数据资源中，未来，客户与银行之间的交互将更加智能化，更加接近人们与生俱来的自然行为，"建行大脑"将越来越多地通过人类自然交互方式与客户进行智能互动，比如语音、虚拟柜员、虚拟客服等。

现在，已经有些人开始把银行看作互联网企业来讨论，这可能未必严谨，但可以肯定的是，银行与客户的交互手段将越来越以人机交互为主。新科技不断改变人机交互的媒介，日常生活目前主要还是依靠键盘、鼠标或者触摸屏等实现，但其发展空间非常大。谷歌浏览器最新加入对 VR（Virtual Reality，虚拟现实）的支持，使客户更便捷地领略沉浸式内容，考虑到谷歌在手机操作系统的市场份额，此举将使 VR 更加普及。VR 技术依赖用户的脖子动作，也可以捕获用户眼球的动作，或者用户其他动作，感应器的加入无疑是一个突破。随着各种感应器的出现，相信客户与银行的交互能力可以达到新的高度。人机交互媒介的可能演变路径是：

手指（键盘、鼠标、触摸屏）—语音（自然交互）—眼球追踪与肢体动作（自然交互），未来，客户与银行的交互更多地将是基于人类自然的交互方式，“建行大脑”可以感应更多来自客户自然行为的各种数据化反应，从而挖掘出更多有意义的结果。

② 银行与企业机构的交互更加自动化。

“建行大脑”的智能交互不仅仅是对个人客户，随着互联网企业的不断进化和传统企业的互联网化转型，建行已具备与对公客户的智能交互条件。可以向优秀第三方开放接口（API），在全面满足客户非金融服务需求的基础上，获取客户外部行为数据，建立客户生命周期全景视图，基于客户风险承受能力和偏好自动进行资产组合类产品设计和推荐。

③ 银行的界面更加模糊。

建行“小微”瞄准微软公司推出的人工智能产品 Cortana，“小微”能够了解客户的喜好和习惯、根据客户的生活和工作安排主动发现并直接提供金融和非金融服务，是建行的一个重要自助智能交易平台，是客户办理建行业务的一个重要入口。客户仅需向“小微”发出简单的文字或者语音指令,“小微”便可以通过“建行大脑”提供的组合交易能力,替代客户完成后续交易，简化交易流程，缩短交易时间，极大地提升客户体验。

未来，银行与客户的界面可能不再是一个平面，而是声频机器人或者视频机器人（虚拟大堂经理、虚拟客户经理），像建行推出的“小微”和 VTM 都有潜力成为一个“建行大脑”与客户交互的重要平台。

④ 银行的理解更加准确。

“建行大脑”不仅可以通过非结构化的文本分析与语义理解了解客户诉求，还可以通过建行“小微”与客户反复沟通，引入强化学习技术，在客户的不断反馈下，使银行对客户诉求的理解更加准确。

近年来，建行在集约化业务运营方面成果不断，网点前台业务不断向后台集中，如客户单据录入、交易资料扫描都由原来的柜员录入陆续转为远程业务处理中心扫描后人工录入，建行也在探索用图像识别方式的自动化录入，但是准确性仍是一个挑战。未来，“建行大脑”可以采用深度学习技术，不断提升扫描单据时文本抓取的识别率，提升银行自动获取客户信息的准确率，也可以应用到客户签名的防伪验证中。

⑤ 银行的感知与服务更具情感。

随着文本挖掘技术的不断升级进化，目前对客户文字留言的情绪分析技术已经日趋成熟，对客户的情绪感知不仅可以判断出是正面还是负面，而且还可以量化出正面和负面的程度。美国银行在 2012 年将情绪分析技术引入到客户之声工作中，微软公司近年来持续推广升级其人工智能产品 Cortana，也引入了情绪体验的技术。“建行大脑”也可以引入此类先进手段，在感知客户情感的同时，适时向客户提供具有人情味儿的服务。例如，智能客服“小微”与客户交流银行卡挂失业务时，发现客户留言的负面情绪非常大，可以马上先回一句：“我知道您现在很着急，请不用着急，我马上帮您想办法。”这样的服务，会让客户瞬间获得拟人化的客服体验。

（2）面向客户行为的智能运营

随着客户与银行交互方式的变化，银行客户系统面向的对象也在随之演化：从客户的敲击、点击、触摸、体感、眼球，最终到客户的意图。银行运营的发力点从线上网站页面级运营能力逐渐过渡到面向客户线上线下一体化行为的运营能力。在这种面向客户行为的运营机制下，“建行大脑”自动判别需要优化哪些应用的具体什么地方，例如通过客户线上操作失败点分析，发现官方网站或者手机 App 的某个页面，甚至某个按钮或者文字表述不合适，“建行大脑”提供建议解决方案，供产品研发人员参考决策。也可以是在决定是否向企业提供供应链融资服务前，可以对企业网银交易数据和外部直联平台返回的物流数据进行综合时序分析，由系统直接给出供应链金融服务建议。“建行大脑”允许银行使用更少的成本经营适当的风险，辅助管理者高效决策，从而给投资者创造更大价值，给员工更有力的操作辅助，给客户更好的体验。

未来建行的核心竞争力，一定是最不像其他大型银行的地方。如果说在“互联网 +”的风口上最像互联网公司的银行，就最可能在银行业胜出，那么在运营管理上借鉴复制互联网公司就是最可行的。在产品研发集约化已经实现的基础上，实现产品运营集约化，建行线下业务都有专门的流程机制来保障运营，未来，力争对每一个线上页面都有专门的岗位负责，对每一项线上业务都有专门的团队牵头。因为除了像阿里、百度等互联网公司外，国外一些银行，特别是美国银行、富国银行等一些先行者，早在十年前就已经建立了类似的机制。虽然学起来比较难，但一旦建成，再加上国内市场的成长性与机遇，很可能就形成建行新的竞争优势，即便国际上一些老牌银行也难以企及。其他国内同业要想追上，至少要重构他们的组织，培养相关岗位的人才，制定相应的考核体系，建立新的基于数据的考核机制，对于大型国有银行至少需要 4 ~ 5 年才可能追平。

（3）客户驱动产品的智能研发

受互联网金融的冲击，客户逐渐觉醒，金融产品的设计权将不再为银行所垄断，逐渐与客户分享设计权，将是一个中长期的趋势。在“建行大脑”的帮助下，存在一种比较理想的形式，与建行新一代的产品设计组件化一脉相承——金融产品设计模块化，银行让渡出金融产品的部分属性设计权，如起买金额、预期收益率、风险系数、流动性等，各属性之间可以由银行设置一定制约关系，供客户在线上自主定制，客户可以在“建行大脑”的自动推荐下获得一些产品组合套餐，也可以自行修改这些套餐，银行按照客户定制要求下单提供金融产品，这才是“真正以客户为中心”的金融产品设计。目前，建行“金管家”服务有一些交由客户定制的规则，也是这种理念，但由银行让渡给客户的选择权还有很大潜力可挖。这是对银行渠道能力的巨大考验，因为要求渠道能够驱动产品设计需求，需要渠道能够传导客户的需求。

以客户为驱动的金融产品研发演化进程为：在产品销售 1.0 阶段，产品优先在网点部署→产品在物理和线上渠道同步部署→产品优先在渠道部署。在产品销售 2.0 阶段，产品完全由客户自主在渠道定制，客户定制产品属性，并留出一定时间供银行研发，然后，银行通过线上渠道为客户提供产品的管理功能。市场对银行提供的产品要求，将日益模块化、快速化、定制化，最终将是完全的个性化。

（4）基于“撮合”交易的智能创新

由建行“善融商务”在银行业率先打响的金融互联网创新第一枪，为“建行大脑”提供了绝佳的舞台。银行的互联网思维，有一个角度是：不靠卖金融产品赚钱，甚至也不靠卖非金融产品赚钱，对买卖双方进行撮合，靠成功对接赚钱（可以向沃尔玛一样，赚商家的钱；等流量上来了，再赚流量的钱，收会费、打广告）。在 B2C 环节中，建行不做 B，不做 C，做 2（to）。

通过“建行大脑”把符合银行客户偏好的商品推荐给客户，把商户的商品推荐给合适的银行客户，做一个不“二”的中介，一个聪明的撮合者。淘宝可以发掘客户的购物信息，进而发掘金融需求。能不能从客户的金融行为中发掘购物需求？换句话，什么样的银行客户需要什么样的商品？什么样的银行客户可以轻易拥有什么样的购买力？关于这一点，淘宝、支付宝还不知道，这就需要银行来搞清楚，银行来建模。有一个比较现实的模式，建行“快贷”可以知道每位银行客户的信用额度，可以遴选出与信用额度对应的善融商品直接推荐给客户，客户一分钱不用花，就可以凭借信用一站式轻松获取商品，这种模式对贷款发放方和商品供应方都是划算的，对建行而言，无疑是双赢的。

拥有18年电子银行运营能力的建设银行，在运营“善融商务”这样的电商平台时具有明显的好处：电商的客户准入门槛低于电子银行，非建行客户也可以使用，电商可以成为电子银行的蓄水池，可以在强监管下为建行打开线上拓展客户之门，特别是在建行网点资源投放偏少的地区，拓展县域金融客群，为低成本获客提供新的机遇。在“建行大脑”的智能交互、智能运营下，打通电商与电子银行，就可以向客户全面展示收入及消费支出的详细分析与利用，而这一强大的跨界效果是众多第三方也可望不可及的。

（5）基于综合化金融平台的智能创业

随着中国经济不断成长，经济成熟度日益提高，经济形态演化出新的机会，全社会创业的需求日趋旺盛。建行如此众多的个人客户和企业客户，而“善融商务”只有B2B、B2C，能不能筛选出优质个人客户，允许他们在建行C2C上开商户？能不能让C2C中的用户与B2B上的商户对接，另辟蹊径，开办建行特色专有的C2B？能不能通过精准信贷或订单融资进一步帮助贫困户在善融商务上销售老少边穷地区的特色商品？

中央提出的“大众创业”“万众创新”“支持实体经济”“普惠金融”“精准扶贫”等多项要求，根据建行的转型战略，完全能够开辟一个新的领域，有可能名利双收，最起码是有公益性的，“名”是肯定能收获的。但创业者的个人资质、信用是否适合创业？一旦创业是否能够得到及时有效的金融支持？银行支持个人创业如何管控风险？这些关键问题，在“建行大脑”的强大支持下，都会被量化分析，最终通过IT系统的协调机制得到解决。

（6）透明的智能渠道

“建行大脑”通过充分共享融合各个渠道信息，进而推动银行渠道的智能化。当前客户在建行某个渠道做的操作，往往在另一个渠道是看不全的，甚至是看不到的，如转账业务只能看到是一笔交易，但看不到这个交易是在哪个渠道做的，如果是在网点或95533，也不知道是哪个具体的银行人员操作的；如果是查询业务，无论做了多少次，客户都不知道曾经发生过这个操作。这对客户貌似影响不大，但却剥夺了客户的知情权，无视了客户整日感兴趣的账户里可能蕴含的有价值的信息，更割裂了客户与银行天生具有的社交性，隐藏了银行客户的“朋友圈”——客户服务圈。美国银行已可以在线上展现客户交易的渠道属性，但交互记录不够全，非交易的记录未利用起来，而且交易的社交属性也没有很好利用。

在“建行大脑”的帮助下，银行充分共享渠道信息，可以有以下释放点：

① 网点透明计划。将客户在线下网点留存的信息，尽可能地在线上渠道中充分展示与利用。客户在网点办理任何一项业务，在建行的线上渠道都可以看到办理此项业务的员工名字和编号，甚至照片。客户可以在网银、手机银行中对服务过他的员工进行满意度评价，甚至在线留言交互，如果客户喜欢，下次到网点还可以提前在线上预约该员工。这在加深银客关系的同时，又拓展了银行的社交属性，将合适的优质客户由线上虚拟渠道向线下实体渠道“引流”，同时，

依托于既有的线上渠道建立社交平台，优于工行另起炉灶再建一个社交平台。

② 账务透明计划。长期以来，信用卡系统与核心系统无法打通，导致同一家银行的客户享受的是割裂的两套不同账务系统，信用卡的客服无法回答客户关于扣款账户的问题，95533无法回答客户关于信用卡账务的问题。账务透明计划就是打通信用卡与银行核心账务系统，类似的，随着建行综合化经营的深化，建行各项金融牌照不断齐全，在获准经营基金、保险等业务后，账务系统与子公司系统也可以互联互通，并且以打通各个金融信息环节为抓手，不断融合各种来源数据，形成建行集团新的竞争优势。

③ 客户透明计划。客户可以把自己编辑的文字、音频、视频伴随着交易上传至建行线上渠道，例如，转账时附加一段视频给收款方，收款方可以在线上渠道观看此视频。通过各种创新方式，尽可能地将客户的生活信息以数字化形式留存在建行，不仅方便客户日后浏览，增强客户黏性，而且这些数据基本上都是非结构化数据，对于“建行大脑”计划乃至建行大数据的战略布局均有非常积极的意义。

④ 共享渠道信息。客户在与银行进行的互动中，除了在渠道中留下了交易信息，更留下大量的交互信息，以这些信息为基础可以进一步形成标签化的银客关系。客户的渠道行为被打标签，网点人员可以作相应产品的推荐，类似于员工渠道嵌入电子银行客户签约营销的功能，这样就可以有更多的“建行大脑”应用。

习 题 8

1. 简述百度金融大脑的基本思想。
2. 百度金融大脑的底层技术有哪些？
3. 百度金融大脑的主要能力有哪些？
4. 简述 ET 金融大脑的基本思想。
5. 简述谷歌金融大脑的基本思想。
6. 简述 360 金融大脑的基本思想。
7. 智慧银行主要包括数据总览、财务情况、风险详情、渠道分析、用户画像五大主题，利用 Python 源代码分别实现各个主题。
8. 简述金融智能 2.0 的基本框架。
9. 根据华为智慧金融大脑的基本框架，利用 Python 源代码实现。

第9章 综合实验

Tushare 网站是一个免费且适合 Python 开发者使用的财经数据平台，平台可提供的财经数据涵盖我国宏观经济、国内股票市场各类指数、国内上市公司股票交易数据、上市公司定期财务报告及国内财经新闻等诸多类别的数据。本章综合实验主要是掌握财经数据接口的下载方法、读取方法和分析方法。

9.1 Tushare 财经数据接口

1. Tushare 财经数据接口

（1）安装 Tushare 包

```
Tushare官网：http://tushare.org
pip install tushare -i https://pypi.tuna.tsinghua.edu.cn/simple#安装
pip install BeautifulSoup4 -i https://pypi.tuna.tsinghua.edu.cn/simple
pip install openpyxl -i https://pypi.tuna.tsinghua.edu.cn/simple
pip install mplfinance -i https://pypi.tuna.tsinghua.edu.cn/simple
```

```
In [1]: !pip install tushare -i https://pypi.tuna.tsinghua.edu.cn/simple#安装
        !pip install BeautifulSoup4 -i https://pypi.tuna.tsinghua.edu.cn/simple
        !pip install openpyxl -i https://pypi.tuna.tsinghua.edu.cn/simple
        !pip install mplfinance -i https://pypi.tuna.tsinghua.edu.cn/simple

Looking in indexes: https://pypi.tuna.tsinghua.edu.cn/simple#安装
Requirement already satisfied: tushare in c:\programdata\anaconda3\lib\site-packages (1.2.60)
Requirement already satisfied: lxml>=3.8.0 in c:\programdata\anaconda3\lib\site-packages (from tushare) (4.2.5)
Requirement already satisfied: requests>=2.0.0 in c:\programdata\anaconda3\lib\site-packages (from tushare) (2.21.0)
Requirement already satisfied: simplejson>=3.16.0 in c:\programdata\anaconda3\lib\site-packages (from tushare) (3.17.2)
Requirement already satisfied: websocket-client>=0.57.0 in c:\programdata\anaconda3\lib\site-packages (from tushare) (0.57.0)
Requirement already satisfied: bs4>=0.0.1 in c:\programdata\anaconda3\lib\site-packages (from tushare) (0.0.1)
Requirement already satisfied: urllib3<1.25,>=1.21.1 in c:\programdata\anaconda3\lib\site-packages (from requests>=2.0.0->tushare) (1.24.1)
Requirement already satisfied: certifi>=2017.4.17 in c:\programdata\anaconda3\lib\site-packages (from requests>=2.0.0->tushare) (2020.6.20)
Requirement already satisfied: idna<2.9,>=2.5 in c:\programdata\anaconda3\lib\site-packages (from requests>=2.0.0->tushare) (2.8)
Requirement already satisfied: chardet<3.1.0,>=3.0.2 in c:\programdata\anaconda3\lib\site-packages (from requests>=2.0.0->tushare) (3.0.4)
Requirement already satisfied: six in c:\programdata\anaconda3\lib\site-packages (from websocket-client>=0.57.0->tushare) (1.12.0)
Requirement already satisfied: beautifulsoup4 in c:\programdata\anaconda3\lib\site-packages (from bs4>=0.0.1->tushare) (4.6.3)
Looking in indexes: https://pypi.tuna.tsinghua.edu.cn/simple
Requirement already satisfied: BeautifulSoup4 in c:\programdata\anaconda3\lib\site-packages (4.6.3)
Looking in indexes: https://pypi.tuna.tsinghua.edu.cn/simple
Requirement already satisfied: openpyxl in c:\programdata\anaconda3\lib\site-packages (2.5.12)
Requirement already satisfied: jdcal in c:\programdata\anaconda3\lib\site-packages (from openpyxl) (1.4)
Requirement already satisfied: et-xmlfile in c:\programdata\anaconda3\lib\site-packages (from openpyxl) (1.0.1)
Looking in indexes: https://pypi.tuna.tsinghua.edu.cn/simple
Requirement already satisfied: mplfinance in c:\programdata\anaconda3\lib\site-packages (0.12.7a0)
Requirement already satisfied: matplotlib in c:\programdata\anaconda3\lib\site-packages (from mplfinance) (3.0.2)
Requirement already satisfied: pandas in c:\programdata\anaconda3\lib\site-packages (from mplfinance) (0.23.4)
Requirement already satisfied: numpy>=1.10.0 in c:\programdata\anaconda3\lib\site-packages (from matplotlib->mplfinance) (1.15.4)
Requirement already satisfied: cycler>=0.10 in c:\programdata\anaconda3\lib\site-packages (from matplotlib->mplfinance) (0.10.0)
Requirement already satisfied: kiwisolver>=1.0.1 in c:\programdata\anaconda3\lib\site-packages (from matplotlib->mplfinance) (1.0.1)
Requirement already satisfied: pyparsing!=2.0.4,!=2.1.2,!=2.1.6,>=2.0.1 in c:\programdata\anaconda3\lib\site-packages (from matplotlib->mplf
inance) (2.3.0)
Requirement already satisfied: python-dateutil>=2.1 in c:\programdata\anaconda3\lib\site-packages (from matplotlib->mplfinance) (2.7.5)
Requirement already satisfied: pytz>=2011k in c:\programdata\anaconda3\lib\site-packages (from pandas->mplfinance) (2018.7)
Requirement already satisfied: six in c:\programdata\anaconda3\lib\site-packages (from cycler>=0.10->matplotlib->mplfinance) (1.12.0)
Requirement already satisfied: setuptools in c:\programdata\anaconda3\lib\site-packages (from kiwisolver>=1.0.1->matplotlib->mplfinance) (4
0.6.3)
```

利用 Tushare 包的内建函数获取平台提供的财经数据。Tushare 内建函数返回的数据格式都是 Pandas 的 DataFrame 类型，可以比较方便地利用 Pandas、NumPy、Matplotlib 等程序包提供的操作工具对这些函数的返回数据进行处理。

（2）平台普通接口调用测试

Tushare 分为普通接口和 pro 用户接口，普通接口无需注册可直接使用，例如，使用普通接口的 ts.get_gdp_year() 函数可以获得国内生产总值（GDP）数据。

```
In  [3]: import tushare as  ts
         df=ts.get_gdp_year()
         df.head()
Out[3]:
```

	year	gdp	pc_gdp	gnp	pi	si	industry	cons_industry	ti	trans_industry	lbdy
0	2019	990865.0	70892.0	NaN	70467.0	386165.0	317109.0	70904.0	534233.0	42802.0	113886.0
1	2018	919281.0	64644.0	NaN	64745.0	364835.0	305160.2	61808.0	489701.0	40550.2	100223.8
2	2017	820754.3	59201.0	NaN	62099.5	332742.7	278328.2	55313.8	425912.1	37172.6	92348.2
3	2016	740060.8	53680.0	NaN	60139.2	296547.7	247877.7	49702.9	383373.9	33058.8	84648.8
4	2015	685992.9	50028.0	NaN	57774.6	282040.3	236506.3	46626.7	346178.0	30487.8	78340.4

返回值说明如表 9-1 所示。

表 9-1　国内生产总值数据

参　数	解　释
year	年份
gdp	国内生产总值 (亿元)
pc_gdp	人均国内生产总值 (元)
gnp	国民生产总值 (亿元)
pi	第一产业 (亿元)
si	第二产业 (亿元)
industry	工业 (亿元)
cons_industry	建筑业 (亿元)
ti	第三产业 (亿元)
trans_industry	交通运输仓储邮电通信业 (亿元)
lbdy	批发零售贸易及餐饮业 (亿元)

2. 注册 pro 接口

Tushare 的普通接口无需注册可直接使用，但数据较少，更高级的 pro 接口需要使用者先在平台 https://tushare.pro/register 注册，并在运行环境下设置用户凭证信息后才能使用 pro 接口，可下载更多数据。具体操作过程包含如下 7 个步骤。

① 登录网页 https://tushare.pro/register，注册 Tushare 社区用户。

② 注册用户登录 https://tushare.pro/login 进入 Tushare 社区（如图 9-1 所示），然后依次执行如下三步操作来提取用户凭证信息：首先，用户在网站登录成功后，将鼠标移到页面右上角的用户名称位置，单击其下拉菜单中的“个人主页”选项进入“用户中心”。然后，在“用户

中心”页面中单击如下的“接口 TOKEN”选项卡(如图 9-2 所示)。最后,单击右侧复制图标(圈 A 位置)复制文本框中的全部内容。

图 9-1　登录 Tushare 社区

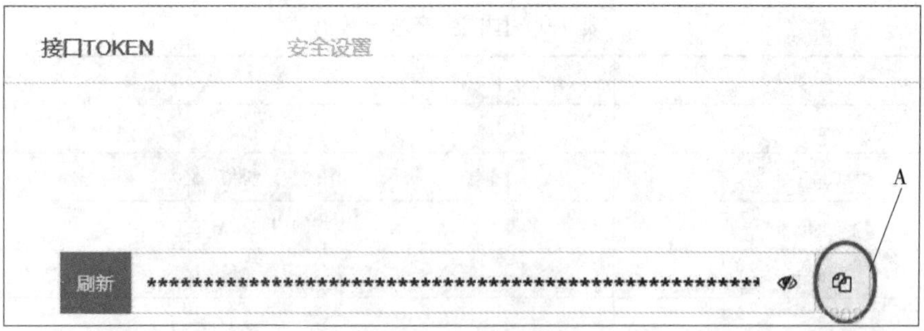

图 9-2　用户中心选择

③ 使用命令 pip install tushare 在本机安装 Tushare 包。

④ 在 IPython 操作界面执行导入 Tushare 包命令 import tushare as ts。

⑤ 利用 Tushare 包的内建函数 set_token() 以如下方式设置本机用户的 token 凭证信息，其中凭证信息要用字符串表示。

```
ts.set_token("用户tushare token")
```

⑥ 使用命令 pro = ts.pro_api() 初始化 pro 接口。

如果 set_token(‘用户 tushare token’) 无效或不想将 token 保存本地，那么可以在初始化接口时直接设置 token：pro_api(‘用户 token’)。

⑦ 数据调取。完成前 6 项操作后，用户才能调用 pro 接口函数获取相应的数据。

3. pro 接口调用测试

```
import tushare as ts
ts.set_token("用户tushare token")
```

获取股票日线行情的 pro 接口函数的操作方法如下：

```
import tushare as ts
```

```
pro = ts.pro_api('用户tushare token')
df = pro.daily(ts_code = '600104.SH', start_date = '20000501', end_date = '20200917')
df.head()
```

In [2]:
```
import tushare as ts
pro = ts.pro_api('用户tushare token')
df = pro.daily(ts_code = '600104.SH', start_date = '20000501', end_date = '20200917')
df.head()
```

Out[2]:

	ts_code	trade_date	open	high	low	close	pre_close	change	pct_chg	vol	amount
0	600104.SH	20200917	20.09	20.57	19.83	20.32	19.89	0.43	2.1619	825187.54	1673371.013
1	600104.SH	20200916	19.60	20.22	19.49	19.89	19.67	0.22	1.1185	625341.54	1246202.292
2	600104.SH	20200915	19.43	19.80	19.26	19.67	19.43	0.24	1.2352	477046.03	935869.379
3	600104.SH	20200914	19.10	19.44	18.99	19.43	18.99	0.44	2.3170	368392.91	706765.310
4	600104.SH	20200911	19.16	19.24	18.80	18.99	19.14	-0.15	-0.7837	416233.46	790128.540

9.2 数据接口读取数据

1. 宏观经济数据

可利用 Tushare 的内建函数从 Tushare 平台获取多种国内宏观经济数据，如多个时期的货币供应量、存款准备金率、存贷款利率、国内生产总值、居民消费价格指数及工业品出厂价格指数等，如表 9-2 所示。

表 9-2 宏观经济数据接口函数

接口名称	功能	接口名称	功能
get_deposit_rate()	存款利率	get_gdp_year()	国内生产总值（年度）
get_loan_rate()	贷款利率	get_gdp_quarter()	国内生产总值（季度）
get_rrr()	存款准备金率	get_cpi()	居民消费价格指数
get_money_supply()	货币供应量	get_ppi()	工业品出厂价格指数
get_money_supply_bal()	货币供应量（年底余额）		

通过 ts.get_money_supply() 函数可获取我国最近 30 年来各时期的货币供应量数据：

```
import tushare as ts
df = ts.get_money_supply()
df.head()
df.columns
```

In [5]:
```
import tushare as ts
df = ts.get_money_supply()
df.head()
df.columns
```

Out[5]:
```
Index(['month', 'm2', 'm2_yoy', 'm1', 'm1_yoy', 'm0', 'm0_yoy', 'cd', 'cd_yoy',
       'qm', 'qm_yoy', 'ftd', 'ftd_yoy', 'sd', 'sd_yoy', 'rests', 'rests_yoy'],
      dtype='object')
```

返回值说明如表 9-3 所示。

表 9-3　货币供应量参数

参　数	解　释
month	统计时间
m2	货币和准货币（广义货币 M2）(亿元)
m2_yoy	货币和准货币（广义货币 M2）同比增长 (%)
m1	货币 (狭义货币 M1)(亿元)
m1_yoy	货币 (狭义货币 M1) 同比增长 (%)
m0	流通中现金 (M0)(亿元)
m0_yoy	流通中现金 (M0) 同比增长 (%)
cd	活期存款 (亿元)
cd_yoy	活期存款同比增长 (%)
qm	准货币 (亿元)
qm_yoy	准货币同比增长 (%)
ftd	定期存款 (亿元)
ftd_yoy	定期存款同比增长 (%)
sd	储蓄存款 (亿元)
sd_yoy	储蓄存款同比增长 (%)
rests	其他存款 (亿元)
rests_yoy	其他存款同比增长 (%)

2. 存款利率和贷款利率

Tushare 针对不同种类的利率提供了相应的接口函数，以便供开发者获取所需的利率数据。利用存款利率函数 get_deposit_rate() 和贷款利率函数 get_loan_rate() 可以分别获取我国自 1989 年以来中国人民银行发布的各期存款利率和贷款利率数据。

```
import tushare as ts
df = ts. get_loan_rate()
df.head()
```

```
In [6]: import tushare as ts
        df = ts. get_loan_rate()
        df.head()
```

Out[6]:

	date	loan_type	rate
0	2015-10-24	短期贷款(六个月以内)	4.35
1	2015-10-24	短期贷款(六个月至一年)	4.35
2	2015-10-24	中长期贷款(三至五年)	4.75
3	2015-10-24	中长期贷款(五年以上)	4.90

```
In [7]: df = ts. get_deposit_rate()
        df.head()
```

Out[7]:

	date	deposit_type	rate
0	2015-10-24	定活两便(定期)	-
1	2015-10-24	定期存款整存整取(半年)	1.30
2	2015-10-24	定期存款整存整取(二年)	2.10
3	2015-10-24	定期存款整存整取(三个月)	1.10

上海银行间同业拆放利率（Shanghai Interbank Offered Rate，Shibor）是以位于上海市的全国银行间同业拆借中心为技术平台计算、发布并命名，由信用等级较高的银行组成报价团自主报出的人民币同业拆出利率计算确定的算术平均利率。每个交易日根据各报价行的报价，剔除最高、最低各 4 家报价，对其余报价进行算术平均计算后，得出每一期限品种的 Shibor 利率，并于上午 11:00 对外发布。目前，对外公开发布的 Shibor 品种包括隔夜、1 周、2 周、1 个月、3 个月、6 个月、9 个月及 1 年期的利率。获取指定时期内 Shibor 利率的操作方法如下：

```
import tushare as ts
pro = ts.pro_api('用户tushare token')
df=pro.shibor()
df.head()
```

```
In [4]: import tushare as ts
        pro = ts.pro_api('用户tushare token')
        df=pro.shibor()
        df.head()
```

Out[4]:

	date	on	1w	2w	1m	3m	6m	9m	1y
0	20200917	1.769	2.199	2.195	2.603	2.686	2.927	2.964	3.000
1	20200916	1.404	2.185	2.149	2.597	2.688	2.933	2.968	3.000
2	20200915	1.731	2.133	2.156	2.596	2.696	2.946	2.978	3.003
3	20200914	1.607	2.161	2.171	2.590	2.697	2.943	2.979	3.002

其他的利率 pro 接口函数如下。

① pro.shibor_quote():Shibor 报价数据。

② pro.shibor_lpr():LPR 贷款基础利率。

③ pro.Libor(): 伦敦同业拆借利率。

④ pro.Hibor(): 香港银行同业拆借利率。

3. 股票行情数据

用户从 Tushare 平台可以获取上海证券交易所与深圳证券交易所全部上市公司的股票交易数据，也可以获取这两个市场的各类股票指数（如上证综合指数、深证成分指数、创业板指数、沪深 300 指数和中小板指数等）数据。

依次执行下列命令可以获取股票代码为 600848 的历史日线行情数据：

```
import tushare as ts
df = ts.get_hist_data('600848', ktype = 'D')
```

```
df.head()
```

函数 get_hist_data() 参数如表 9-4 所示。

```
In [9]: import tushare as ts
        df = ts.get_hist_data('600848', ktype = 'D')
        df.head()
```

Out[9]:

date	open	high	close	low	volume	price_change	p_change	ma5	ma10	ma20	v_ma5	v_ma10	v_ma20
2020-04-02	19.35	19.68	19.60	19.20	38338.12	0.11	0.56	19.528	19.257	19.760	66579.54	51502.34	55608.34
2020-04-01	19.79	20.25	19.49	19.46	62098.35	-0.61	-3.04	19.390	19.217	19.862	65850.24	53820.17	56847.12
2020-03-31	19.50	20.38	20.10	19.21	115167.31	0.50	2.55	19.338	19.188	19.961	63940.25	52419.71	56368.16
2020-03-30	18.62	20.30	19.60	18.18	87474.04	0.75	3.98	19.098	19.118	20.021	47830.48	46132.40	53744.29

表 9-4 get_hist_data() 参数

参数名称	含义描述
Code	股票代码，即 6 位数字代码，或者指数代码（sh= 上证指数，sz= 深圳成指，hs300= 沪深 300 指数，sz50= 上证 50，zxb= 中小板，cyb= 创业板）
Start	开始日期，格式 YYYY-MM-DD
End	结束日期，格式 YYYY-MM-DD
ktype	数据类型，D= 日 k 线，W= 周，M= 月，5=5 分钟，15=15 分钟，30=30 分钟，60=60 分钟，默认为 D
retry_count	网络异常后的重试次数，默认为 3
pause	重试时停顿的秒数，默认为 0

返回值说明如表 9-5 所示。

表 9-5 返回值说明

参数	解释
date	日期
open	开盘价
high	最高价
close	收盘价
low	最低价
volume	成交量
price_change	价格变动
p_change	涨跌幅
ma5	5 日均价
ma10	10 日均价
ma20	20 日均价
v_ma5	5 日均量
v_ma10	10 日均量
v_ma20	20 日均量
turnover	换手率

Tushare 包提供一些 pro 接口函数返回股票历史行情数据。平台注册用户可以利用 pro 接

口函数获取股票行情数据，但绝大部分 pro 接口函数要求用户具有一定的积分才可调用。

获取股票日线行情的 pro 接口函数（如表 9-6 所示）的操作方法如下：

```
import tushare as ts
pro = ts.pro_api()
df = pro.daily(ts_code = '600008.SH' , start_date = '20000501' , end_date =
'20190808' )
df.head()
```

```
In [9]: import  tushare  as  ts
        df = ts.get_hist_data('600848', ktype = 'D')
        df.head()
```

Out[9]:

	open	high	close	low	volume	price_change	p_change	ma5	ma10	ma20	v_ma5	v_ma10	v_ma20
date													
2020-04-02	19.35	19.68	19.60	19.20	38338.12	0.11	0.56	19.528	19.257	19.760	66579.54	51502.34	55608.34
2020-04-01	19.79	20.25	19.49	19.46	62098.35	-0.61	-3.04	19.390	19.217	19.862	65850.24	53820.17	56847.12
2020-03-31	19.50	20.38	20.10	19.21	115167.31	0.50	2.55	19.338	19.188	19.961	63940.25	52419.71	56368.16
2020-03-30	18.62	20.30	19.60	18.18	87474.04	0.75	3.98	19.098	19.118	20.021	47830.48	46132.40	53744.29

用 pro 接口函数 pro.daily() 获取的行情数据与用 get_hist_data() 函数获取的行情数据在结构上有些差别。函数 pro.daily() 的返回数据采用默认索引，交易日期作为一个字段（列）数据项，而 get_hist_data() 函数的返回数据以交易日期作为索引。

鉴于不同接口函数返回数据的结构存在或多或少的差别，因此在设计处理这些数据的程序时必须根据返回数据的结构选择合适的处理方法，或者对返回的数据项进行必要的修改，以满足其他数据处理语句的格式要求。

表 9-6　获取股票日线行情的 pro 接口函数

接口名称	功能说明	接口名称	功能说明
pro.daily()	A 股日线行情	pro.daily_basic()	全部股票每日重要的基本面指标
pro.weekly()	A 股周线行情	pro.income()	上市公司财务利润表数据
pro.monthly()	A 股月线数据	pro.balancesheet()	上市公司资产负债表

Tushare 还提供股票交易行情的实时数据，即当天正在交易的股票价格数据。例如，通过 get_realtime_quotes() 函数获取的股票交易实时分笔数据可以包括股票当前时刻报价列表和成交价格等信息、五档买入报价和五档卖出价格等数据项，共有 30 余项信息。操作过程如下：

```
import tushare as ts
df = ts.get_realtime_quotes('300274')
df[['code','name','price','bid','ask','volume','amount','time']]
```

```
In [11]: import tushare as  ts
         df = ts.get_realtime_quotes('300274')
         df[['code','name','price','bid','ask','volume','amount','time']]
```

Out[11]:

	code	name	price	bid	ask	volume	amount	time
0	300274	阳光电源	9.820	9.820	9.840	10499429	103880712.390	11:30:03

部分返回值说明如表 9-7 所示。

表 9-7　函数 get_realtime_quotes() 参数

参　数	解　释
code	股票代码
name	股票名字
price	当前价格
high	今日最高价
low	今日最低价
bid	竞买价，即“买一”报价
ask	竞卖价，即“卖一”报价
volume	成交量，maybe you need do volume/100 amount，成交金额

4. 上市公司基本面数据

Tushare 平台提供的上市公司基本面数据包括财务状况、盈利状况、市场占有率、经营管理体制、人才构成等各个方面的数据。除股票价格行情数据外，金融分析人员通常需要通过上市公司的基本面数据了解公司的投资价值。

Tushare 提供上市公司基本面数据的接口函数，如表 9-8 所示。

表 9-8　基本面数据的接口函数

接口函数名称	功 能 描 述	接口函数名称	功 能 描 述
get_stock_basics()	沪深股票列表	get_growth_data(2018,4)	成长能力
get_report_data(2018,3)	公司业绩报告	Get_debtpaying_data(2018,4)	偿债能力
get_profit_data(2018,3)	公司盈利能力	Get_cashflow_data(2018,4)	现金流量
get_operation_data(2018,3)	公司运营能力		

5. 股票指数数据

股票指数是由证券交易所或金融服务机构编制的反映某一组（类）股票价格变动的一种股票综合价格数值。

证券交易所及一些金融服务机构已经编制并公开发布了数十个股票价格指数，股票投资者也习惯以股票指数作为考察股票市场价格变动的观察指标。

运用 pro.index_basic() 函数可获取上交所发布的各项股票指数。

```
import tushare as ts
pro = ts.pro_api('用户tushare token')
df = pro.index_basic(market = 'SSE')
df.head()
```

```
In [7]: import tushare as ts
        pro = ts.pro_api('用户tushare token')
        df = pro.index_basic(market = 'SSE')
        df.head()
```

Out[7]:

	ts_code	name	market	publisher	category	base_date	base_point	list_date
0	000001.SH	上证指数	SSE	中证公司	综合指数	19901219	100.00	19910715
1	000002.SH	上证A指	SSE	中证公司	综合指数	19901219	100.00	19920221
2	000003.SH	上证B指	SSE	中证公司	综合指数	19920221	100.00	19920221
3	000004.SH	上证工业类指数	SSE	中证公司	综合指数	19930430	1358.78	19930503

下面列出 Tushare 平台 pro 版接口函数 index_basic() 的输入参数和输出参数信息，如表 9-9、表 9-10 和表 9-11 所示。

表 9-9 函数 index_basic() 的输入参数

参数名称	类 型	必 选	描 述
market	str	Y	交易所或服务商
Publisher	str	N	发布商
category	str	N	指数类别

表 9-10 函数 index_basic() 的输出参数

参数名称	类 型	描 述	参 数 名 称	类 型	描 述
ts_code	str	TS 代码	category	str	指数类别
name	str	公司简称	base_date	str	基期
market	str	交易市场	base_point	float	基点
pubilsher	str	发布商	list_date	str	发布日期

表 9-11 指数市场代码

市 场 代 码	说 明	市 场 代 码	说 明
MSCI	MSCI 指数	CICC	中金所指数
CSI	中证指数	SW	申万指数
SSE	上交所指数	CNI	国证指数
SZSE	深交所指数	OTH	其他指数

参考文献

[1] 谷来丰，赵国玉，邓伦胜 . 智能金融：人工智能在金融科技领域的 13 大应用场景 [M]. 北京：电子工业出版社，2019.

[2] 王晓华 . Python 量化交易实战 [M]. 北京：清华大学出版社，2019.

[3] 梅子行 . 智能风控原理、算法与工程实践 [M]. 北京：机械工业出版社，2020.

[4] 梅子行 . 智能风控：Python 金融风险管理与评分卡建模 [M]. 北京：机械工业出版社，2020.

[5] 于斌，陈晓华 . 金融科技概论 [M]. 北京：人民邮电出版社，2017.

[6] 何海群 . Python 机器学习与量化投资 [M]. 北京：电子工业出版社，2018.

[7] 陈晓华 . MXnet 神经网络与量化投资 [M]. 北京：电子工业出版社，2018.

[8] 丁奉潜 . Python 量化金融编程从入门到精通 [M]. 北京：北京大学出版社，2020.

[9] 王小川 . Python 与量化投资从基础到实践 [M]. 北京：电子工业出版社，2018.